建校七十周年
THE 70th ANNIVERSARY OF LZUFE
兰州财经大学
1952-2022

文
学
库
术

高阶风险偏好理论
及其应用

田有功◎著

中国财经出版传媒集团

经济科学出版社
Economic Science Press

图书在版编目(CIP)数据

高阶风险偏好理论及其应用/田有功著. —北京：经济科学出版社, 2022.7
（兰州财经大学学术文库）
ISBN 978-7-5218-3822-0

I.①高… II.①田… III.①风险管理–研究 IV.①F272.35

中国版本图书馆 CIP 数据核字 (2022) 第 119944 号

责任编辑：杜　鹏　常家凤
责任校对：王京宁
责任印制：邱　天

高 阶 风 险 偏 好 理 论 及 其 应 用

田有功　著

经济科学出版社出版、发行　新华书店经销
社址：北京市海淀区阜成路甲 28 号　邮编：100142
总编部电话：010-88191217　发行部电话：010-88191522
网址：www.esp.com.cn
电子邮箱：esp_bj@163.com
天猫网店：经济科学出版社旗舰店
网址：http://jjkxcbs.tmall.com
固安华明印业有限公司印装
710×1000　16 开　15.25 印张　250000 字
2022 年 7 月第 1 版　2022 年 7 月第 1 次印刷
ISBN 978-7-5218-3822-0　定价：78.00 元
（图书出现印装问题，本社负责调换。电话：010-88191510）
（版权所有　侵权必究　打击盗版　举报热线：010-88191661
QQ：2242791300　营销中心电话：010-88191537
电子邮箱：dbts@esp.com.cn）

前　言

　　风险偏好理论是决策科学、微观经济学、管理学以及金融学等交叉领域的核心且基础内容。为了认识并解释现实世界中的经济行为和金融现象，一个可行的途径是研究个体的风险偏好行为如何影响其最优的决策结果。自 20 世纪 60 年代以来，风险厌恶理论的分析框架已成为分析个体风险偏好行为的基本范式，并由此构成了信息经济学、行为经济学、实验经济学、制度经济学等经济理论以及现代金融经济学、企业理论、市场营销和管理科学等相关领域的基本内容。

　　如今，人们已经认识到个体做出的最优决策与其风险偏好行为息息相关。在一些具体的经济决策问题中，随着风险厌恶、风险谨慎、风险节制等术语被逐渐引入分析，在期望效用框架下，越来越多的研究把更加高阶的风险态度纳入相应的分析框架中，不断完善传统的风险厌恶理论的分析内容，从而在一定程度上解释了现实中的经济现象和金融行为，并在分析中运用效用函数的相关性质传递了个体风险偏好行为的有关信息。在期望效用框架之外，最新的研究凭借个体对一种所谓分解损失的彩票对的偏好行为，对个体的高阶风险偏好行为提供了一个全新的解释。这种非期望效用框架下对高阶风险偏好行为的刻画，与借助效用函数的各阶导数的符号对高阶风险偏好行为的刻画等价。正是由于这一方法的重新发现，使得高阶风险偏好理论在最近几年获得了快速发展。

　　近几年来，高阶风险偏好理论及相关应用，已成为研究风险和不确定性下决策问题的一个热点。尤其，随着非期望效用框架下的分析方法被重新发现，研究者对个体的高阶风险偏好行为有了新的认识，并在实证研究中积累了个体风险偏好行为的实验证据，在一定程度上支撑了以往在期望效用框架下所获得的理论结果，并由此在许多不确定环境下的经济决策问题中得到了广泛应用。除此之外，近期大量的研究结果表明：几乎在所有的有关个体决策的研究领域里，高阶风险厌恶行为都扮演了举足轻重的角色。例如，预防性储蓄，预防性努力，保险需求，投资组合理论，拍卖理论，机制设计理论，博弈论，等等。基于上述的一系列的应用，在风险和不确定性决策环境下，对高阶风险偏好行为在风险决策模型中进行系统化、更深入研究显得尤为重要。因此，为了更好地解释现实中的经济行为和金融现象，通过提升对个体的高阶风险偏好行为的认知水平，这将有助于我们正确地解释和理解现实中的经济行为和金融现象。

本书的研究工作受到兰州财经大学学术文库资助。本书的主要成果是我博士学位论文及其科研合作者的共同成果。在此特别感谢我的博士论文指导老师田国强教授，不管是在学术论文的构思中，还是在博士论文的撰写中，田老师都及时地给予了我悉心的指导和无私的帮助。同时，感谢上海财经大学经济学院，正是经济学院的包容与博爱，作为大龄青年的我才有幸接受了一流的现代经济学系统化和规范化的专业训练，学院"经济理论、量化分析和历史比较"三位一体的培养体系，以及直接对接国际一流经济学的教学理念，开拓了我们的视野并提升了自身的经济学能力。因本书凝聚了与我合作过的一些专家学者的智慧，在此也非常感谢他们的辛苦付出。在本书的编辑和整理过程中，兰州财经大学信息工程学院领导和同事给予了很大的鼓励和支持，在此一并感谢。

由于水平有限，书中不妥之处实属难免，恳请读者不吝赐教。

田有功

2022 年 5 月

目　　录

第一章 导　　论

自伯努利 [1](Bernoulli) 引入风险厌恶的思想以来, 风险厌恶理论便奠定了研究风险决策领域中决策问题的理论基石。而阿罗 [2](Arrow) 和普拉特 [3](Pratt) 所建立的风险厌恶理论的分析框架, 已成为当今分析风险决策领域中个体风险偏好行为的基本范式, 并由此构成了信息经济学、行为经济学、实验经济学、制度经济学等经济理论以及现代金融经济学、企业理论、市场营销和管理科学等相关领域的基本内容。尤其, 在风险决策领域的理论研究中, 通过对个体的经济行为或者投资行为的分析, 研究者不断发展和完善经济和金融理论对现实的解释能力, 从而在一定程度上对经济发展的趋势或者决策的方向做出理性的预测, 为政策制定者和实施者提供了相应的理论依据和支撑。

第一节　高阶风险偏好理论

在风险决策的研究领域里, 个体效用函数各阶导数的符号一直备受研究者的青睐。尤其, 效用函数导数的符号对描述个体的行为有着极其重要的作用。在现代经济学的研究框架下, 一个通常的假设为个体是逐利的和风险厌恶的, 相应的效用函数满足: $u'(x) > 0$ 和 $u''(x) < 0$。在对一些具体的经济问题的研究中, 效用函数的高阶导数的符号逐渐被纳入相应的分析框架, 并且被赋予了具体的经济学含义和解释。

在期望效用框架下, 常常用光滑的效用函数 (即个体的效用函数关于财富都是连续且可微的函数) 的凹性来刻画个体的风险厌恶 (risk aversion) 行为, 即 $u''(x) < 0$。然而, 对个体风险厌恶行为的刻画不应只局限在期望效用框架下, 在更加一般的经济环境中, 风险厌恶被描述为一种对保均值扩散的风险变

化的厌恶行为 [4, 5]。即使刻画个体风险厌恶的方式不尽相同, 但个体对风险厌恶的本质却出奇地一致: 相比于任何均值相同的风险回报, 一个风险厌恶的个体总是偏好于确定的回报。

长期以来, 我们经常使用的风险厌恶的概念 (二阶风险态度), 在风险不确定性下的经济决策问题中占据统治地位。大约 50 年前, 研究者们逐渐认识到高阶风险态度在经济决策中变得越来越重要。在预防性储蓄问题中, 早期的文献就曾论证了个体的预防性储蓄动机 [6-8], 即未来劳动收入的不确定性导致个体减少现期的消费从而增加储蓄, 金博尔 [9](Kimball) 最先引入了刻画三阶风险态度的术语——风险谨慎 (prudence), 又称下行风险厌恶 [10], 并且证明了: 未来劳动收入的不确定性并不能保证个体降低消费从而增加储蓄, 除非该个体是风险谨慎的。进一步的研究结果表明: 风险谨慎行为在风险和不确定性下的经济决策权衡中起了关键性的作用。而对实证经济学家而言, 为了度量这种权衡, 风险谨慎行为就显得至关重要。

类似于风险谨慎, 风险节制的概念同样是在具体的经济决策问题中被引入, 并且与效用函数的四阶导数的符号联系起来。同样在期望效用框架下, 在投资组合选择模型中, 当个体在面对不可避免的风险时 (例如, 利率风险, 失业风险等), 负的效用函数的四阶导数使得个体降低了暴露在其他独立风险中的最优的投资水平 [11], 这是因为背景风险 (不可避免的零均值风险) 的存在, 个体将变得更加厌恶风险。为此, 金博尔 [11] 引入了刻画四阶风险态度的术语——风险节制 (temperance)。在背景风险存在的经济决策中, 风险节制行为在其中起了决定性的作用 [12]。特别地, 在期望效用框架下, 风险节制行为正是个体因未来劳动收入恶化从而增加储蓄水平的必要且充分条件 [13-15]。

更进一步地, 在背景风险存在的情形下, 个体风险谨慎行为是否会保持, 为此, 拉杰里-查赫利 [16](Lajeri-Chaherli) 引入了五阶风险态度——风险急躁 (edginess)。在期望效用分析框架之外, 埃克豪特和施莱辛格 [17](Eeckhoudt & Schlesinger) 借助个体对一种特殊的彩票对 (将损失分解在不同状态上的复合彩票) 的偏好行为, 对相应的高阶风险态度 (三阶以及三阶以上的风险态度统称为高阶风险态度) 提供了一个全新的解释。风险厌恶、风险谨慎、风险节制以及高阶的风险态度被描述为对机会均等的特殊的彩票对的偏好行为。在期望效用框架下, 埃克豪特和施莱辛格还引入刻画高阶风险态度的术语, 称之为 n 阶风险分摊 (n 为正整数且 $n \geqslant 2$), 个体是 n 阶风险分摊的当且仅当其效用函数的 n 阶导数满足: $(-1)^{n+1}u^{(n)}(x) > 0$。正是非期望效用刻画方法的重大发现, 为风险和不确定性下决策问题的研究注入了新的活力, 开启了对高阶风险态度新的研究方法, 从而推动了高阶风险偏好理论的快速发展。

除此之外, 个体的高阶风险偏好与风险的 (分布) 高阶矩之间有着紧密联系[18]。现有的有关对金融、经济以及管理科学的研究表明: 我们不仅要关注个体所面对的风险的期望和方差, 更应关注风险的更加高阶的矩, 比如, 偏度和峰度等。这是因为个体的期望效用的近似表达式为:

$$E[u(x+\tilde{\varepsilon})] \approx u(x) + \frac{\sigma^2}{2!}u''(x) + \frac{Sk_{\tilde{\varepsilon}}}{3!}u'''(x) + \frac{K_{\tilde{\varepsilon}}}{4!}u^{(4)}(x) + \cdots$$

其中, $u(x)$ 表示个体关于财富 x 的效用函数;$\tilde{\varepsilon}$ 是零均值的风险;σ^2、$Sk_{\tilde{\varepsilon}}$ 和 $K_{\tilde{\varepsilon}}$ 分别代表了风险 $\tilde{\varepsilon}$ 的方差、偏度和峰度。上式说明, 当个体的财富受到一个零均值风险的冲击时, 个体的期望效用不仅依赖于风险的高阶数字特征的大小而且还依赖于效用函数各阶导数的符号。由此可见, 对效用函数各阶导数的符号的合理解释是对风险的各阶矩作用的一种自然的补充[18]。

通过以上对风险偏好理论不断发展轨迹的梳理, 我们不难发现, 传统意义上的风险厌恶理论已经不足以用来分析最优的经济决策结果, 常常也不能解释一些真实的经济行为、决策结果和金融异象。随着风险厌恶理论的不断发展, 在期望效用框架下, 越来越多的研究把更加高阶的风险态度纳入相应的分析框架, 通过不断完善风险偏好理论的内容, 从而在一定程度上解释了相应的经济行为、决策结果和金融异象, 并在分析中运用效用函数的相关性质传递了个体风险偏好行为的有关信息。因此, 为了更好地解释现实中的经济行为和金融现象, 通过提升我们对个体的高阶风险偏好行为的认知水平, 这将有助于我们正确地解释现实中的经济决策结果[19]。

第二节　高阶风险偏好理论在风险决策模型中的应用

近年来, 对高阶的风险偏好行为的刻画及相关应用已成为国内外一个研究热点, 尤其在实证分析以及具体的经济决策问题中得到广泛应用[20-23]。大量的研究表明, 在经济研究的各个领域里, 高阶风险厌恶行为都扮演了举足轻重的角色。例如, 在拍卖中存在预防性竞拍行为[24];预防性活动受到个体风险谨慎行为的影响[25];在策略环境中存在讨价还价的风险谨慎行为[26];风险谨慎行为降低了对称的竞赛模型中寻租的努力[27];在消费和储蓄的跨期经济决策模型中, 个体决策受到风险谨慎、风险节制以及高阶风险偏好行为的影响 [28]; 等等。

当经济波动加剧了人们收入的不确定性时, 个体或家庭的消费水平和储蓄水平就会发生相应改变。特别地, 为了对冲将来收入的不确定性, 个体将通过储蓄方式最优地配置自己一生的收入和消费水平, 从而使其一生的期望效用最大化。在经典的生命周期理论以及持久收入假说下, 一旦个体预期到将来的收入水平有所下滑, 就会降低现在的消费水平从而增加储蓄, 所谓的预防性储蓄就是未来收入的不确定性致使个体额外增加的储蓄。

如果个体的边际效用函数是凸函数, 那么预防性储蓄也可以看作是个体对未来收入不确定性和未来消费可能性的一种反应行为。随着未来收入不确定性的增加, 个体将会减少现在的消费从而改变了其消费的倾向性。因此, 未来收入的不确定性、储蓄的收益率以及个体的效用函数的形状等因素共同决定了个体的消费模式。由此可见, 个体对风险的偏好行为是致使其改变储蓄决策的决定性因素。特别地, 随着未来收入的不确定性以及储蓄收益率的高阶风险变化, 个体的高阶风险偏好行为决定了其预防性储蓄的动机。

在现实的世界里, 人们总是有各种各样的规避风险的方式。一种常规的方式是, 个体可以通过购买保险或者再保险将风险完全转移给第三方, 然而这样规避风险的方式却并不改变风险本身 (即结果的大小及其每一种结果出现的可能性)。现在比较主流的一种方式是个体直接采取行动 (实施预防性投资), 这种投资活动直接改变了风险的本质, 这种为了规避风险所实施的活动在研究中被称为预防性努力。例如, 对房屋、厂房等易燃场所安装喷洒器和报警器可降低发生火灾时的损失; 安装质量好的门锁、对窗户加防盗栏等一系列的措施都大大降低了财物被偷盗的可能性; 禁止酒驾的法律规定降低了发生交通事故的损失程度和可能性, 等等。有关对预防性努力的研究最早可追溯到埃利希和贝克尔 [29](Ehrlich & Becker) 的富有开创性的工作, 自此以后, 在风险决策和保险经济领域中, 防范措施被大量的文献所应用和研究。具体而言, 个体实施的预防性努力活动要么改变了潜在损失的大小, 要么改变了潜在损失发生的概率, 更有甚者, 两者同时发生了改变。当投资活动仅仅降低了潜在损失时, 称这样的预防性努力活动为自我保险; 当投资活动仅仅降低了潜在损失发生的概率时, 称这样的预防性努力为自我保护; 当活动同时降低了潜在损失及其概率时, 称这样的预防性努力为自我保险兼保护。

在现 (单) 期的预防性努力模型中, 个体投资的预防性努力活动和其效应

(替代效应) 同时发生。当个体面临潜在风险时, 尽管投资预防性努力降低了潜在风险的程度, 但过多的投资预防性努力降低了个体的期望财富。因而, 为了对冲不利结果的影响, 不同风险偏好的个体就不得不在其收益与成本之间权衡取舍, 而个体的高阶风险偏好行为决定了其最优的预防性努力水平。尽管有大量的经济决策模型都对预防性努力进行了研究, 但本质上都没有实质性的变化, 都只是局限于现期的或者单期的经济决策框架, 即个体实施的预防性努力与其影响基本上都是同期发生的。然而, 梅内加蒂 [30](Menegatti) 注意到: 在实际运用中, 尽管这种单期的决策模型的确有其独特的意义, 但在长时间的间隔中可能会消释了个体的预防性努力对不利事件发生的影响。具体而言, 个体投资的预防性努力发生在现在而其效应 (替代效应和跨期效应) 却发生在将来。在跨期的预防性努力模型中, 尽管过多的自我保护投资, 减少了个体现在 (无风险) 的财富水平, 但却增加了个体将来 (有风险) 的期望财富, 不同风险偏好的个体又会如何决策?

第三节 本书内容安排

风险偏好行为是决策科学、微观经济学以及金融学交叉领域的核心且基础内容。本书着眼于 "高阶", 在理论研究维度上, 对高阶风险偏好理论进行了较为翔实的文献梳理; 在一些应用研究的层面上, 对高阶风险偏好理论进行了较为系统的归类阐释。本书一方面系统地、全面地介绍高阶风险偏好理论及其最新的理论结果, 另一方面竭力阐释高阶风险偏好理论在一些经典的风险决策模型中最新的应用成果。为此, 本书的结构安排如下:

第二 ~ 四章为风险偏好的理论部分。其中, 第二章为风险及其量化, 首先简明扼要地介绍了人们对风险的认知过程以及风险的本质。其次, 对风险有了相应的认知以后, 首要任务是如何对风险进行量化, 进而对其管理, 故本章介绍了一些极具代表性的量化风险的指标。尽管这些量化风险的指标在特定的投资决策领域中具有一定的参考价值, 但仍无法令投资者所普遍接受, 因为这些指标或多或少总存在着一些自身的缺陷, 其最根本原因在于, 风险指标仅仅取决于风险本身, 只是一个客观标准, 而人们对风险的认知是一个因人而异的主观标准。因此, 为了重新认识个体所面对的风险, 我们需要首先引入有关风险变化情形, 进而研究有关个体风险偏好行为的相应理论。

第三章介绍经典的期望效用理论。因个体的决策不仅仅依赖于风险本身,更取决于个体自身的风险偏好行为,而期望效用理论在统一的分析框架下,为个体提供了可供选择的投资决策准则。本章首先介绍了确定结果下个体的偏好关系以及效用函数的表示,其次介绍风险偏好关系以及期望效用理论。通过借助个体对彩票的偏好关系,本章揭示个体的风险偏好关系。为了使风险偏好关系与效用函数建立联系,风险偏好关系的连续性公理和独立性公理被相继引入研究。进而,风险偏好关系的独立性公理和连续性公理保证了风险偏好的期望效用表示的存在性。然而,期望效用理论并不完美,特别是当偏好关系的独立性公理被违背时,期望效用理论就不再成立。为了说明这一点,两个经典的悖论为其提供了佐证。

第四章详细介绍了常用的风险比较的排序方法。本章依次介绍了保均值风险 (保均值扩散和保均值压缩)、下行风险 (下行风险增加和下行风险减少)、外部风险 (外部风险增加和外部风险减少)、随机占优以及高阶风险变化 (高阶风险增加和高阶风险减少) 等概念,且对每一类风险变化都提供了相应的等价刻画方法。例如,保均值扩散描述了均值不变但其概率权重从中心位置向左尾转移的一类风险变化;下行风险增加刻画了均值和方差不变但其概率权重向左尾转移的一类风险变化;高阶风险被描述成具有相同的前有限阶矩的一类风险变化;而随机占优同样也描述了风险之间的一种偏序关系,其基本原理为期望效用最大理论。

第五 ~ 七章为风险厌恶理论部分。其中,第五章由阿罗和普拉特 (记作 A–P) 所构建的风险厌恶理论所构成。在经典的风险厌恶理论中,风险厌恶的刻画形式非常丰富,例如,风险溢价、风险补偿、确定性定价、概率溢价以及效用溢价等。本章除了给出风险厌恶的这些不同形式的刻画以外,还在理论上证明了它们之间的等价关系。然而,在一些经济决策问题中,在 A–P 风险厌恶的刻画下,更加风险厌恶并不是一些比较静态结果的充分条件,所以更强的描述风险厌恶程度的刻画,即罗斯 (Ross) 更加风险厌恶[31]、n/m 阶罗斯更加风险厌恶[32] 和约束的罗斯更加风险厌恶[33] 的刻画被相继引入研究,并基于 A–P 风险厌恶理论的分析框架,获得了大量的研究结果,极大地丰富了风险厌恶理论的研究内容。更重要的是,对风险厌恶的刻画及其比较静态分析框架,现已成为研究高阶风险变化的基本范式。

遵循风险厌恶及其刻画的研究范式,第六章先重点介绍下行风险厌恶 (风险谨慎) 及其刻画。在期望效用框架下,为了刻画下行风险厌恶的强度,风险谨慎测度、下行风险厌恶测度、三阶风险厌恶测度、递减的绝对风险厌恶测度以及风险谨防测度相继被引入研究, 用以刻画个体对下行风险的厌恶程度。基于不同的下行风险厌恶测度, 相关研究分别获得了相应的比较静态结果：更加下行风险厌恶的个体具有更大的下行风险厌恶测度。最重要的是, 本章将风险厌恶、风险谨慎及其刻画推广到 $n(n \geqslant 3)$ 阶风险厌恶的情形, 重点介绍了高阶风险厌恶以及高阶风险厌恶强度的不同刻画方法。基于不同的研究主线, 高阶风险厌恶程度的测度分别被推广为 n 阶 A–P 更加风险厌恶、n 阶罗斯更加风险厌恶和 n/m 阶罗斯更加风险厌恶。特别地, 这三种对高阶风险厌恶程度的刻画依次增强, 即 n 阶罗斯更加风险厌恶的刻画强于 n 阶 A–P 更加风险厌恶, 而 n/m 阶罗斯更加风险厌恶的刻画又强于 n 阶罗斯更加风险厌恶。此外, 在这些高阶风险厌恶的刻画下, 本章分别讨论了个体间高阶风险厌恶程度的等价刻画以及有关比较静态结果。

　　第七章介绍了高阶风险偏好的非期望效用刻画方法, 即风险厌恶、风险谨慎、风险节制、风险急躁以及高阶的风险偏好行为分别被刻画为个体对一种简易且机会均等的特殊彩票对的偏好行为。更重要的是, 尽管这种基于彩票对的刻画与借助效用函数的刻画等价, 然而基于彩票对的偏好关系的刻画其最大的魅力在于：它简单明了, 实验可操作性强, 能够更直接地和更客观地描述个体对风险的真实态度, 尤其在实证研究中更易捕获个体风险态度的直接证据, 而无需再借助效用函数等个体的行为特征间接地、主观地刻画个体风险行为。

　　第八 ~ 十章是高阶风险偏好理论的应用部分。其中, 第八章为高阶风险偏好行为在预防性储蓄问题中的应用。在预防性储蓄问题中, 当个体未来的劳动收入具有不确定性时, 个体的二阶风险偏好行为并不是其选择增加或减少储蓄的依据, 但其三阶的风险偏好行为却决定了其决策方向 (增加或减少), 即面对未来收入的不确定性, 风险 (不) 谨慎的个体降低 (增加) 消费增加 (减少) 储蓄。正是这一重大结果的发现, 促使更多的研究开始探索个体的高阶风险偏好行为在经济决策问题中的作用。特别地, 基于预防性溢价和预防性补偿, 本章捕获了在不同风险变化下个体的预防性储蓄动机的强度。此外, 在劳动收入可能面临的不同类型的风险变化下, 个体的高阶风险偏好行为决定了其预防性储蓄的方向; 在利率风险可能面临的不同类型的风险变化下, 个体的相对高阶风险偏好测度与相应的临界值的大小决定了其预防性储蓄的方向。

　　第九章为高阶风险偏好行为在现期的预防性努力问题中的应用。在风险管理的研究领域里, 对风险的事先预防是一种非常有效的管理风险的工具。不管是在 A–P 风险厌恶还是在罗斯更加风险厌恶的意义下, 更加风险厌恶的个体未必会投资更多的预防性努力活动, 其根本原因在于, 比较二阶风险偏好的刻画——A–P 风险厌恶和罗斯更加风险厌恶, 都无法刻画个体的更加高阶的风险偏好行为。为了解决个体的决策与其风险偏好的这种不一致, 一条研究主线是在这两种风险刻画的意义下, 通过对成本、损失或者损失发生的概率等函数附加一定的约束条件, 获得了一些与个体风险偏好相一致的比较静态结果; 另一条研究主线是通过引入个体的更加高阶的风险偏好行为, 以此来解决个体在风险决策模型中不一致的比较静态结果问题。

第十章介绍了高阶风险偏好行为在跨期的预防性努力问题中的应用。尽管众多文献从不同的角度对预防性努力进行了研究, 但本质上却没有实质性的变化, 都只是局限于现 (单) 期的经济决策框架, 即个体实施的预防性努力与其对损失的影响基本上是同期发生。然而, 在许多经济决策问题中, 这种现期的决策模型的确有其独特的意义, 但却存在这样的问题: 长时间的间隔可能会消释了预防性努力对不利事件发生的影响。具体而言, 由于个体投资的预防性努力发生在现在而其效应或者影响却发生在将来, 因此追求现在和将来总效用最大化的个体, 其现在的最优决策将受到跨期效应的影响。

第十一章简要地介绍了高阶交叉 (混合) 风险厌恶理论, 同样基于个体对二元彩票对的偏好行为, 定义并刻画了二元的高阶交叉风险态度: 关联厌恶、交叉谨慎以及交叉节制等高阶交叉风险厌恶, 并为其提供了具体的经济学解释, 这有助于读者快速掌握有关高阶交叉 (混合) 风险厌恶理论, 也可作为开启相关研究的入门基础知识内容。

参 考 文 献

[1] Bernoulli, D., Specimen theoriae novae de mensura sortis, Comentarii Academiae Scientiarum Petropolitanae, 1738, 5: 175-192, Translated by Sommer, L., Econometrica, 1954, 22: 23-36.

[2] Arrow, K., Yrjŏ jahnsson lecture notes, Helsinki: yrjŏ jahnsson foundation, reprinted in: Arrow, K., 1971, Essays in the theory of risk bearing, Markum publishing company. 1965.

[3] Pratt, J., Risk aversion in the small and in the large, Econometrica, 1964, 32(12): 122-136.

[4] Rothschild, M., J., Stiglitz, Increasing risk I: A definition, Journal of Economic Theory, 1970, 2(3): 225-243.

[5] Rothschild, M., J., Stiglitz, Increasing risk II: Its economic consequences, Journal of Economic Theory, 1971, 3(1): 66-84.

[6] Leland, H., Saving and uncertainty: The precautionary demand for saving, Quarterly Journal of Economics, 1968, 82(3): 465-473.

[7] Sandmo, A., The effect of uncertainty on saving decisions, Review of Economic Studies, 1970, 37(3): 353-360.

[8] Dréze, J., F., Modigliani, Consumption decisions under uncertainty, Journal of Economic Theory, 1972, 5(3): 308-335.

[9] Kimball, M., Precautionary savings in the small and in the large, Econometrica, 1990, 58(1): 53-73.

[10] Menezes, C., C., Geiss and J. , Tressler, Increasing downside risk, American Economic Review, 1980, 70(5): 921-932.

[11] Kimball, M., Standard risk aversion, Econometrica, 1993, 61: 589-611.

[12] Pratt, J., R., Zeckhauser, Proper risk aversion, Econometrica, 1987, 55(1): 143-154.

[13] Gollier, C., J., Pratt, Risk vulnerability and the tempering effect of background risk, Econometrica, 1996, 64(5): 1109-1124.

[14] Eeckhoudt, L., C., Gollier and H., Schlesinger, Changes in background risk and risk-taking behavior, Econometrica, 1996, 64(3): 683-689.

[15] Eeckhoudt, L., H., Schlesinger, Changes in risk and the demand for saving, Journal of Monetary Economics, 2008, 55(7): 1329-1336.

[16] Lajeri-Chaherli, F., Proper prudence, standard prudence and precautionary vulnerability, Economics Letters, 2004, 82(1): 29-34.

[17] Eeckhoudt, L., H., Schlesinger, Putting risk in its proper place, American Economic Review, 2006, 96(1): 280-289.

[18] Eeckhoudt, L., Beyond risk aversion: Why, how and what's next? Geneva Risk and Insurance Review, 2012, 37(2): 141-155.

[19] 田国强, 田有功, 不确定性下的高阶风险厌恶理论、实验及其应用, 学术月刊, 2017, 49(8): 68-79.

[20] 王建立, 高阶风险厌恶决策行为的理论分析与应用研究, 华中科技大学, 博士学位论文. 2013.

[21] 程文, 高阶混合风险厌恶行为及其金融决策应用研究, 华中科技大学, 博士学位论文. 2015.

[22] 汪红霞, 背景风险下基于随机占优准则的预防性支付决策行为研究, 华中科技大学, 博士学位论文. 2016.

[23] 田有功, 高阶风险厌恶行为的刻画及其在风险决策模型中的应用, 上海财经大学, 博士学位论文. 2017.

[24] Eső, P., L., White, Precautionary bidding in auctions, Econometrica, 2004, 72(1): 77-92.

[25] Eeckhoudt, L., C., Gollier, The impact of prudence on optimal prevention, Economic Theory, 2005, 26(4): 989-994.

[26] White, L., Prudence in bargaining: The effect of uncertainty on bargaining outcomes, Games and Economic Behavior, 2008, 62(1): 211-231.

[27] Treich, N., Risk aversion and prudence in rent-seeking games, Public Choice, 2010, 145(3-4): 339-349.

[28] Eeckhoudt, L., H., Schlesinger, Changes in risk and the demand for saving, Journal of Monetary Economics, 2008, 55(7): 1329-1336.

[29] Ehrlich, I., G., BeckerMarket, Insurance, self-insurance, and self-protection, Journal of Political Economy, 1972, 80(4): 623-648.

[30] Menegatti, M., Optimal prevention and prudence in a two-period model, Mathematical Social Sciences, 2009, 58(3): 393-397.

[31] Ross, S., Some stronger measures of risk aversion in the small and in the large with applications, Econometrica, 1981, 49(3): 621-638.

[32] Liu, L., J., Meyer, Substituting one risk increase for another: A method for measuring risk aversion, Journal of Economic Theory, 2013, 148(6): 2706-2718.

[33] Eeckhoudt, L., L., Liu, J., Meyer, Restricted increases in risk aversion and their application, Economic Theory, 2017, 64(1): 161-181.

第二章　风险及其量化

第一节　风险的认知

"人生必有风险，所以引人入胜亦在于此""富贵险中求""股市有风险，投资需谨慎""不要将鸡蛋放在一个篮子里""多样化投资组合能够降低投资风险""没有不冒风险就能克服的风险"等等。这一系列的警世名言无不在告诫我们：我们生活在一个风险无处不在的不确定世界里。

在古汉语里，"风险"一词最早起源于人类对于海洋的探索活动。在远古时期，靠海的人们以打鱼为生，渔民们为了保佑自己能够从海上平安归来，每次出海前都要向神灵祈祷，祈求神灵保佑他们：在出海时能风平浪静、一帆风顺并且满载而归。在长期的捕捞过程中，渔民们深刻地体会到"风"给他们带来的无法预测、无法确定和无法控制的危险；他们也深切地认识到，"险"往往与"风"相伴，由"风"生"险"，因此，有了"风险"一词。

英文的"风险 (risk)"一词，根据《牛津英语大词典》的解释，在 17 世纪中叶经由法国的"risquo"一词传入英国。而英语的 risk，最早可追溯到意大利语 risicare。风险在早期被理解为客观的危险，体现了人类对自然现象或者航海遇到礁石、风暴等突发事件的认知能力。大约到了 19 世纪，风险一词主要被用于与保险有关的业务上，用法以"损失的机会"为其意义，并在接下来的几百年内，同时存在"risquo""risk"这两种拼法，被普遍应用于保险等金融及其他行业 [1]。

由此可见，最初人们对风险的认识，都是从对自然界带给人类的威胁或自然灾害开始，由于古人类的科学技术相对落后，进而人们并不能准确地预测或者预防自然界的种种威胁，故人类经常求助于"神灵"保佑，以此来应对"天有不测风云"导致的"旦夕祸福"。

人们对于风险的认识，起初只是将风险视作事件可能发生也可能不发生，是一种可能性，即认为风险只是一种概率。18 世纪初，瑞士的著名数学家伯努利发现了大数定律，揭示了某类随机事件在大量重复实验中发生的统计规律。自此以后，大数定律常常被用来权衡损失事件发生的概率。毫无疑问，没有大数定律，人们就无法对某一类同质风险的发生概率进行估算，进而无法对风险进行定价，从而也就没有今天的保险行业。为此，芝加哥大学著名经济学家奈特 (Knight) 认为正是将大数定律运用在保险业中，人们才成功掌握了自然灾害发生的统计规律。

纵观在不同时期对风险含义的理解，人们对风险的认知过程大致经历了三个阶段。

第一阶段，人类将风险定义为损失事件，对其认知只是可能性或概率，即将风险定义为损失的可能性，这是人类早期对风险的认知能力。在早期的使用中，风险常常被理解为客观的危险，主要体现为自然现象，航海遇到风暴、礁石以及流行瘟疫等事件。随着人类社会文明的形成，因为需要通过协调和交流来实现某种共同目标，人们才逐渐形成风险的意识。

第二阶段，人们将风险理解为损失的程度及其不同程度的损失出现的可能性，也就是说，我们把损失可以看作数学上的随机变量或者概率分布。第一阶段人们普遍认为风险一旦发生但其损失基本固定，从而将风险定义为损失发生的可能性或概率。但后来人们逐渐发现固定损失只是其中的一种最简单的后果，多数情况下出现损失的严重程度也不尽相同，从而衡量风险时只是考虑其概率还远远不够，还需要考虑损失的影响程度。因此，为了充分地认知风险，人们逐渐意识到，必须从损失的影响程度和损失出现的可能性整体来衡量风险。

第三阶段，自 21 世纪开始，用不确定性来解释风险的本质，而非简单的损失的概率和损失的影响程度这两个维度。特别地，ISO 国际标准组织在 2009 年发布了标志性的 ISO31000 国际风险管理标准文件 [2]，其中将风险定义为不确定性对目标的影响，将风险表述为一种不确定性，这也是将风险认知跨入 21 世纪第三阶段的标志。就目前的认知来看，风险的本质就是不确定性。按照国际风险管理标准的风险定义即"不确定性对目标的影响"，风险最终体现为一种影响，描述的是"客观"不确定性和"主观"目标之间的影响，风险确实是不确定性和目标之间建立联系才出现的，揭示了"客观"对"主观"产生的影响才是风险的本源 [2]。

第二节　风险的量化

当我们对风险的本质有了相应的认识以后, 首要任务是如何对我们可能面临的风险进行量化, 进而对其管理。从前面对风险的介绍, 我们知道风险的本质就是不确定性。风险被定义为不确定性对目标的影响, 指在不确定性的作用下, 个体可能获得的结果或收益与其目标产生了偏差和波动。奈特 [3] 在其著作《Risk, uncertainty and profit》中认为, 风险是可度量的不确定性, 真正的不确定性是那些不可度量的不确定性。所以, 特别说明, 我们这里的风险都是可度量的, 也就是风险的概率分布是客观已知的或具体的, 而将客观未知的分布统称不确定性。

实际上, 量化风险远比定义风险更加困难。尤其在投资决策领域, 投资者的投资收益是不确定的, 其投资收益或许取有限个值, 也有可能在某区间上取值。假如投资收益率的概率分布已知, 现在的问题是, 我们如何基于这些投资收益的概率分布来量化风险呢? 在有关金融和经济学的文献中, 不同的研究者从自身研究背景出发, 提出了许多量化风险的指标, 在一定程度上量化了风险。尽管这些量化风险的指标都存在不同程度的缺陷, 但它们都从不同的视角解释了各自对风险的理解, 仍然值得我们深入地去学习。接下来, 我们主要介绍几个极具代表性的量化风险的指标, 即多马尔和马斯格雷夫 (Domar and Musgrave, 记作 D–M) 风险指标、罗伊 (Roy) 安全优先原则、方差和标准差、半方差、鲍莫尔 (Baumol) 风险指标、在险价值以及预期不足在险价值指标 [4]。

(一)　D–M 风险指标

在对风险认识的早期, 人们将投资损失定义为风险。若刻画损失的随机变量 X 是离散型的, 其概率分布为: $p(X = x_i) = p_i, i = 1, 2, \cdots$。多马尔和马斯格雷夫 [5] 提出了一个基于所有可能损失量化风险的指标 (记作 RI_{D-M}):

$$RI_{D-M} = -\sum_{x_i \leqslant 0} x_i p_i.$$

若刻画投资损失的随机变量 X 是连续型的, 其概率密度函数为 $f(x), -\infty < x < +\infty$, 则投资损失的 D–M 风险指标为:

$$RI_{D-M} = -\int_{-\infty}^{0} xf(x)\mathrm{d}x.$$

显然, D–M 风险指标 RI_{D-M} 是正数, 从而 RI_{D-M} 越大, 投资风险也就越大。实际上, D–M 的风险指标是一个截断的损失均值, 其截断点为 $x = 0$。为了便于描述风险指标, 这里不妨假设, 投资额度为 1 元人民币, 从而 x 为用百分比表示的投资回报率, 相应的 D–M 风险指标即为百分比。若投资额度为 $m, m > 1$, 则 mx 为用货币量所表示的风险指标。

若考虑相对于无风险利率 r 的投资风险, 则上述 D–M 风险指标分别可调整为:

$$RI_{D-M} = -\sum_{x_i \leqslant r} (x_i - r)p_i$$

和

$$RI_{D-M} = -\int_{-\infty}^{r} (x - r)f(x)\mathrm{d}x.$$

例 2.2.1 假如某投资项目的投资回报率如表 2.2.1 所示, 从而 D–M 风险指标 RI_{D-M} 为:

$$RI_{D-M} = -[1/6(-50) + 1/6(-30) + 1/6(-10)] = 15.$$

当无风险利率 $r = 4\%$ 时, 相对应的 D-M 风险指标 RI_{D-M} 为:

$$RI_{D-M} = -[1/6(-50 - 4) + 1/6(-30 - 4) + 1/6(-10 - 4)] = 17.$$

若投资额度为 100 元, 则用货币量描述的上述 D-M 风险指标 RI_{D-M} 分别为 15 元和 17 元。因而, 使用 D-M 风险指标量化风险的一般步骤为: 首先计算出各个投资项目的风险指标, 其次对这些指标进行大小排序, 最后确定哪些投资具有更大的风险 (指标越大风险也就越大)。尽管 D-M 风险指标能够对一般的投资项目进行风险比较, 但该指标并不完美, 也存在缺陷。特别是当不同的投资项目具有相同的风险指标时, 对投资人来说, 并不意味着这些投资项目是无差异的, 而是有所偏好。

表 **2.2.1** 投资收益率的概率分布

X (%)	-50	-30	-10	20	60	80
$p(x)$	1/6	1/6	1/6	1/6	1/6	1/6

(二)　罗伊安全优先原则

在有的投资环境中, 某些不利结果一旦发生将对个人、企业甚至整个地区是毁灭性的。例如, 洪水、地震和海啸等自然灾害以及股灾、房地产泡沫破灭等金融系统性风险。因这样的灾难性事件的破坏性极强, 投资人不得不极其警惕上述事件发生的可能性。为此, 基于安全优先的投资原则, 罗伊 [6] 提出了一个量化这种灾难性风险的指标 (记作 RI_L):

$$RI_L = P(X \leqslant z),$$

其中, X 表示投资的未来回报率; z 表示被投资人所预期的灾难性损失的临界值。罗伊风险指标表示未来的投资回报率低于灾难性损失临界值的概率, 由此可见, 罗伊风险指标意味着: 风险指标越小, 投资就越安全, 从而这种灾难性损失发生的可能性就越小。

假设连续型未来投资回报率 X 的期望和标准差分别为 μ 和 σ, 其中:

$$\mu = \int_{-\infty}^{+\infty} x f(x) \mathrm{d}x, \qquad \sigma^2 = \int_{-\infty}^{+\infty} (x - \mu)^2 f(x) \mathrm{d}x.$$

由切比雪夫不等式, 对任意的 $c > 0$ 有:

$$p\{|X - \mu| > c\} \leqslant \frac{\sigma^2}{c^2}.$$

于是, 罗伊风险指标的上界为:

$$RI_L = P(X \leqslant z) = P(\mu - X \geqslant \mu - z) \leqslant \frac{\sigma^2}{(\mu - z)^2}.$$

当投资回报率的分布已知时, 罗伊风险指标完全可以准确计算; 然而当分布未知但期望和方差已知时, 虽然罗伊风险指标无法精确计算, 但可以估计出其上界。对于一些投资项目, 基于安全首要原则, 选择罗伊风险指标的上界相对较小的项目进行投资是最稳健的决策。

例 2.2.2　假设有两种投资标的可供个体选择, 标的 A 和标的 B, 其投资收益率的概率分布如表 2.2.2 所示。

若取 $z = 0$, 即投资人所预期损失的临界值为 0, 则投资标的 A 和 B 的罗伊风险指标分别为: $RI_L(A) = 1/20$ 和 $RI_L(B) = 2/20$, 由于 $RI_L(A) < RI_L(B)$, 基于罗伊安全优先原则, 投资者认为投资 B 更具风险性。然而, 实际

上更多的投资者可能认为投资标的 A 风险更大, 因为投资标的 A 有一个可能的 −30% 的收益率。这是因为, 罗伊风险指标只是考虑了预期的结果低于某临界值的概率, 而没有去考虑损失的大小, 主要以投资安全为第一要务进行风险判别; 另外, 从本例可以看出, 罗伊风险指标也是一个很主观的风险指标, 因投资者对风险的容忍度因人而异, 从而使得投资人所预期的灾难性损失的临界值也不尽相同。例如, 若某个体可接受的预期的损失的临界值为 $z = 15\%$, 显然, $RI_L(A) = 6/20 > 5/20 = RI_L(B)$, 则出于安全考虑, 相对于投资标的 A, 该投资者可能会认为投资标的 B 更安全。

表 2.2.2   投资标的 A 和 B 的收益率的概率分布

投资标的 A		投资标的 B	
收益率 X (%)	概率 $p(x)$	收益率 Y (%)	概率 $p(x)$
−30	1/20	−2	2/20
10	5/20	10	3/20
20	14/20	50	15/20

(三)   方差和标准差

如果投资人可以获得确定性的投资回报, 这样的投资并不会产生风险。然而, 当投资人可能获得的回报不唯一且事前并不能确定究竟哪种结果会出现时, 投资风险就产生了。风险之所以存在, 正是因为投资回报不能在投资之前确定, 但却分散在某确定值的两侧, 从而投资人可以考虑所有可能的投资结果和某确定回报的分散程度来量化风险 [4]。因此, 投资回报率的方差和标准差正好刻画了回报率的分散程度。

离散型和连续型投资回报率的方差分别为:

$$\sigma_X^2 = \sum_i (x_i - EX)^2 p_i, \quad \sigma_X^2 = \int_{-\infty}^{+\infty} (x - EX)^2 f(x) \mathrm{d}x,$$

其中, EX 为投资回报率的 X 的期望; σ_X 为 X 的标准差。

的确, 投资回报率的方差或标准差反映了真实的回报率和预期回报率的偏离程度, 其数值越大, 说明回报率的分散程度越大, 风险也就越大。正是基于方差这一指标, 马科维茨 [7](Markowitz) 在资本资产定价模型中提出了均值—方差分析的方法。方差或标准差量化风险的方法, 因其简单明了易掌握, 尽管已经被投资者普遍接受, 但其本身也有缺陷。其根本原因在于: 方差或标准差越大风险未必越大。如果很大的方差或标准差主要是由于很小的回报率与均值的偏离导致, 此时的确意味着风险越大; 但若很大的方差或标准差主要是由于很大的回报率与均值的偏离导致, 此时反而风险越小, 这样的投资越受到投资者的喜爱。例 2.2.3 揭示了方差和标准差作为风险指标的这一致命缺陷。

例 2.2.3 假设两种投资标的 A 和 B 的收益率的概率分布如表 2.2.3 所示。

表 **2.2.3** 投资标的 A 和 B 的收益率的概率分布

	投资标的 A		投资标的 B	
	收益率 X (%)	概率 $p(x)$	收益率 Y (%)	概率 $p(x)$
	-3	1/3	-3	2/6
	4	1/3	4	3/6
	8	1/3	12	1/6
均值 μ (%)	3		3	
方差 σ^2 (%)	62/3		78/3	

基于收益率的概率分布, 通过简单计算, 可获得这两种投资标的的均值和方差, 分别为:

$$\mu_A = 1/3(-3 + 4 + 8) = 3 \qquad \mu_B = 1/6(-6 + 12 + 12) = 3.$$

$$\sigma_A^2 = 1/3(-3 - 3)^2 + 1/3(4 - 3)^2 + 1/3(8 - 3)^2 = 62/3.$$

$$\sigma_B^2 = 2/6(-3 - 3)^2 + 3/6(4 - 3)^2 + 1/6(12 - 3)^2 = 78/3.$$

对于这两种投资标的, 从上面的计算可以看出: $\mu_A = \mu_B = 3\%$, 但 $\sigma_A^2 < \sigma_B^2$。此外, 从投资标的的收益率分布来看, 这两种投资的最低投资收益率相等, 且具有相同的概率。我们对这两种投资标的的仔细研究就会发现, 投资标的 B 的方差之所以很大, 主要是因为投资标的 B 的最高的可能收益率相对于均值向右偏的程度较大。显然, 相对于投资标的 A, 尽管投资标的 B 的方差很大, 但投资标的 B 却更受投资者的青睐, 而且这样的投资方案的方差越大越好。同样地, 用标准差作为量化投资的风险指标, 其原理和缺陷与方差一样, 这里不再一一赘述。

(四) 半方差

在量化风险时, 为了克服方差或标准差的不足, 半方差的概念被引入进来, 其基本思想是: 首先设定一个确定的临界值, 然后仅仅考虑这一临界值左

侧的可能结果与其偏离程度 [4]。因此, 离散型和连续型随机变量的半方差分别被定义为

$$SV_X = \sum_{x_i \leqslant c} (x_i - c)^2 p_i \qquad \text{和} \qquad SV_X = \int_{-\infty}^{c} (x - c)^2 f(x) \mathrm{d}x,$$

其中, c 为确定的常数——临界值。因此, 半方差量化了取值低于临界值 c 的随机变量与其均值的偏离程度, 也就是说, 半方差仅仅考虑了随机变量与临界值的负的偏离程度。通常, 在应用中, 临界值往往被设定为随机变量的均值。

例 2.2.4 假设两种投资标的 A 和 B 的收益率的概率分布如表 2.2.4 所示。

表 2.2.4 投资标的 A 和 B 的收益率的概率分布

	投资标的 A		投资标的 B	
	收益率 X (%)	概率 $p(x)$	收益率 Y (%)	概率 $p(x)$
	1	1/4	-2	1/16
	3	1/4	4	14/16
	5	1/4	10	1/16
	7	1/4		
均值 μ (%)	4		4	
半方差 SV (%)	5/2		9/4	

令 $c = EX = EY$, 根据这两种投资的收益率的概率分布, 这两种投资标的的均值和半方差分别为:

$$SV_A = \sum_{x_i \leqslant 4} (x_i - 4)^2 p_i = 1/4(1 - 4)^2 + 1/4(3 - 4)^2 = 5/2.$$

$$SV_B = \sum_{y_i \leqslant 4} (y_i - 4)^2 p_i = 1/16(-2 - 4)^2 = 9/4.$$

由于 $SV_A > SV_B$, 也就是说, 投资标的 A 相对于投资标的 B 更具风险性, 因为投资标的 A 的预期的收益率相对于其均值向左偏离程度更大一些, 因而基于半方差原则, 投资标的 B 就更稳健些。然而, 并不是所有的投资者均认为投资标的 B 更安全, 相反地, 部分投资人可能认为投资标的 A 反而更加安全, 因为投资标的 B 的预期收益率里有一个是负值, 而投资标的 A 的预期收益率均为正值。

从该例题可以看出, 尽管半方差克服了方差度量风险的缺陷, 但半方差仍然不是完美的风险指标, 其本身也存在缺陷, 也不是一个能够让投资者完全接受、客观的风险指标。

（五） 鲍莫尔风险指标

有关对风险的认识, 在学界和业界基本上达成了共识: 风险的本质在于其波动性。鲍莫尔[8] 也认为标准差本身并不是一个好的量化风险的指标, 这是因为: 如果某项投资回报的期望很高, 即使投资回报的方差或标准差相对较大, 那么投资这样的项目相对较安全。为此, 鲍莫尔提出了如下的风险指标 (记作 RI_B):

$$RI_B = \mu - l\sigma,$$

其中, μ 是投资回报的均值; σ 是其标准差; l 是由投资人的偏好所确定的常数。之所以提出这样的风险指标, 主要是因为: 由切比雪夫不等式, 对任意的 $c > 0$ 有:

$$p\{|X - \mu| > c\} \leqslant \frac{\sigma^2}{c^2}.$$

若取 $c = l\sigma$, 就有:

$$p\{X \leqslant \mu - l\sigma\} \leqslant \frac{1}{l^2}.$$

由此可见, 鲍莫尔的风险指标本质上就是一个临界值, 从而投资回报低于这一临界值的概率不超过 $1/l^2$。显然, 该风险指标越大, 投资这样的项目就越安全, 这是因为: 给定了任意的常数 l, 就相当于给定了预期收益率落在左尾的概率的上界, 即为 $1/l^2$, 对于任何投资标的, 鲍莫尔的风险指标越大意味着预期收益率分布越向右偏离, 从而投资者越有可能获得较高的收益率。

例 2.2.5 假设两种投资标的 A 和 B 的收益率的概率分布如表 2.2.5 所示:

表 2.2.5 投资标的 A 和 B 的收益率的概率分布

	投资标的 A		投资标的 B	
	收益率 X (%)	概率 $p(x)$	收益率 Y (%)	概率 $p(x)$
	−1	1/8	−20	1/200
	1	6/8	20	198/200
	3	1/8	60	1/200
均值 μ (%)	1		20	
标准差 σ (%)	1		4	

基于收益率的概率分布, 通过简单计算, 可获得这两种投资标的的均值和方差, 分别为:

$$\mu_A = 1/8(-1 + 6 + 3) = 1 \qquad \mu_B = 1/200(-20 + 3960 + 60) = 20$$

$$\sigma_A^2 = 1/8(-1-1)^2 + 1/8(3-1)^2 = 1$$

$$\sigma_B^2 = 1/200(-20-20)^2 + 1/200(60-20)^2 = 16.$$

假设投资者可容忍的偏差临界值为 4, 即 $l = 4$, 则投资标的 A 和 B 的鲍莫尔的风险指标分别为:

$$RI_B(A) = \mu_A - l\sigma_A = 1 - 4 \times 1 = -3,$$

$$RI_B(B) = \mu_B - l\sigma_B = 20 - 4 \times 4 = 4.$$

由于 $RI_B(B) = 4\% > -3\% = RI_B(A)$, 从而基于鲍莫尔准则, 投资者认为投资标的 B 相对更安全。需要说明的是, 鲍莫尔的风险指标本身也存在不足: 一是该风险指标忽略了低于临界值的投资回报带来的风险; 二是风险指标中的常数 l 依赖于投资人自身的风险偏好, 而投资者的风险偏好却因人而异, 以至于投资项目的风险随着投资者的不同而变化。

(六) 在险价值

近二十年来, 被业界和金融机构尤其银行业普遍使用的量化风险的指标为在险价值 (Value at risk, 记作 VaR, 更多详细内容可查阅文献 [9] 和 [10]), 即风险的价值。具体地, $VaR(\alpha)$ 表示在投资人的收益分布中, 当把其左尾的 $\alpha\%$ 部分忽略时, 投资人可能面临的最大损失。为了便于理解 $VaR(\alpha)$, 这里的 α 可看作置信水平, 即以 $\alpha\%$ 的可靠性保证, 投资最大的损失为多少。

由于 VaR 的数值在一定程度上刻画了风险的程度, 并且反映了在给定的置信水平下的单个风险敞口所可能遭受的重大损失, 因此, VaR 指标在金融行业已被广泛地应用, 用其来计算金融行业中的资本监管显得尤为容易。例如, 银行的研究人员就采用 VaR 指标来进行金融分析和风险控制; 巴塞尔协议中也进一步推广此指标作为现代金融风险管理的一个国际标准。

一般而言,

$$VaR(\alpha) = \mu - L,$$

其中, μ 是收益分布的均值; α 是给定的置信水平; L 是在置信水平 α 下投资收益分布的下侧分位数, 即 $p(X \leqslant L) = \alpha$。因此, 当把收益分布左尾的 $\alpha\%$ 部分忽略时, $VaR(\alpha)$ 量化了投资收益偏离均值的最大程度。

特别地, 当 $\mu = 0$ 时, $VaR(\alpha) = -L$, 当把其左尾的 $\alpha\%$ 部分忽略时, 投资人可能面临的最大损失为 L, 即我们以 $1 - \alpha$ 的概率保证, 投资人可能面临的最大损失顶多为 L。

例 2.2.6　假如某投资项目的投资回报率如表 2.2.6 所示。

表 2.2.6　投资收益率的概率分布

X (%)	-5	-3	-1	2	4	5	6
$p(x)$	2/100	4/100	4/100	30/100	40/100	140/1000	6/100

经计算, 该预期收益率的均值为:

$$\mu = 1/100 \times (-5 \times 2 - 3 \times 4 - 1 \times 4 + 2 \times 30 + 4 \times 40 + 5 \times 14 + 6 \times 6) = 3.$$

即预期平均收益率为 3%, 若取 $\alpha = 0.1$, 则 $L = -1$, 从而 $VaR(0.1) = \mu - L = 3 - (-1) = 4$, 也就是说, 如果把预期收益率分布左尾的 0.1% 部分忽略时, 投资者的预期投资收益率偏离均值的最大程度为 4%; 若取 $\alpha = 0.06$, 则 $L = -3$, 从而 $VaR(0.06) = 6$, 即如果把预期收益率分布左尾的 0.06% 忽略, 投资者的预期投资收益率偏离均值的最大程度为 6%。然而, $VaR(\alpha)$ 指标本身也存在缺陷, 这是因为不同投资者的风险偏好不同, 从而对风险的承受程度不同, 以至于所选择的置信度也不同。此外, $VaR(\alpha)$ 也忽略了风险自身的一些性质, 而且金融危机的发生在一定程度上进一步暴露了它的缺陷。

(七)　预期不足在险价值

类似于 VaR, 预期不足在险价值 [4] (Shortfall Value at risk, 记作 SF-VAR) 是一个同样考虑了收益分布左尾的风险指标, 该指标量化了被忽略了的收益分布左尾区域上的平均损失程度。一般地, 给定置信水平 α, 对于连续型收益分布, 预期不足在险价值的风险指标 (记作 $SFVAR(\alpha)$) 被定义为:

$$SFVAR(\alpha) = \int_{-\infty}^{x_0} x f(x) \mathrm{d}x \quad \text{其中 } x_0 \text{ 满足 } \int_{-\infty}^{x_0} f(x) \mathrm{d}x = \alpha.$$

对于离散型收益分布, 预期不足在险价值的风险指标被定义为:

$$SFVAR(\alpha) = \sum_{x \leqslant x_0} x P(X = x) \quad \text{其中 } x_0 \text{ 满足 } \sum_{x \leqslant x_0} P(X = x) = \alpha.$$

例 2.2.7　在表 2.2.6 的投资收益率分布中, 若取 $\alpha = 0.1$, 则可得 $x_0 = -1$, 从而有:

$$SFVAR(\alpha) = \sum_{x \leqslant -1} x P(X = x) = 1/1000(-5 \times 20 - 3 \times 40 - 1 \times 40) = -0.26,$$

即在置信水平 $\alpha = 0.1$ 下被忽略了的收益分布左尾区域上的平均损失为 0.26%, 换句话说, 若投资亏损的平均收益率低于 -0.26%, 则这样的情形只有 10% 的可能性。同样地, 若取 $\alpha = 0.02$, 则可得 $x_0 = -5$, 从而 $SFVAR$ (0.02) $= -0.1$, 即若投资亏损的平均收益率低于 -0.1%, 则这样的情形只有 2% 的可能性, 或者说, 我们以 98% 的概率保证, 投资亏损的平均收益率不会低于 -0.1%。

第三节　本　章　小　结

在对风险的传统认知中, 风险总是和损失程度、损失发生的可能性息息相关, 或许对风险最简单的定义就是损失的程度及其发生损失的可能性。由于人类趋利避害的天性, 对于损失, 人们的本能反应往往是厌恶的。后来, 人们逐渐认识到风险总是与特定的主体相关联, 不同的主体因其风险意识不同, 甚至同一主体因在其不同的发展阶段, 由于对内外部环境、自身使命和能力等方面也存在不同的判断和偏好行为, 从而其对风险的认知和界定都有可能完全不同, 有时甚至完全背离。

就目前对风险的认知来看, 风险的本质就是不确定性。按照国际风险管理标准的风险定义, 风险最终体现为一种影响, 描述的是 "客观" 不确定性和 "主观" 目标之间的影响, 风险确实是不确定性和目标之间建立联系才出现的, 表达了 "客观" 对 "主观" 产生的影响才是风险的本源。在人们对风险的认知过程中, 基于不同的认知视角, 一些量化风险的指标被相继提出, 譬如, 多马尔和马斯格雷夫风险指标、罗伊安全优先原则、方差和标准差、半方差、鲍莫尔风险指标、在险价值和预期不足在险价值等。

尽管这些量化风险的指标在特定的投资决策领域中具有一定的参考价值, 但仍无法令投资者所普遍接受, 因为这些指标都是在特定的经济决策环境中被引入, 或多或少总存在着一些自身的缺陷。或许最根本的原因在于, 风险指标仅仅取决于风险本身, 只是一个客观标准, 而投资者对风险的认知是一个因人而异的主观标准。此外, 由于实际生活中的绝大多数投资者都厌恶风险, 因此个体对风险的认识不仅依赖于风险本身, 更重要的还与个体的风险偏好行为有关。因此, 为了重新认识个体所面对的风险, 我们需要首先引入有关风险变化情形, 进而研究有关个体风险偏好行为的相应理论。

参 考 文 献

[1]　特朗博, 牛津英语大词典, 上海: 上海外语教育出版社.

[2]　ISO31000: 2009–Risk management: Principles and guidleines, ISO. 2006.

[3]　Knight, F., Risk, uncertainty and profit, Boston and New York: Houghton Mifflin Company. 1921.

[4]　Levy, H., Stochastic dominance: investment decision making under uncertainty, 2nd, Springer. 2006.

[5]　Domar, E., R., Musgrave, Proportional income taxation and risk-taking, The Quarterly Journal of Economics, 1944, 58(3): 388-422.

[6]　Roy, A., Safety first and the holding of assets, Econometrica, 1952, 20(7): 431-449.

[7]　Markowitz, H., Portfolio selection, Journal of Finance, 1952, 7(1): 77-91.

[8]　Baumol, W., An expected gain-confidence limit criterion for portfolio selection, Management science, 1963, 10(1): 174-182.

[9]　Duffie, D., J., Pan, An overview of value at risk, Journal of derivatives, 1997, 4(3): 7-49.

[10]　Jorion, P., Value at risk, McGraw-Hill, New York. 1997.

第三章　期望效用理论

　　个体的投资决策不仅仅依赖于风险本身, 更取决于个体自身的风险偏好行为, 而期望效用理论在统一的分析框架下, 提供了可供个体选择的投资决策准则。期望效用理论是 20 世纪 50 年代由冯·诺依曼和摩根斯坦恩 [1](Von Neumann & Morgenstern) 在公理化假设的基础上, 在风险和不确定性条件下, 提出的对理性人的选择进行分析的理论方法。随后, 阿罗和德布鲁 [2] 将其纳入瓦尔拉斯均衡的分析框架中, 由此成为处理风险和不确定性下决策问题的分析范式, 进而构成了现代微观经济学的理论基石。

　　期望效用理论作为决策领域的经典规范理论, 具有良好的数学表示、性质以及完整的公理化基础, 长久以来在风险和不确性下的决策领域占有绝对的统治地位。在本章, 首先介绍确定结果下个体的偏好关系以及偏好关系的效用函数表示; 其次介绍风险备选结果下个体的风险偏好关系、风险偏好的独立性公理和连续性公理以及风险偏好的期望效用表示。需要说明的是, 期望效用理论并不完美, 特别是当偏好关系的独立性公理被违背时, 期望效用理论就不再成立, 两个经典的悖论为其提供了佐证。

第一节　确定结果的偏好关系

(一)　偏好关系

　　在基于偏好的方法中, 个体对特定选择的倾向性可用偏好关系 (preference relation) 来描述, 通常用 $\succeq$ 来表示偏好关系。实际上, $\succeq$ 是一个定义在确定的备选集 (或选择集) Z 上的二元关系, 从而对于选择集中的任何一对选择项 $x, y \in Z$, 个体可以基于偏好关系对其进行比较。特别地, 若个体认为

"x 至少和 y 一样好",则称 "x 弱好于 y",记为 $x \succeq y$。由此偏好关系,可进一步定义其余两种重要的偏好关系:

(1) 严格偏好关系 $\succ$:若个体认为 "x 比 y 好",则称 "x 严格好于 y",记为 $x \succ y$。

(2) 无差异的偏好关系 $\sim$:若个体认为 "x 与 y 一样好",则称 "x 无差异于 y",记为 $x \sim y$。

在绝大多数主流的经济学理论中,对个体偏好的一个普遍的假设是个体是理性的 (rational),而这个假设建立在个体偏好关系的两个基本假设之上,即完备性假设和传递性假设。

定义 3.1.1 若偏好关系 $\succeq$ 具有以下两个性质,则称它是理性的 [3]:

(1) 完备性 (completeness):对任意的 $x, y \in Z$,都有 $x \succeq y$ 或 $y \succeq x$ 或二者均成立。

(2) 传递性 (transitivity):对任意的 $x, y, z \in Z$,若 $x \succeq y$ 且 $y \succeq z$,则 $x \succeq z$。

偏好关系的完备性是指,个体在任何两个可能的备选物上具有明确的偏好关系。理性偏好关系又被称为弱序 (weak order),除了满足完备性和传递性以外,在有些文献中往往还增加了一个称之为反身性的假设,即对所有的 $x \in Z$,都有 $x \succeq x$,在这里,其实偏好关系的完备性涵盖了反身性。因此偏好关系的完备性和传递性,蕴含着严格偏好关系 $\succ$ 和无差异的偏好关系 $\sim$ 的性质 [3,4]。

命题 3.1.1 如果偏好关系 $\succeq$ 是理性的,则:

(1) 偏好关系 $\succ$ 具有:(i) 非反身性,即对所有的 $x \in Z, x \succ x$ 不成立;(ii) 传递性,即对任意的 $x, y, z \in Z$,若 $x \succ y$ 且 $y \succ z$,则 $x \succ z$;

(2) 偏好关系 $\sim$ 具有:(i) 反身性,即对所有的 $x \in Z, x \sim x$;(ii) 传递性,即对任意的 $x, y, z \in Z$,若 $x \sim y$ 且 $y \sim z$,则 $x \sim z$;(iii) 对称性,即对任意的 $x, y \in Z$,若 $x \sim y$,则 $y \sim x$;

(3) 对任意的 $x, y, z \in Z$,若 $x \succ y \succeq z$,则 $x \succ z$。

(二) 效用函数

在经济学中,为了度量物品满足人们欲望或需要的程度,学者们引入了效用的概念。若个体对物品的满足程度高,则效用大;反之,若满足程度低,则效用小。早期的效用理论被称为基数效用论,该理论认为效用可以用具体的数字来量化,效用可以用来比较,也可以被加总。由于基数效用论的基本假设受到诸多限制, 使用起来不是很方便, 于是产生了序数效用理论。序数效用理论认为, 效用是个体的一种心理感受, 只能用序数来表示, 可以比较但不可加总, 个体可以根据自身的偏好对物品进行比较和排序, 从而表明自己更喜欢或更不喜欢哪个物品。

不同的个体具有不同的偏好关系。为了揭示不同个体的偏好关系, 我们需要引入不同的效用函数来刻画。效用函数 $u(x)$ 将可供个体选择的备选集 Z 中的每个元素 x 都赋予一个数值, 从而可对备选集 Z 中的每个选择按照个体自身的偏好进行排序。

定义 3.1.2 函数 $u: Z \to R$ 是代表偏好关系 $\succeq$ 的效用函数, 若对所有的 $x, y \in Z$, 都有:

$$x \succeq y \Rightarrow u(x) \geqslant u(y).$$

需要强调的是, 描述偏好关系的效用函数可能并不唯一。这是因为: 如果效用函数 $u(x)$ 能够代表某个体的偏好关系 $\succeq$, 则对于任何严格单调递增函数 $f: R \to R, v(x) = f(u(x))$ 与 $u(x)$ 代表了相同的偏好关系 $\succeq$。此外, 根据偏好关系的效用函数的定义, 我们或许认为任何偏好关系都能够用相应的效用函数来描述, 其实不然。

命题 3.1.2 若偏好关系 $\succeq$ 可以由效用函数来表示, 则该偏好关系 $\succeq$ 必然是理性的 [4]。

证明 我们只需要证明, 如果某偏好关系 $\succeq$ 可以用相应的效用函数来表示, 那么该偏好关系 $\succeq$ 必定是理性的偏好关系, 即只需证明偏好关系 $\succeq$ 具有完备性和传递性。首先验证完备性成立。假设偏好关系 $\succeq$ 可以由效用函数 $u(x)$ 表示, 因而对任意的 $x, y \in Z$, 总有 $u(x) \geqslant u(y)$ 或者 $u(y) \geqslant u(x)$, 从而就有 $x \succeq y$ 或者 $y \succeq x$, 故偏好关系 $\succeq$ 具有完备性。其次验证传递性。对任意的 $x, y, z \in Z$, 假设 $x \succeq y$ 且 $y \succeq z$, 由于偏好关系 $\succeq$ 可以由效用函数 $u(x)$ 表示, 就有 $u(x) \geqslant u(y)$ 且 $u(y) \geqslant u(z)$, 从而有 $u(x) \geqslant u(z)$, 即 $x \succeq z$, 故偏好关系 $\succeq$ 具有传递性。

反过来讲, 并不是所有的理性偏好关系都可以由效用函数来表示, 最经典的反例就是字典序偏好关系 (Lexicographic preference relation)。

例 3.1.1 (字典序偏好关系) 设 $Z = R_+^2$, 假设定义在 Z 上的偏好关系 $\succeq$ 如下: 对任意的 $x = (x_1, x_2) \in Z, y = (y_1, y_2) \in Z$, 若 $x_1 > y_1$ 或 $x_1 = y_1$ 且 $x_2 \geqslant y_2$, 则 $x \succeq y$。显然, 字典序偏好关系是理性偏

好, 因为它满足完备性和传递性, 然而字典序偏好关系却不存在效用函数表示。为了说明这一点, 我们不妨假设字典序偏好关系 $\succeq$ 可以由效用函数表示, 即存在效用函数 $u : Z \to R$, 使得对任意的 $x \in (0, +\infty)$, $(x, 1) \succ (x, 0)$, 有 $u(x, 1) > u(x, 0)$。令 $f(x)$ 为区间 $I_x = (u(x, 1), u(x, 0))$ 中的一个有理数, 则 $f(x)$ 为定义在 $(0, +\infty)$ 上的有理数函数。若 $y > x$, 则有 $(y, 0) \succ (x, 1)$, 从而有 $u(y, 0) > u(x, 1)$。同理, 存在有理数 $f(y) \in I_y = (u(y, 0), u(x, 1))$, 由于 I_x 与 I_y 互不相交, 故 $f(x) \neq f(y)$。因此 $f(\cdot)$ 为从 $(0, +\infty)$ 到有理数集的一一映射, 从而它们具有相同的基 (或势), 然而 $(0, +\infty)$ 为不可数集, 有理数集为可数集, 它们不可能具有相同的基, 从而矛盾, 由此可知字典序偏好关系不能用效用函数表示。

我们自然要问, 究竟什么样的偏好关系可以由效用函数表示呢? 为此, 我们需要先引入偏好关系连续的几个定义, 而且它们都是等价的。

定义 3.1.3　对所有的 $z \in Z$, 若上轮廓集 $\{y \in Z, y \succeq x\}$ 和下轮廓集 $\{y \in Z, x \succeq y\}$ 都是闭集, 则称定义在 Z 上的偏好关系 $\succeq$ 是连续的。

定义 3.1.4　设 $x, y \in Z$ 且 $x \succ y$, B_x 和 B_y 分别为以 x 和 y 为中心的领域, 若对任意的 $z \in B_x, s \in B_y$, 总有 $z \succ s$, 则称定义在 Z 上的偏好关系 $\succeq$ 是连续的。

定义 3.1.5　给定 Z 上的两个序列: $\{x^n\}$ 和 $\{y^n\}$ 且 $\lim_{n\to\infty} x^n = x, \lim_{n\to\infty} y^n = y$。若对所有的 n, $x^n \succeq y^n$, 总有 $x \succeq y$, 则称定义在 Z 上的偏好关系 $\succeq$ 是连续的。

下面的命题表明了偏好关系可由效用函数表示的充分条件, 即连续的偏好关系必然存在效用函数的表示。

命题 3.1.3　若确定备选集 Z 上的偏好关系 $\succeq$ 是连续的, 则一定存在能代表偏好关系 $\succeq$ 的连续的效用函数 $u(z), z \in Z$。

证明　由偏好关系的连续性的定义可知, 对于任意的 $z \in Z$, 上轮廓集 $\{y \in Z, y \succeq z\}$ 和下轮廓集 $\{y \in Z, z \succeq y\}$ 都是闭集。下面我们构造两个非空闭集集合: $A^+ = \{\alpha \in R_+, \alpha e \succeq z\}$ 和 $A^- = \{\alpha \in R_+, z \succeq \alpha e\}$, 其中 e 表示所有分量均为 1 的向量。因 A^+ 和 A^- 都是闭集, 而且 R^+ 本身又是连通集, 故 $A^+ \bigcap A^- \neq \varnothing$。于是, 一定存在一个实数 α, 使得 $\alpha e \sim z$。而且, 若 $\alpha_1 e \succ \alpha_2 e$, 则 $\alpha_1 > \alpha_2$。因此, 最多只有一个实数 $\alpha(z)$, 满足 $\alpha(z) e \sim z$。下面需要证明 $\alpha(z)$ 在所有的 z 上都是连续函数。具体证明思路是证明序列 $\{\alpha(z^n)\}_{n=1}^{\infty}$ 的所有收敛子序列都收敛于 $\alpha(z)$。

特别要说明的是, 字典序偏好关系之所以不存在效用函数表示, 其根本原因在于字典序偏好关系不是连续的。假设 $Z = R^2$, 取序列 $x^n = ((1/2)^n, 0)$, $y^n = (0, 1)$, 对任意的 n, 尽管 $x^n \succ y^n$, 但是 $\lim_{n\to\infty} x^n = (0,0) \prec \lim_{n\to\infty} y^n = (0,1)$, 根据偏好连续性的定义, 故字典序偏好关系不连续。

第二节 基于彩票的风险偏好关系

在上一节, 我们考虑了确定情形下个体理性选择的偏好关系, 即给定备选集 Z, 若偏好关系 $\succeq$ 连续, 对任意的 $x, y \in Z$, $x \succeq y$, 则存在 Z 集合上的效用函数 $u(\cdot)$: 若 $x \succeq y$, 则有 $u(x) \geqslant u(y)$。那么, 在不确定结果的情形下, 其偏好关系或效用函数该如何定义呢? 为此, 我们需要补充风险偏好的有关概念, 即彩票 (lottery) 及其有关性质 [3-5]。

(一) 彩票

在这里, 我们假设个体在一些风险备选物中做出自己的选择。每个备选物可能导致若干种可能结果中的一种结果, 但个体在做出选择时究竟哪种结果将会出现是不确定的。这里不妨假设所有可能结果组成的集合为 C, 且为有限集合。为了便于描述, 这里不妨假设所有可能的结果是以货币收益的形式呈现, 简记为 $n = 1, 2, \ldots, N$。

定义 3.2.1 一个简单彩票 P 是一组概率 $P = (p_n) = (p_1, p_2, \ldots, p_N)$, 其中 $p_n \geqslant 0$, 对所有的 n 均成立并且 $\sum_{n=1}^{N} p_n = 1$, p_n 是可能的结果 n 发生的概率。

从彩票的定义可以看出, 一个彩票就是定义在所有可能结果集 C 上的一个概率测度, 或者说概率分布。

定义 3.2.2 给定 K 个简单彩票 $P_k = (p_1^k, p_2^k, \ldots, p_N^k), k = 1, 2, \ldots, K$, 其中第 k 个彩票出现的概率 $\alpha_k \geqslant 0$ 且 $\sum_{k=1}^{K} \alpha_k = 1$, 则称 $(P_1, \ldots, P_K; \alpha_1, \ldots, \alpha_K)$ 为复合彩票且能以概率 α_k (其中 $k = 1, 2, \ldots, K$) 产生简单彩票 P_k 的风险备选物 [4]。

毫无疑问, 对于任何复合彩票, 我们总可以转化成一种简化彩票 $P = (p_1, \ldots, p_N)$, 即能产生与复合彩票具有相同最终分布的简单彩票。给定复合

彩票:
$$(P_1, \ldots, P_K; \alpha_1, \ldots, \alpha_K),$$

我们可化为简化彩票 $P = (p_1, \ldots, p_N)$, 其中:
$$p_n = \alpha_1 p_n^1 + \alpha_2 p_n^2 + \cdots + \alpha_K p_n^K = \sum_{k=1}^{K} \alpha_k p_n^k,$$

$n = 1, 2, \ldots, N$。因此, 复合彩票的简化彩票为 $P = \alpha_1 P_1 + \cdots + \alpha_K P_K$。

(二)　彩票上的偏好关系

我们用 C 表示所有可能结果的集合, 用 $\mathscr{P}$ 表示定义在结果集 C 上的所有简单彩票组成的集合。假定个体在 $\mathscr{P}$ 上具有偏好关系 $\succeq$, 且该偏好关系具有完备性和传递性, 从而个体可以对任何一对彩票进行比较排序。实际上, 这里描述个体偏好关系的彩票就是定义在 C 上的概率分布, 因此又可以把 $\mathscr{P}$ 看作概率空间。为论述方便起见, 我们假定 C 只包括有限个元素。$\mathscr{P}$ 中的元素 $P: C \to [0, 1]$ 是从结果集合到实数子集 $[0, 1]$ 的映射, 同时满足 $\sum\limits_{c \in C} P(c) = 1$。

显然, $\mathscr{P}$ 是一个凸集, 即若 $P, Q \in \mathscr{P}$, 则 $\alpha P + (1 - \alpha)Q \in \mathscr{P}$ 对任意的 $\alpha \in [0, 1]$ 都成立。这是因为:
$$\alpha P(c) + (1 - \alpha)Q(c) \geqslant 0,$$

且
$$\sum_{c \in C} \alpha P(c) + (1 - \alpha)Q(c) = \alpha \sum_{c \in C} P(c) + (1 - \alpha) \sum_{c \in C} Q(c) = 1.$$

公理 3.2.1　(序公理 [4]) $\succeq$ 是一个偏好序关系。
序公理说明 $\succeq$ 满足自反性、传递性及完备性。

公理 3.2.2　(独立性公理 [4]) 对所有 $P, Q, R \in \mathscr{P}$ 以及 $\alpha \in (0, 1)$, 若 $P \succeq Q$, 则 $\alpha P + (1 - \alpha)R \succeq \alpha Q + (1 - \alpha)R$。

独立性公理的含义是: 设想一些复合彩票, $\alpha P + (1 - \alpha)R$ 彩票与 $\alpha Q + (1 - \alpha)R$ 彩票的比较, 在去掉相同比例的彩票 R 之后, P 彩票与 Q 彩票的比较仍然是一致的。尽管看上去这一假设与人们感受很相近, 然而, 现实中各种彩票之间可能并不独立, 这一假设本身存在着一定的局限性。

例 3.2.1 设 $a=$ "牛肉"，$b=$ "羊肉"，$c=$ "鱼肉"，假设相对于 "羊肉"，"牛肉" 总是被确定无疑地严格偏好，即 $\delta_a \succ \delta_b$。由独立性公理可知，

$$1/2\delta_a + 1/2\delta_c \succ 1/2\delta_b + 1/2\delta_c,$$

也就是说，若相对于 "羊肉"，"牛肉" 被严格偏好，则相对于机会均等的 "羊肉" 与 "鱼肉" 的组合 (δ_b, δ_c)，机会均等的 "牛肉" 与 "鱼肉" 的组合 (δ_a, δ_c) 更受欢迎。这是因为 $\delta_a = 1/2\delta_a + 1/2\delta_a \succ 1/2\delta_a + 1/2\delta_b$，并且有：

$$1/2\delta_a + 1/2\delta_c \succ 1/2(1/2\delta_a + 1/2\delta_b) + 1/2\delta_c = 1/4\delta_b + 3/4(1/3\delta_a + 2/3\delta_c)$$

$$\succ 1/4\delta_b + 3/4(1/3\delta_b + 2/3\delta_c) = 1/2\delta_b + 1/2\delta_c.$$

公理 3.2.3 （连续性公理 [4]）对所有 $P, Q, R \in \mathscr{P}$，若 $P \succeq Q \succeq R$，则存在 $\alpha, \beta \in (0,1)$，使得 $\alpha P + (1-\alpha)R \succeq Q \succeq \beta P + (1-\beta)R$，或等价地，集合 $\{\alpha \in [0,1] : aP + (1-\alpha)R \succeq Q\}$ 和 $\{\beta \in [0,1] : Q \succeq \beta P + (1-\beta)R\}$ 为闭集。

偏好关系的连续性公理表明：概率的微小变化不会改变两个彩票之间的排序性质。具体而言，若彩票 Q 弱偏好于彩票 R，则对任意的彩票 P，总存在一个很小比例 α 的彩票 P 和很大比例 $(1-\alpha)$ 的彩票 R 所组成的复合彩票，相对彩票 Q 更不被偏好。同时，若彩票 P 弱偏好于彩票 Q，则对任意的彩票 R，总存在一个很大比例 β 的彩票 P 和很小比例 $(1-\beta)$ 的彩票 R 所组成的复合彩票，相对彩票 Q 更被偏好。

例 3.2.2 假设 $x=$ "富甲一方"，$y=$ "家徒四壁"，$z=$ "疾病缠身"。显然，"富甲一方" 优于 "家徒四壁"，而 "家徒四壁" 优于 "疾病缠身"，即 $\delta_x \succ \delta_y \succ \delta_z$，若偏好满足连续性公理，则对于充分大的 $\alpha \in (0,1)$，有：

$$\alpha\delta_x + (1-\alpha)\delta_z \succ \delta_y,$$

也就是说，纵然有充分小的可能性的 "疾病缠身"，只要 "富甲一方" 就依然严格偏好于 "家徒四壁"。

第三节　期望效用理论

个体的效用是个体消费的物品或财富的函数，这个函数称为效用函数，不同的个体具有不同的效用函数。在风险和不确定性情形下，期望效用是其每

个状态下的效用以相应状态发生的概率作为权重的加权均值, 其主要是研究在风险和不确定性环境下个体的偏好关系与其决策问题。对客观不确定性选择理论, 这里的"客观"意味着存在一个对可能结果的外在不确定的测度, 它不依赖于决策者自身判断。用概率论的术语, 这一不确定性测度是对可供选择的结果存在着一个概率分布。

假设可供选择结果的集合为 C, 其结果的数目可能是有限, 可数无限或不可数, 我们都可以通过定义在 C 上的一个概率分布来刻画其不确定性。这种概率分布在不同的集合类型中, 有不同的表达方式, 比如对可数个结果的集合, $\{c_1, c_2, \cdots\}$ 或写为 $\{c_i, i \in N\}$, 其中 N 为可数的指标集。此时, 对不确定结果的偏好表现为对概率分布的偏好。假设 $P = (p_i)_{i \in N}$, 其中 $p_i \equiv prob(c = c_i)$; $Q = (q_i)_{i \in N}$, 其中 $q_i \equiv prob(c = c_i)$。在冯·诺依曼和摩根斯坦恩的期望效用理论中, 存在一个效用函数 $u(\cdot)$ 满足:

$$P \succeq Q \quad \text{当且仅当} \quad \sum_{i \in N} p_i u(c_i) \geqslant \sum_{i \in N} q_i u(c_i).$$

对连续区间而言, 用分布函数或密度函数同样可以把不同概率分布的偏好定义为在不同概率分布下期望效用的大小。若 $f(x)$ 和 $g(x)$ 分别是分布 P 和 Q 的概率密度函数, 则消费者的期望效用分别为:

$$\int u(x)f(x)\mathrm{d}x \text{ 和 } \int u(x)g(x)\mathrm{d}x,$$

其相应的期望效用函数存在性结果是:

$$P \succeq Q \quad \text{当且仅当} \quad \int u(x)f(x)\mathrm{d}x \geqslant \int u(x)g(x)\mathrm{d}x.$$

(一)　期望效用定理

在前面的部分, 我们讨论了确定情形下效用函数的存在性。若个体的偏好关系满足自反性、传递性、完备性以及连续性, 则存在一个效用函数来刻画其偏好关系。为了研究不确定性环境下两者之间的联系, 我们先给出冯·诺依曼和摩根斯坦恩期望效用函数的具体定义。

定义 3.3.1　效用函数 $U : \mathscr{P} \to R$ 具有期望效用形式, 如果可以对 N 个结果指定一组数 $(u_1, \ldots, u_N)$, 使得对于每一个简单彩票 $P = (p_1, \ldots, p_N) \in \mathscr{P}$, 就有:

$$U(P) = p_1 u_1 + \cdots + p_N u_N,$$

则称期望效用形式的函数 $U : \mathscr{P} \to R$ 为冯·诺依曼和摩根斯坦恩期望效用函数。

　　下面我们讨论在不确定性的决策环境中,若个体偏好关系满足上述三条公理,是否同样存在着相应的效用函数能够刻画个体选择的风险偏好关系呢?下面的定理揭示了不确定情形下个体偏好关系所对应效用函数的存在性 [3-5]。

　　定理 3.3.1　假设定义在结果集 C 上的概率空间 $\mathscr{P}$ 的偏好关系 $\succeq$ 满足独立性公理和连续性公理,则存在定义在 $\mathscr{P}$ 上的期望效用函数 $U(\cdot) : \mathscr{P} \to R$, 使得对任意的彩票 $P, Q \in \mathscr{P}$, $P \succeq Q$ 当且仅当 $U(P) \geqslant U(Q)$, 即:

$$\sum_{c \in C} u(c)p(c) \geqslant \sum_{c \in C} u(c)q(c).$$

　　证明　为了简单起见,我们先假设在结果集 C 中存在着最好和最差的结果 b 和 w。这意味着对结果集上的任何元素 $c \neq b, c \neq w$, 相对应彩票满足 $\delta_b \succ \delta_c \succ \delta_w$, 且 $\delta_b \succ \mathbf{p} \succ \delta_w$ 对 $\forall \mathbf{p} \neq \delta_b, \delta_w$ 成立,其中 δ_x 定义为以 1 的概率得到 x, 以 0 的概率得到其他结果的这一概率分布。我们通过以下四个步骤来证明该定理中期望效用函数的存在性。

　　(1) 对任意两个实数 $\alpha, \beta \in [0,1]$, $\alpha\delta_b + (1-\alpha)\delta_w \succ \beta\delta_b + (1-\beta)\delta_w$ 当且仅当 $\alpha > \beta$ 成立。

　　由于 $\beta\delta_b + (1-\beta)\delta_w = \alpha\left(\dfrac{\beta}{\alpha}\delta_b + \left(1-\dfrac{\beta}{\alpha}\right)\delta_w\right) + (1-\alpha)\delta_w$。此时利用独立性公理,这里我们只需要用 δ_b 来替代 P, 用 $\dfrac{\beta}{\alpha}\delta_b + \left(1-\dfrac{\beta}{\alpha}\right)\delta_w$ 替代 Q, 用 δ_w 来替代独立性公理中的 R, 就可以得到上面的结论。

　　(2) 对任意 $\mathbf{p} \in P$, 存在着唯一的 $\alpha \in [0,1]$ 使得 $\alpha\delta_b + (1-\alpha)\delta_w \sim \mathbf{p}$。

　　我们用 δ_b 来替代连续性公理中的 $\mathbf{P}$, 用 δ_w 来替代连续性公理中的 $\mathbf{R}$, 用 $\mathbf{p}$ 来替代连续性公理中的 Q。由引理,若 $\alpha\delta_b + (1-\alpha)\delta_w \succ \mathbf{p}$, 则对任意的 $\alpha' \geqq \alpha$, 都有 $\alpha'\delta_b + (1-\alpha')\delta_w \succ \mathbf{p}$。同样,若 $\mathbf{p} \succ \beta\delta_b + (1-\beta)\delta_w$, 则对任意的 $\beta \geqq \beta'$, 都有 $\mathbf{p} \succ \beta'\delta_b + (1-\beta')\delta_w$。此外,对任意的 $\gamma \in [0,1]$, 由公理 3.2.3 可知,或有 $\gamma\delta_b + (1-\gamma)\delta_w \succ \mathbf{p}$ 或 $\mathbf{p} \succeq \gamma\delta_b + (1-\gamma)\delta_w$。根据实数的特性,存在唯一的 $\alpha \in [0,1]$ 使得 $\alpha\delta_b + (1-\alpha)\delta_w \sim \mathbf{p}$, 并且若 $\gamma > \alpha$, 则有 $\gamma\delta_b + (1-\gamma)\delta_w \succ \mathbf{p}$; 若 $\gamma < \alpha$, 则有 $\mathbf{p} \succ \gamma\delta_b + (1-\gamma)\delta_w$。

　　(3) 若 $\mathbf{p} \sim \mathbf{q}$, 则 $\alpha\mathbf{p} + (1-\alpha)\mathbf{r} \sim \alpha\mathbf{q} + (1-\alpha)\mathbf{r}$ 对任意的 $\mathbf{r} \in P$ 和 $\alpha \in [0,1]$ 成立。

显然, 对 $\forall r$, 如果 $\mathbf{p} \sim \mathbf{q} \sim \mathbf{r}$, 那么有 $\alpha\mathbf{p} + (1-\alpha)\mathbf{r} \sim \alpha\mathbf{q} + (1-\alpha)\mathbf{r}$。假设存在某个 $\mathbf{s} \in P$, 使得 $\mathbf{s} \succ \mathbf{p} \sim \mathbf{q}$, 同时有 $\alpha\mathbf{p} + (1-\alpha)\mathbf{s} \succ \alpha\mathbf{q} + (1-\alpha)\mathbf{s}$, 我们将推出矛盾。根据独立性公理, 对任意 $b \in (0,1)$, 都有 $b\mathbf{s} + (1-b)\mathbf{q} \succ b\mathbf{q} + (1-b)\mathbf{q} = \mathbf{q} \sim \mathbf{p}$, 从而有 $\alpha((b\mathbf{s} + (1-b)\mathbf{q})) + (1-\alpha)\mathbf{r} \succ \alpha\mathbf{p} + (1-\alpha)\mathbf{r}$。由连续性公理, 存在 $a^*(b) \in (0,1)$, 使得 $\alpha\mathbf{p} + (1-\alpha)\mathbf{r} \succ a^*(b)[\alpha((b\mathbf{s} + (1-b)\mathbf{q})) + (1-\alpha)\mathbf{r}] + (1-a^*(b))(\alpha\mathbf{q} + (1-\alpha)\mathbf{r})$。

令 $b = 1/2$, $a^* \equiv a^*(1/2)$, 则上式可写为: $\alpha\mathbf{p} + (1-\alpha)\mathbf{r} \succ \alpha\left[\frac{a^*}{2}\mathbf{s} + \left(1 - \frac{a^*}{2}\right)\mathbf{q}\right] + (1-\alpha)\mathbf{r}$, 而 $\alpha\left[\frac{a^*}{2}\mathbf{s} + \left(1 - \frac{a^*}{2}\right)v\right] + (1-\alpha)\mathbf{r} \succ \alpha\mathbf{p} + (1-\alpha)\mathbf{r}$, 矛盾。其他的情形的证明与此相似, 因此该命题成立。

在下面的讨论中, 对任意的结果 $c \in C$, 定义 $u(c)$ 满足 $\delta_c \sim u(c)\delta_b + (1-u(c))\delta_w$。这里的 $u(c)$ 可以理解为结果 c 的效用。从上面命题可知, $u(c)$ 存在且是唯一的。

(4) 对任意 $\mathbf{p} \in P$, 有 $\mathbf{p} \sim \sum_{c \in C} p(c)u(c)\delta_b + (1 - \sum_{c \in C} p(c)u(c))\delta_w$。

首先, 对任意 $\mathbf{p} \in P$, 定义 $f(\mathbf{p}) = a$ 使得 $a\delta_b + (1-a)\delta_w \sim \mathbf{p}$, $a \in [0,1]$, 且是唯一的。我们要证明函数 f 表示了不确定下的偏好 $\succeq$, 即 $\mathbf{p} \succ \mathbf{q}$ 当且仅当 $f(\mathbf{p})\delta_b + (1-f(\mathbf{p}))\delta_w > f(\mathbf{q})\delta_b + (1-f(\mathbf{q}))\delta_w$。

应用前面的结论, 我们可以得到:

$$a\mathbf{p} + (1-a)\mathbf{q} \sim a[f(\mathbf{p})\delta_b + (1-f(\mathbf{p}))\delta_w] + (1-a)[f(\mathbf{q})\delta_b + (1-f(\mathbf{q}))\delta_w]$$
$$= [af(\mathbf{p}) + (1-a)f(\mathbf{q})]\delta_b + \{1 - [af(\mathbf{p}) + (1-a)f(\mathbf{q})]\}\delta_w.$$

根据 f 的定义, 有:

$$f(a\mathbf{p} + (1-a)\mathbf{q}) = af(\mathbf{p}) + (1-a)f(\mathbf{q}).$$

对 $c \in C$, 定义 $u(c) = f(\delta_c)$。为得到定理的表述, 我们需证明: 对任意的 $\mathbf{p} \in P$, 有:

$$f(\mathbf{p}) = \sum_c u(c)p(c).$$

用数学归纳法, 假设对有 n 个（正概率发生）结果的选择集成立, 下面要证明对有 $n+1$ 个（正概率发生）结果的选择集也同样成立。$\mathbf{p}$ 是定义在

有 $n+1$ 个 (正概率发生) 结果的选择集上的概率分布, 令 z' 是其中某个结果。定义 $\mathbf{q}$ 为:

$$q(c) = \begin{cases} 0, & \text{若 } c = c' \\ p(c)/(1-p(c')), & \text{若 } c \neq c'. \end{cases}$$

显然 $\mathbf{q}$ 是定义在有 n 个（正概率发生）结果的选择集的概率分布, 于是有 $\mathbf{p} = p(c')\delta_{c'} + (1-p(c'))\mathbf{q}$。利用前面的 $f(a\mathbf{p}+(1-a)\mathbf{q}) = af(\mathbf{p})+(1-a)f(\mathbf{q})$, 有:

$$\begin{aligned} f(\mathbf{p}) &= p(c')f(\delta_{c'}) + (1-p(c'))f(\mathbf{q}) \\ &= p(c')u(c') + (1-p(c'))\sum_{c \neq c'} q(c)u(c) \\ &= \sum_c p(c)u(c). \end{aligned}$$

由于选择集 C 是有限的, 我们证明了, 对所有的 $\mathbf{p} \in P$, 有 $f(\mathbf{p}) = \sum_c u(c)p(c)$。

下面我们放松在结果集上存在最好和最差结果的假设。此时, 令存在两个结果 b, w 满足 $\delta_b \succ \delta_w$, 设 $u(b) = 1$, $u(w) = 0$。若 $\delta_b \succ \delta_c \succ \delta_w$, 定义 $u(c)$ 使得 $\delta_c \sim u(c)\delta_b + (1-u(c))\delta_w$; 若 $\delta_c \succ \delta_b$, 定义 $u(c) = \dfrac{1}{\alpha}$ 使得 $\delta_b \sim \alpha\delta_c + (1-\alpha)\delta_w$; 若 $\delta_w \succ \delta_c$, 定义 $u(c) = -\dfrac{\beta}{1-\beta}$ 使得 $\delta_w \sim \beta\delta_b + (1-\beta)\delta_c$。容易验证, $u(\cdot)$ 同样表示了不确定情形的偏好 $\succ$, 证毕。

尽管在证明冯·诺依曼和摩根斯坦恩期望效用定理的存在性和唯一性显得较为复杂, 但在应用中, 它有两个优点: 其一, 其数学表示非常简单; 其二, 冯·诺依曼和摩根斯坦恩期望效用定理可以帮助人们决定不确定情形下的决策。

定理 3.3.2 假设定义在备选集 C 上的概率空间 $\mathscr{P}$ 的偏好关系 $\succeq$, 可由两个可能的冯·诺依曼和摩根斯坦恩期望效用函数表示, 即存在定义 $\mathscr{P}$ 上的期望效用函数 $U(\cdot),V(\cdot): \mathscr{P} \to R$ 当且仅当存在常数 $a,b \in R$ 且 $a > 0$, 使得 $V(P) = aU(P) + b$, 对任意的 $P \in \mathscr{P}$ 成立 [3,4]。

具有以上形式的线性变换 $V(\cdot)$ 被称为仿射变换。在正式证明定理前, 我们比较一下不确定下效用函数与确定下效用函数之间的差别。对确定的情形, 若一个函数表示了偏好, 那么这个函数任意正的单调变换都表示了相同的偏好。然而, 在不确定情形下, 表示相同偏好效用函数之间只存在仿射变换。

证明　若效用函数 $U(\cdot)$ 表示了偏好关系 $\succ$, $V(\cdot) = aU(\cdot) + b, a > 0$, 也表示同样的偏好关系 $\succ$。下面需要证明的是, 若效用函数 $U(\cdot)$ 和 $V(\cdot)$ 同时表示了同样的偏好关系 $\succ$, 则一定存在 $a > 0$ 及 $b \in \mathscr{R}$, 使得 $V(\cdot) = aU(\cdot) + b$ 成立。

我们用反证法来证明, 若效用函数 $U(\cdot)$ 和 $V(\cdot)$ 同时表示了偏好关系 $\succ$, 那么对任意的 $a > 0, b \in R$, 至少存在一个彩票 P, 使得 $V(P) \neq aU(P) + b$。对于彩票 P, 我们知道至少可以选择两个彩票 $\overline{P}$ 和 $\underline{P}$, 使得 $\overline{P} \succ P \succ \underline{P}$, 从而有 $P \sim \alpha\overline{P} + (1-\alpha)\underline{P}$, 且 $\alpha \in [0,1]$ 是唯一存在的。

我们得到:

$$U(P) = \alpha U(\overline{P}) + (1-\alpha)U(\underline{P}) \text{ 和 } V(P) = \alpha V(\overline{P}) + (1-\alpha)V(\underline{P}),$$

于是有:

$$V(P) = \frac{U(\overline{P}) - U(\underline{P})}{V(\overline{P}) - V(\underline{P})} u(P) + (1 - \frac{U(\overline{P}) - U(\underline{P})}{V(\overline{P}) - V(\underline{P})})U(\underline{P}), \qquad (3.3.1)$$

令

$$a = \frac{U(\overline{P}) - U(\underline{P})}{V(\overline{P}) - V(\underline{P})}, \quad b = (1 - \frac{U(\overline{P}) - U(\underline{P})}{V(\overline{P}) - V(\underline{P})})U(\underline{P}),$$

显然 $a > 0$, 式 (3.3.1) 成立, 而前面假设了存在一个 P, 使得 $V(P) \neq aU(P) + b$, 矛盾。

在唯一性的证明中, 其实我们得到了如下结果: 若 $U(\cdot), V(\cdot)$ 同时刻画偏好关系 $\succ$, 由于至少存在两个彩票 $\overline{P}$ 和 $\underline{P}$ 且 $\overline{P} \succ \underline{P}$, 那么它们之间的关系满足式 (3.3.1)。

(二)　两个著名的悖论

在实际中, 许多经验证据揭示这些经典的理论都有一定的局限性。以这些经典理论为参照系, 会发现许多背离现实的现象, 通常人们把这些现象称为悖论。这一节介绍一些经典悖论, 同时介绍为协调这些"反常"现象经济学家所提出的一些新的理论。期望效用理论是基于个体的理性偏好提出的。从我们对期望效用函数的构造来看, 期望效用理论赖以成立的公理看起来都是合理的。但不幸的是, 总体上来说, 实际的个体行为常常违背了独立性公理, 这里给出著名的圣彼得堡悖论和阿莱斯悖论[3-5]。

假如有这样一个游戏, 反复投掷一个正规的硬币, 直到出现正面为止, 若第一次就出现正面, 支付为 1 元, 若第 k 次才出现正面, 支付为 2^{k-1}, 问你愿意花多少钱来参加这个游戏?

按照该游戏的期望支付, 它的数字是无穷大, 以期望支付来判断游戏的吸引力, 人们会愿意参加这样一个游戏, 不管花多少钱。但现实中, 很少人会愿意拿很大数目的资金来参与这个游戏。

对这个悖论的答案, 人们认为得到 200 元收益的价值并不等同于得到 100 元收益价值的两倍。对收益的价值, 用一个现在被称为冯·诺依曼和摩根斯坦恩的效用函数 $u(z)$ 来刻画, 他们认为游戏的价值不取决于收益的期望值, 而是取决于收益价值的期望值。若一个人对收益价值的描述是自然对数函数 $u(z) = \ln(z)$, 这里的 z 表示他拥有的财富。假如一个人目前拥有财富 50000 元, 那么上面的游戏给予他价值的期望值为:

$$0.5 \ln(50000 + 1) + 0.5^2 \ln(50000 + 2) + \cdots + (0.5)^k \ln(50000 + 2^{k-1}) + \cdots$$

尽管该游戏的收益期望值为无穷大, 但是对收益的价值函数为 $u(z) = \ln(z)$ 的人来说, 这个游戏带给他的好处与直接给他 9 元钱是差不多的。

第二个悖论尽管是针对冯·诺依曼和摩根斯坦恩期望效用理论而提出的, 阿莱斯[6](Allais) 提出了一个人们在确定下 "反常" 的决策, 通常被称为阿莱斯悖论。

阿莱斯悖论其实是一系列实验。让实验对象分别做两组实验, 然后比较这两组实验中人们的反应差异。下面的两组试验来自于卡尼曼和特维斯基[7] (Kahneman & Tversky), 可以看成是阿莱斯实验的变体[4]。

实验 1: 依据自身偏好选择下面两个选项。

选项 A: 以 33% 的概率获得 2500 美元; 以 66% 的概率获得 2400 美元; 以 1% 的概率什么都获不到。

选项 B: 确定得到 2400 美元。实验结果发现大部分人 (82%) 选择选项 B。

实验 2: 依据自身偏好选择下面两个选项。

选项 C: 以 33% 的概率获得 2500 美元; 以 67% 的概率获得 0 美元。

选项 D: 以 34% 的概率获得 2400 美元; 以 66% 的概率获得 0 美元。实验结果发现大部分人 (83%) 选择选项 C。

在两组实验中, 大部分人在实验 1 选择 B, 而在实验 2 选择 C。但是, 这些选择都违背了期望效用公理。下面我们讨论为什么在实验 1 选择 B, 在实

验 2 选择 C 违背了期望效用理论。在期望效用理论中, 存在一个对货币的效
用 $u(z)$, 人们对不确定结果的偏好, 依赖于他们的期望效用。

在实验 1 选择 B, 意味着:

$$0.33u(2500) + 0.66u(2400) + 0.01u(0) < u(2400),$$

即:

$$0.33u(2500) + 0.01u(0) < 0.34u(2400).$$

在实验 2 选择 C, 意味着:

$$0.33u(2500) + 0.67u(0) > 0.34u(2400) + 0.66u(0),$$

即:

$$0.33u(2500) + 0.01u(0) > 0.34u(2400),$$

显然违背了期望效用理论中的独立性公理。

第四节　本 章 小 结

在确定选择结果下, 本章介绍了个体的偏好关系以及偏好关系的效用函
数表示: 若偏好关系 $\succeq$ 满足完备性和传递性, 则称个体的偏好关系是理性的;
然而, 在确定结果下, 理性的偏好关系未必可由相应的效应函数来表示。实际
上, 只有连续的理性的偏好关系才存在相应的效应函数表示, 其反例就是字典
序偏好关系。

通过借助个体对彩票的偏好关系, 这部分揭示了风险备选结果下个体的
风险偏好关系。类似于确定结果下偏好关系与效用函数的关系, 为了使风险
偏好关系与效用建立联系, 风险偏好关系的连续性公理和独立性公理被相继
引入研究。风险偏好关系的连续性公理表明, 概率的微小变化不会改变两个
彩票之间的排序性质; 而风险偏好关系的独立性公理表明个体对两种彩票的
风险偏好关系并不会受到这两种彩票与其他彩票组合的影响。进而, 风险偏
好的独立性公理和连续性公理保证了风险偏好的期望效用表示的存在性。然
而, 期望效用理论并不完美, 特别是当偏好关系的独立性公理被违背时, 期望
效用理论就不再成立。为了说明这一点, 两个经典的悖论为其提供了佐证。

参 考 文 献

[1] Von Neumann, J., O., Morgenstern, The Theory of Games and Economic Be-havior, 1st edn, Princeton. 1944.

[2] Arrow, K., Debreu, G., Existence of an equilibrium for a competitive economy, Econometrica, 1954, 22: 265-290.

[3] Rubinstein A., Lecture Note in Microeconomics, Princeton University Press. 2005.

[4] 田国强, 高级微观经济学, 北京：中国人民大学出版社. 2016.

[5] Mas-Colell, A., Whinston, M., Green, J., Microeconomic Theory, Oxford Uni-versity Press, 1995.

[6] Allais, M., Le comportement de l'homme rationnel devant le risque: critique des postulats et axiomes de l'école américaine, Econometrica: Journal of the Econometric Society, 21(4): 503-546.

[7] Kahneman,D., J., Tversky, Prospect theorey: an analysis of decision under risk, Ecomometrica, 1979, 47(2): 263-291.

第四章 风险比较

在风险和不确定性下的经济决策问题研究中, 保前几阶矩的风险变化和随机占优的概念已被研究者广泛接受, 它们通常被用来描述经济决策问题中的风险变化情形。n 阶风险增加概念的探讨最早可追溯到罗特席尔德和施蒂格利茨 [1](Rothschild & Stiglitz) 对保均值风险 (保均值扩散和保均值压缩) 的理论研究工作, 而埃克恩 [2](Ekern) 将这些描述风险变化的概念推广到 n 阶风险增加的情形。

在这一章里, 主要介绍一些对风险进行比较排序的经典方法。对风险进行比较或者排序, 关键在于究竟如何描述这种刻画风险的一个随机变量比另一个随机变量更易变动, 即具有更大风险。在理论研究中, 罗特席尔德和施蒂格利茨 [1,3] 的研究表明至少存在四种可行的风险排序方法。

(1) 随机变量加扰动。任给一个随机变量, 若将一个不相关的扰动项加到其上, 那么所得的新随机变量将比最初的随机变量更具风险。严格地讲, 假设 X 和 Y 为两个随机变量, 满足 $Y \stackrel{d}{=} X + Z$, 其中零均值的随机变量 Z 与随机变量 X 不相关, 即对任意的随机变量 X, 有 $E(Z|X) = 0$。特别地, 这里的符号 $\stackrel{d}{=}$ 表示具有相同的分布。因随机变量 Y 是在随机变量 X 上添加了一个与其不相关的零均值的随机扰动项, 而且 X 和 Y 具有相同的均值, 故相对于随机变量 X 而言, 随机变量 Y 更加易变, 更具风险性。

(2) 风险厌恶者的偏好。在经典的期望效用框架下, 风险厌恶的个体常常被认为具有凹的效用函数。如果随机变量 X 和随机变量 Y 具有相同的均值, 相对于随机变量 Y, 一个风险厌恶的个体更喜欢随机变量 X, 则对所有的凹函数而言, 就有 $EU(X) \geqslant EU(Y)$, 因此可以说, 随机变量 X 比随机变量 Y 具有更小的风险。

(3) 分布尾部更加厚重。不妨假设随机变量 X 和 Y 的密度函数分别为 f 和 g, 若将密度函数 f 做如下的变换可获得密度函数 g: 取出 f 的中间的一部分概率质量, 将其分别添加到 f 的尾部, 并且保证随机变量 X 和 Y 的均值不变, 从而说明了随机变量 Y 比随机变量 X 更具不确定性, 具有更大风险。

(4) 风险的方差比较。在风险理论中, 因风险的方差主要刻画了风险与其均值的偏离程度, 或者说描述了风险的实现值的分散程度, 于是风险的方差越大, 就越能说明该风险更易变动。因而在随机变量均值相同的情形下, 某随机变量的方差越大, 那就意味着该风险更具不确定性, 具有更大风险。

第一节　保均值风险

在风险变化的刻画中, 最早被我们所认识的一类风险变化是保均值风险, 即两种风险的均值相同但其方差却存在明显差异。保均值风险包含保均值扩散和保均值压缩。保均值扩散又称为二阶风险增加; 而保均值压缩又称为二阶风险减少。保均值扩散所描述的风险变化是指一类风险的分布函数被加了一个概率或密度函数以后, 使其分布的概率权重从中心位置向左转移到其尾部, 但其分布的均值并未改变[1]。

定义 4.1.1　假设 $f(x)$ 为某风险的概率分布或密度函数, 函数 $s(x)$ 被称为保均值扩散, 如果满足以下条件:

(1) $f(x) + s(x) \geqslant 0$ 几乎处处成立;

(2) $\int_0^1 s(x)\mathrm{d}x = 0$;

(3) $\int_0^1 xs(x)\mathrm{d}x = 0$;

(4) $s(x) \leqslant 0$, $x \in [a,b]$ 且至少在 $[a,b]$ 的某个子区间, 使得 $s(x) < 0$; $s(x) \geqslant 0$, 对任意的 $x \notin [a,b]$。

在定义中可以看出: 条件 (1) 和 (2) 保证了 $f(x) + s(x)$ 仍是某分布的概率密度函数, 而且 $s(x)$ 是一个概率转移函数; 条件 (3) 表明该概率转移函数并未改变分布的均值; 而条件 (4) 揭示了保均值扩散的本质, 即分布的概率权重从中心位置向左转移到其尾部。

二阶风险减少被刻画为保均值压缩, 即描述风险的分布函数被加了一个概率或密度函数以后, 从而转移了分布的从尾部到其中心位置的概率权重, 但分布的均值并未改变[1]。

定义 4.1.2 假设 $f(x)$ 为某风险的概率分布或密度函数, 函数 $c(x)$ 被称为保均值压缩, 如果满足以下条件:

(1) $f(x) + c(x) \geqslant 0$ 几乎处处成立;

(2) $\int_0^1 c(x)\mathrm{d}x = 0$;

(3) $\int_0^1 xc(x)\mathrm{d}x = 0$;

(4) $c(x) \geqslant 0$, $x \in [d,e]$ 且至少在 $[d,e]$ 的某个子区间, 使得 $c(x) > 0$; $c(x) \leqslant 0$, 对任意的 $x \notin [d,e]$。

在定义中可以看出: 条件 (1) 和 (2) 保证了 $f(x) + c(x)$ 仍是某分布的概率密度函数, 而且 $c(x)$ 是一个概率转移函数; 条件 (3) 表明该概率转移函数并未改变分布的均值; 而条件 (4) 揭示了保均值压缩的本质, 即分布的概率权重从尾部转移到中心位置 [1]。

定义 4.1.3 如果一个分布函数或者概率密度函数 $g(x)$ 可以表示为另一个分布或者概率密度函数 $f(x)$ 和一个保均值扩散之和, 即 $g(x) = f(x)+s(x)$, 则称 $g(x)$ 相比于 $f(x)$ 是风险增加的; 同样地, 如果一个分布或者概率密度函数 $g(x)$ 可以表示为另一个分布或者概率密度函数 $f(x)$ 和一个保均值压缩之和, 即 $g(x) = f(x) + c(x)$, 则称 $g(x)$ 相比于 $f(x)$ 是风险减少的。

例 4.1.1 假设

$$s(x) = \begin{cases} \alpha \geqslant 0, & a < x < a+t, \\ -\alpha \leqslant 0, & a+d < x < a+d+t, \\ -\beta \leqslant 0, & b < x < b+t, \\ \beta \geqslant 0, & b+e < x < b+e+t, \\ 0, & \text{其他}, \end{cases}$$

其中:

$$0 \leqslant a \leqslant a+t \leqslant a+d \leqslant a+d+t \leqslant b \leqslant b+t \leqslant b+e \leqslant b+e+t \leqslant 1$$

且

$$d\alpha = e\beta.$$

显然, $\int_0^1 s(x)\mathrm{d}x = 0$。假设 $f(x)$ 为某分布的概率密度函数, 若令 $g(x) =$

$f(x) + s(x)$，这里不妨假设 $g(x) \geqslant 0$，则有 $\int_0^1 g(x)\mathrm{d}x = \int_0^1 [f(x) + s(x)]\mathrm{d}x = \int_0^1 f(x)\mathrm{d}x = 1$，从而 $g(x)$ 为另一个分布的概率密度函数。在条件 $d\alpha = e\beta$ 下，有 $\int_0^1 xg(x)\mathrm{d}x = \int_0^1 x[f(x) + s(x)]\mathrm{d}x = \int_0^1 xf(x)\mathrm{d}x = 1$，即这两个分布具有相同的均值。因此，对分布 $f(x)$ 的保均值扩散变换，使得分布的概率权重由中心向尾部进行了转移，从而所获得的分布相比于原来的分布是风险增加的。

第二节　下行风险

　　大量的实证研究表明：在投资决策中，投资人总是倾向于规避高收益同时伴随着高风险的投资活动。尽管这样的投资决策有可能为投资人带来很高的回报，然而投资人却可能面临很大损失的境况。个体的这种对下行风险厌恶的行为，可归咎于对灾难性结果的规避动机。有关下行风险早期的刻画表明，下行风险实质上与分布中风险的位置息息相关，即如果一个分布相比于另一个分布是左偏的（低于某目标值的取值更分散），则意味着该分布相比于另一个分布具有更大下行风险。而对下行风险更一般的刻画表明：下行风险增加意味着分布的概率加权从其中心向其尾部的扩散；下行风险减少意味着分布的概率加权从其尾部向其中心的压缩。具体而言，下行风险增加可描述为通过实施分布的扩散和压缩组合，使得风险从其右尾向其左尾进行转移，从而风险的位置发生改变 [4]。

　　类似于风险增加的刻画，下行风险被刻画为保均值—方差变换，即风险的期望和方差不变，风险的概率权重发生了变化。为此，假设：

$$S(x) = \int_0^x s(y)\mathrm{d}y, \qquad S^*(x) = \int_0^x S(y)\mathrm{d}y,$$

则这两个函数具有如下的性质：

　　(1) $S(0) = S(1) = 0$；

　　(2) 至少存在一个 $x_s \in [a, b]$，使得当 $x \leqslant x_s, S(x) \geqslant 0$，当 $x \geqslant x_s, S(x) \leqslant 0$；

　　(3) $S^*(x) \geqslant 0$；

(4) $S^*(0) = S^*(1) = 0$。

假设：

$$C(x) = \int_0^x c(y)\mathrm{d}y, C^*(x) = \int_0^x C(y)\mathrm{d}y,$$

则这两个函数具有如下的性质：

(1) $C(0) = C(1) = 0$；

(2) 至少存在一个 $x_c \in [d, e]$，使得当 $x \leqslant x_c, C(x) \leqslant 0$，当 $x \geqslant x_c, C(x) \geqslant 0$；

(3) $C^*(x) \leqslant 0$；

(4) $C^*(0) = C^*(1) = 0$。

基于上面定义的 $s(x), c(x), S(x), C(x), S^*(x)$ 和 $C^*(x)$，这里假设 $t(x) = s(x) + c(x)$，从而就有 $T(x) = S(x) + C(x), T^*(x) = S^*(x) + C^*(x)$。于是，我们就获得了保均值—方差变换的定义 [4]。

定义 4.2.1 假设 $f(x)$ 为某风险的概率分布或密度函数，函数 $t(x)$ 被称为保均值—方差变换，如果满足以下条件：

(1) $f(x) + t(x) \geqslant 0$，几乎处处成立；

(2) $\int_0^1 T^*(x)\mathrm{d}x = \int_0^1 (S^*(x) + C^*(x))\mathrm{d}x = 0$；

(3) $\int_0^x T^*(y)\mathrm{d}y \geqslant 0$，对任意的 $x \in [0, 1]$，并且至少存在某个 $x \in (0, 1)$，使得 $\int_0^x T^*(y)\mathrm{d}y > 0$。

由于函数 $s(x)$ 和 $c(x)$ 保证了分布的均值不变，因此，函数 $t(x)$ 也保证了分布的均值不变；条件 (2) 保证了分布的方差不变，这是因为：

$$\int_0^1 T^*(x)\mathrm{d}x = \int_0^1 (S^*(x) + C^*(x))\mathrm{d}x = x(S^*(x) + C^*(x))|_0^1$$

$$- \int_0^1 x(S(x) + C(x))\mathrm{d}x$$

$$= S^*(1) + C^*(1) - \frac{1}{2}x^2(S(x) + C(x))|_0^1 + \frac{1}{2}\int_0^1 x^2(s(x) + c(x))\mathrm{d}x$$

$$= S^*(1) + C^*(1) - \frac{1}{2}(S(1) + C(1)) + \frac{1}{2}\int_0^1 x^2(s(x) + c(x))\mathrm{d}x$$

$$= \frac{1}{2}\int_0^1 x^2(s(x) + c(x))\mathrm{d}x = \frac{1}{2}\int_0^1 x^2 t(x)\mathrm{d}x = 0.$$

设 $g(x) = f(x) + t(x)$, 假设分布 Y 的概率密度函数为 $g(x)$, 从而就有 $EX = EY = \mu$, 这里记分布 X 和 Y 的方差分别为 DX 和 DY, 就有:

$$DY = \int_0^1 (x - \mu)^2 g(x)\mathrm{d}x = \int_0^1 (x - \mu)^2 (f(x) + t(x))\mathrm{d}x$$

$$= DX + \int_0^1 (x - \mu)^2 t(x)\mathrm{d}x,$$

而

$$\int_0^1 (x - \mu)^2 t(x)\mathrm{d}x = \int_0^1 x^2 t(x)\mathrm{d}x - 2\mu \int_0^1 x t(x)\mathrm{d}x + \mu^2 \int_0^1 t(x)\mathrm{d}x,$$

根据前面的假设可知:

$$\int_0^1 (x - \mu)^2 t(x)\mathrm{d}x = 0,$$

从而就有 $DX = DY$。可见, 这里定义的保均值—方差变换, 使得分布的均值和方差都保持不变。

注意到, 在保均值—方差变换的定义中, 条件

$$\int_0^x T^*(y)\mathrm{d}y \geqslant 0, \text{对任意的 } x \in [0, 1],$$

意味着:

$$\int_0^x T^*(y)\mathrm{d}y = \int_0^x (S^*(y) - C^*(y))\mathrm{d}y \geqslant 0, \text{对任意的 } x \in [0, 1],$$

即:

$$\int_0^x S^*(y)\mathrm{d}y \geqslant -\int_0^x C^*(y)\mathrm{d}y \geqslant 0, \text{对任意的 } x \in [0, 1].$$

上式表明, 在分布的保均值—方差变换下, 对任意的 x 而言, 对分布的保均值扩散的作用至少不小于保均值压缩的作用。也就是说, 保均值—方差变换以从右向左的分散形式转移分布的概率权重, 以致分布的取值从较大的值向较小的值进行了转移, 从而下行风险增加。

$$\int_0^1 T^*(y)\mathrm{d}y = \int_0^x T^*(y)\mathrm{d}y + \int_x^1 T^*(y)\mathrm{d}y,$$

而

$$\int_0^x T^*(y)\mathrm{d}y = -\int_0^x T^*(y)\mathrm{d}(x-y)$$

$$= -\left[(x-y)T^*(y)\big|_0^x - \int_0^x (x-y)T(y)\mathrm{d}y\right]$$

$$= \int_0^x (x-y)T(y)\mathrm{d}y = -\frac{1}{2}(x-y)^2 T(y)\big|_0^x + \frac{1}{2}\int_0^x (x-y)^2 t(y)\mathrm{d}y$$

$$= \frac{1}{2}\int_0^x (x-y)^2 t(y)\mathrm{d}y.$$

同理可得:

$$\int_x^1 T^*(y)\mathrm{d}y = \frac{1}{2}\int_x^1 (x-y)^2 t(y)\mathrm{d}y,$$

从而有:

$$\int_0^x (x-y)^2 t(y)\mathrm{d}y = -\int_x^1 (x-y)^2 t(y)\mathrm{d}y.$$

对任意的 $x \in [0,1]$, 分布的保均值—方差变换, 保证了上式均非负。因为 $g(x) = f(x) + t(x)$, 从而上式等价地表示为:

$$\int_0^x (x-y)^2 [g(x)-f(x)]\mathrm{d}y = \int_x^1 (x-y)^2 [f(x)-g(x)]\mathrm{d}y \geqslant 0,$$

对任意的 $x \in [0,1]$。上式表明: 将保均值—方差变换的函数 $t(x)$ 加到某分布的概率密度函数上, 结果在分布中增加了低于 x 的取值的分散程度, 同时也降低了高于 x 的取值的分散程度, 而且增加和减少的分散程度相同。从上面的分析可以看出: 通过对分布的保均值—方差变换, 我们获得了一个新的分布, 而新获得的分布是由原来的分布经过一系列的从右向左的概率转移得到, 但又没有改变原来分布的均值和方差。因此可以认为这样获得的新的分布比原来的分布是更加下行风险的或下行风险增加的, 于是就有下面下行风险增加的定义 [4]。

定义 4.2.2 如果一个概率密度函数 $g(x)$ 可以由另一个概率密度函数 $f(x)$ 经过一系列的保均值—方差变换得到, 即 $g(x) = f(x) + \sum_i t_i(x)$, 其中 $t_i(x)$ 保均值—方差变换, 则称 $g(x)$ 相比于 $f(x)$ 是更加下行风险的。

通常, 根据定义判断一个分布是否可由另一个分布经过一系列的保均值——方差变换获得, 这是非常困难的事情, 因而就需要基于分布函数, 提供一些可做出判别的等价条件 [4]。具体可见下面的定理。

定理 4.2.1 $g(x)$ 相比于 $f(x)$ 是更加下行风险的, 即 $g(x) = f(x) + \sum_i t_i(x)$, 其中 $t_i(x)$ 保均值——方差变换, 当且仅当:

(1) $EX = EY$;

(2) $\int_0^1 \int_0^z [G(y) - F(y)]\mathrm{d}y\mathrm{d}z = 0$;

(3) $\int_0^x \int_0^z [G(y) - F(y)]\mathrm{d}y\mathrm{d}z \geqslant 0$, 对任意的 $x \in [0,1]$, 并且至少存在某个 $x \in (0,1)$, 使得:

$$\int_0^x \int_0^z [G(y) - F(y)]\mathrm{d}y\mathrm{d}z > 0.$$

例 4.2.1 在这里, 我们构造一个下行风险增加的风险, 以离散型的分布为例。假设某风险 X 的分布 $f(x)$ 为: $P\{X = 1\} = 0.5, P\{X = 3\} = 0.5$。下行风险增加的风险 Y 的分布 $g(x)$ 为: $P\{Y = 0\} = 0.125, P\{Y = 1\} = 0.125, P\{Y = 2\} = 0.375, P\{Y = 3\} = 0.375$(见表 4.2.1)。下面我们来说明 $g(x)$ 可以由 $f(x)$ 经外部风险转换获得, 也就是说, $g(x)$ 可以表示为 $f(x)$ 与保均值——方差变换函数之和, 即 $g(x) = f(x) + t(x)$, 其中 $t(x)$ 为保均值——方差变换函数。

表 4.2.1　分布 $f(x)$、$g(x)$ 与保均值——方差变换函数 $t(x)$

x	0	1	2	3
$f(x)$	0	0.5	0	0.5
$t(x)$	0.125	-0.375	0.375	-0.125
$g(x)$	0.125	0.125	0.375	0.375

第三节　外部风险

在金融和经济的实证研究中, 研究者常常遇到一类广泛存在的风险: 相比于其他风险, 这类风险具有更高的峰值、更细长的尾部。在统计学中, 分布的这种特征度量, 被称作峰度 (即四阶中心距)。风险的这种相对特征, 被描述为外部风险增加。在给出外部风险增加的含义之前, 我们需要引入向上保均值—方差和向下保均值—方差变换的概念 [5]。

假设 $f(x)$ 和 $g(x)$ 仍为定义在 $[0,1]$ 上的两个概率密度函数, 设 $l(x)$ 为 $[0,1]$ 上的一步转移函数, 令 $L(x) = \int_0^x l(y)\mathrm{d}y$, 接下来就给出向上保均值—方差变换的概念 [5]。

定义 4.3.1 称 $l(x)$ 为向下保均值—方差变换, 记作 MVPTD, 如果 $l(x)$ 满足以下条件:

(1) 存在 a_1, a_2, a_3, 其中 $0 < a_1 < a_2 < a_3 < 1$, 使得

$$
l(x) = \begin{cases} \geqslant 0, & x \in [0, a_1], \\ \leqslant 0, & x \in [a_1, a_2], \\ \geqslant 0, & x \in [a_2, a_3], \\ \leqslant 0, & x \in [a_3, 1], \end{cases}
$$

至少在某个子区间上, 不等号严格成立;

(2) $f(x) + l(x) \geqslant 0$, 几乎处处成立;

(3) $\int_0^1 L(x)\mathrm{d}x = 0$;

(4) $\int_0^1 \int_0^x L(y)\mathrm{d}y\mathrm{d}x = 0$;

(5) $\int_0^z \int_0^x L(y)\mathrm{d}y\mathrm{d}x \geqslant 0$, 对任意的 $z \in [0,1]$, 并且至少存在某个 $z \in (0,1)$, 使得

$$
\int_0^z \int_0^x L(y)\mathrm{d}y\mathrm{d}x > 0.
$$

在上述定义中, 条件 (3) 和 (4) 保证了一步转移函数并未改变分布的均值和方差; 而条件 (5) 确保了 $l(x)$ 将分布的概率权重进行了向下分散转移。

类似地, 我们同样可以定义一个一步转移函数是向上保均值—方差变换。设 $u(x)$ 为 $[0,1]$ 上的一步转移函数, 令

$$
U(x) = \int_0^x u(y)\mathrm{d}y,
$$

接下来就给出向上保均值—方差变换的概念 [4]。

定义 4.3.2 我们称 $u(x)$ 为向上保均值—方差变换, 记作 MVPTU, 如果 $u(x)$ 满足以下条件:

(1) 存在 b_1, b_2, b_3, 其中 $0 < b_1 < b_2 < b_3 < 1$, 使得

$$u(x) = \begin{cases} \leqslant 0, & x \in [0, b_1], \\ \geqslant 0, & x \in [b_1, b_2], \\ \leqslant 0, & x \in [b_2, b_3], \\ \geqslant 0, & x \in [b_3, 1], \end{cases}$$

至少在某个子区间上, 不等号严格成立;

(2) $f(x) + u(x) \geqslant 0$, 几乎处处成立;

(3) $\displaystyle\int_0^1 U(x)\mathrm{d}x = 0$;

(4) $\displaystyle\int_0^1 \int_0^x U(y)\mathrm{d}y\mathrm{d}x = 0$;

(5) $\displaystyle\int_0^z \int_0^x U(y)\mathrm{d}y\mathrm{d}x \leqslant 0$, 对任意的 $z \in [0,1]$, 并且至少存在某个 $z \in (0,1)$, 使得

$$\int_0^z \int_0^x U(y)\mathrm{d}y\mathrm{d}x < 0.$$

同样, 在上述定义中, 条件 (3) 和 (4) 保证了一步转移函数并未改变分布的均值和方差; 而条件 (5) 确保了 $l(x)$ 将分布的概率权重进行了向上分散转移。

为了引入外部分散转换的概念, 要求合适地选取一组向上保均值—方差变换和向下保均值—方差变换 [5]。为此, 令 $o(x) = l(x) + u(x)$, $O(x) = \displaystyle\int_0^x o(y)\mathrm{d}y$。

定义 4.3.3 称 $o(x)$ 为外部分散转换, 如果 $o(x)$ 满足以下条件:

(1) $f(x) + o(x) \geqslant 0$, 几乎处处成立;

(2) $\displaystyle\int_0^1 \int_0^x \int_0^y O(y)\mathrm{d}z\mathrm{d}y\mathrm{d}x = 0$;

(3) $\displaystyle\int_0^t \int_0^x \int_0^y O(y)\mathrm{d}z\mathrm{d}y\mathrm{d}x \geqslant 0$, 对任意的 $t \in [0,1]$, 并且至少存在某个 $t \in (0,1)$, 使得

$$\int_0^t \int_0^x \int_0^y O(y)\mathrm{d}z\mathrm{d}y\mathrm{d}x > 0.$$

因 $l(x)$ 为向下保均值—方差变换, 而 $u(x)$ 为向上保均值—方差变换, 从而外部分散转换 $o(x)$ 保证了分布的均值和方差不变; 条件 (2) 确保了分布的偏度不变; 而条件 (3) 表明: 在一组合适的向上保均值—方差变换和向下保均值—方差变换的作用下, 原来分布的概率权重从中心位置向其尾部进行了转移分散, 从而新获得的分布相对于原来的分布是更加外部风险的。

定义 4.3.4　如果一个概率密度函数 $g(x)$ 可以由另一个概率密度函数 $f(x)$ 经过一系列的保均值—方差–偏度变换得到, 即 $g(x) = f(x) + \sum_i o_i(x)$, 其中 $o_i(x)$ 为外部分散转换函数, 则称 $g(x)$ 相比于 $f(x)$ 是更加外部风险的 [5]。

通常, 根据定义判断一个分布是否可由另一个分布经过一系列的外部分散转换函数所获得, 这是非常困难的事情, 因而就需要基于分布函数, 提供一些可做出判别的等价条件 [5]。

定理 4.3.1　$g(x)$ 相比于 $f(x)$ 是更加外部风险的 (或外部风险增加), 即:

$$g(x) = f(x) + \sum_i o_i(x),$$

(1) $EX = EY$;

(2) $\displaystyle\int_0^1 \int_0^z [G(y) - F(y)]\mathrm{d}y\mathrm{d}z = 0$;

(3) $\displaystyle\int_0^1 \int_0^z \int_0^y [G(z) - F(z)]\mathrm{d}z\mathrm{d}y\mathrm{d}x = 0$;

(4) $\displaystyle\int_0^s \int_0^x \int_0^y [G(z) - F(z)]\mathrm{d}z\mathrm{d}y\mathrm{d}x \geqslant 0$, 对任意的 $s \in [0,1]$, 并且至少存在某个 $s \in (0,1)$, 使得

$$\int_0^s \int_0^x \int_0^y [G(y) - F(y)]\mathrm{d}z\mathrm{d}y\mathrm{d}x > 0.$$

证明　假设 $g(x) = f(x) + \sum_i o_i(x)$, 从而 $g(x) - f(x) = \sum_i o_i(x)$, 两边取定积分, 就有 $G(x) - F(x) = \sum_i O_i(x)$。由外部分散转换的定义可知, 定理中的四个条件均成立。反之亦成立。

例 4.3.1　在这里, 我们以离散型的分布为例来说明一个分布相对于另一个分布是外部风险增加的。假设某风险 X 的分布 $f(x)$ 为: $P\{X =$

$1\} = 0.5, P\{X = 3\} = 0.5$. 另一个风险 Y 的分布 $g(x)$ 为: $P\{Y = 0\} = 0.125, P\{Y = 2\} = 0.75, P\{Y = 4\} = 0.125$(见表 4.3.2)。下面我们来说明 $g(x)$ 可以由 $f(x)$ 经外部风险转换获得, 也就是说, $g(x)$ 可以表示为 $f(x)$ 与一个适当的外部风险转换函数之和, 即 $g(x) = f(x) + o(x)$, 其中 $o(x)$ 为外部风险转换函数。而 $o(x) = l(x) + u(x)$, 其中 $l(x)$ 和 $u(x)$ 分别为向下和向上保均值—方差变换函数。如果将 $l(x)$ 添加到 $f(x)$ 上, 获得了一个中间的分布 $h(x)$, 即 $h(x) = f(x) + l(x)$。显然, 在向下保均值—方差变换函数 $l(x)$ 的作用下, 分布 $h(x)$ 相对于分布 $f(x)$ 是下行风险增加的; 同样地, 将 $u(x)$ 添加到 $h(x)$ 上, 可得到分布 $g(x)$, 即 $g(x) = h(x) + u(x)$。显然, 在向上保均值—方差变换函数 $u(x)$ 的作用下, 分布 $h(x)$ 相对于分布 $g(x)$ 也是下行风险增加的。

表 4.3.2　　分布 $f(x), h(x), g(x)$ 和外部风险转换函数 $o(x)$

x	0	1	2	3	4
$f(x)$	0	0.5	0	0.5	0
$l(x)$	0.125	-0.375	0.375	-0.125	0
$h(x)$	0.125	0.125	0.375	0.375	0
$u(x)$	0	-0.125	0.375	-0.375	0.125
$o(x)$	0.125	-0.5	0.75	-0.5	0.125
$g(x)$	0.125	0	0.75	0	0.125

此外, 分布 $f(x), h(x)$ 和 $g(x)$ 具有相同的均值和方差, 而且 $f(x)$ 和 $g(x)$ 还具有相同的偏度 (即三阶中心距), 但相对于分布 $f(x)$, 分布 $g(x)$ 的峰度更大 (即四阶中心距)。换句话说, 分布 $g(x)$ 将很大的概率权重集中在均值附近, 而将较小的概率质量分散在两端位置, 并且具有细长的尾部。从 $g(x)$ 的概率分布的构成来看, 对分布 $f(x)$ 所做的外部分散转换, 是将分布 $f(x)$ 的每一个支撑点上的概率质量向其两边进行了分散转移, 这样分散向外转移的结果, 直接导致了分布 $g(x)$ 的分布特征: 很高的尖峰, 很细长的尾部。因而我们称分布 $g(x)$ 相对于分布 $f(x)$ 是外部风险增加。

第四节　高阶风险

风险增加对均值相同的风险进行风险比较；下行风险增加针对均值和方差相同的风险进行排序；而外部风险增加刻画了均值、方差和偏度相同时风险之间的比较; 依此类推, 当两种风险的前 $n-1$ 阶矩均相同时, 这两种风险之间又存在什么样的排序关系呢? 假设定义在 $[a,b]$ 上的任意两个随机变量 X 和 Y, $F(x)$、$G(x)$ 分别表示两个随机变量的累积分布函数, 相应地, $f(x)$、$g(x)$ 分别表示两个随机变量的概率密度函数。进一步地, 不妨假设随机变量 X 比 Y 具有更小风险, 或者说 $F(x)$ 比 $G(x)$ 具有更小风险。 $F(a) = G(a) = 0, F(b) = G(b) = 1$, 记 $F^{[1]}(x) = F(x), G^{[1]}(x) = G(x)$, 则对所有的 $k = 2, 3, \ldots, n$ 有:

$$F^{[k]}(x) = \int_a^x F^{[k-1]}(y)\mathrm{d}y, \qquad G^{[k]}(x) = \int_a^x G^{[k-1]}(y)\mathrm{d}y,$$

二阶风险增加 (保均值扩散) 刻画了均值相同的风险比较, 而三阶风险增加 (下行风险增加) 刻画了均值和方差相同的风险比较, 如果两种风险的前 $n-1$ 阶矩都相同 [2], 那么这两种风险又存在怎样的排序关系呢?

定义 4.4.1　$G(x)$ 相比于 $F(x)$ 是更加 n 阶风险增加的当且仅当分布函数满足以下两个条件:

(1) $F^{[k]}(b) = G^{[k]}(b)$, 对所有的 $k = 1, 2, \ldots, n$;

(2) $F^{[n]}(x) \leqslant G^{[n]}(x)$, 对所有的 $x \in [a,b]$, 至少存在某个 $x \in (a,b)$, 使得不等号严格成立。

由 n 阶风险增加的定义可以看出, 如果分布 $G(x)$ 相比于 $F(x)$ 是更加 n 阶风险增加, 则具有分布 $G(x)$ 和 $F(x)$ 的随机变量的前 $n-1$ 阶矩必相等, 而第 n 阶矩依赖于符号 $(-1)^n$。这是因为由分部积分法可得 (下面假设了 $m(x)$ 是 n 次可微的):

$$E[m(X)] = \sum_{k=1}^n (-1)^{k-1} m^{(k-1)}(b) F^{[k]}(b) + (-1)^n \int_a^b m^{(n)}(x) F^{[n]}(x)\mathrm{d}x.$$

当 $m(x) = x^j, j = 1, 2, \cdots, n-1$ 时:

$$E(X^j) = \sum_{k=1}^j (-1)^{k-1} A_j^{k-1} b^{j-k+1} F^{[k]}(b) + (-1)^j A_j^j F^{[j+1]}(b),$$

其中, $A_k^j = j(j-1)\cdots(j-k+1)$。

当 $m(x) = x^n$ 时:

$$E(X^n) = \sum_{k=1}^n (-1)^{k-1} A_n^{k-1} b^{n-k+1} F^{[k]}(b) + (-1)^n A_n^n \int_a^b F^{[n]}(x)\mathrm{d}x.$$

从而有：$E(Y^n) - E(X^n)$

$$= \sum_{k=1}^{n}(-1)^{k-1}A_n^{k-1}b^{n-k+1}[G^{[k]}(b) - F^{[k]}(b)]$$

$$+ (-1)^n A_n^n \int_a^b [G^{[n]}(x) - F^{[n]}(x)]\mathrm{d}x$$

$$= (-1)^n A_n^n \int_a^b [G^{[n]}(x) - F^{[n]}(x)]\mathrm{d}x \begin{cases} \geqslant 0, \text{当 } n \text{ 是偶数时}; \\ \leqslant 0, \text{当 } n \text{ 是奇数时}. \end{cases}$$

可见，当 n 是偶数时，随机变量 Y 的第 n 阶矩不小于随机变量 X 的第 n 阶矩；当 n 是奇数时，大小方向相反。从 n 阶风险增加的定义可以看出，我们这里讨论的一个分布比另一个分布更加 n 阶风险增加，并不是对任意的分布而言的，而是主要针对那些具有相等的前 $n-1$ 阶矩的分布。

需要说明的是，当 $n = 2$ 时，$G(x)$ 相比于 $F(x)$ 是更加二阶风险增加，是罗特席尔德和施蒂格利茨[1] 所定义的 $G(x)$ 是 $F(x)$ 的保均值扩散。当 $n = 3$ 时，分布 $G(x)$ 相比于 $F(x)$ 是三阶风险增加，就是梅内塞斯等人 [4] (Menezes et al.) 所定义的下行风险增加。当 $n = 4$ 时，分布 $G(x)$ 相比于 $F(x)$ 是四阶风险增加，就是梅内塞斯和王亨利 [5] 所定义的外部风险增加。

定义 4.4.2 一个决策者是 n 阶风险厌恶的当且仅当其相应的效用函数 $u(x)$ 满足：

$$(-1)^n u^{(n)}(x) < 0, \ x \in [a, b].$$

该定义建立了一个决策者的风险厌恶行为与相应效用函数导数的符号之间的联系 [2]。

定理 4.4.1 Y 是 X 的 n 阶风险增加当且仅当 $E[u(X)] \geqslant E[u(Y)]$，对所有的 n 阶连续的可微函数 $u(x)$ 均成立，其中 $u(x)$ 满足：$(-1)^{n+1}u^{(n)}(x) \geqslant 0, x \in [a, b]$。

证明 (1) 必要性。已知 Y 是 X 的 n 阶风险增加，则有 $F^{[k]}(b) = G^{[k]}(b)$，对所有的 $k = 1, 2, \ldots, n$。反复运用分部积分法可知，

$$\int_a^b u(x)\mathrm{d}F(x) - \int_a^b u(x)\mathrm{d}G(x)$$

$$= \sum_{k=1}^{n}(-1)^{k-1}u^{(k-1)}(b)[F^k(b) - G^k(b)] + \int_a^b (-1)^n u^{(n)}(x)[F^{[n]}(x) - G^{[n]}(x)]\mathrm{d}x$$

$$= \int_a^b (-1)^n u^{(n)}(x)[F^{[n]}(x) - G^{[n]}(x)]\mathrm{d}x.$$

因 $F^{[n]}(x) \leqslant G^{[n]}(x)$, 对所有的 $x \in [a,b]$ 均成立, 显然对所有的 $u(x), x \in [a,b]$, 其中,

$$(-1)^{n+1}u^{(n)}(x) \geqslant 0,$$

就有 $E[u(X)] \geqslant E[u(Y)]$。

(2) 充分性。通过选取适当的满足条件的效用函数, 即效用函数 $u(x), x \in [a,b]$, 其中, $(-1)^{n+1}u^{(n)}(x) \geqslant 0$, 即可证明 Y 是 X 的 n 阶风险增加。

该定理表明: 如果一个决策者是 n 阶风险厌恶的, 则一个 n 阶风险的增加降低了决策者的福利水平 [2]。

第五节 随机占优

在对风险的比较准则中, 随机占优是研究中常用的一种比较准则。随机占优准则描述了随机变量分布之间的一种偏序关系, 其基本原理为期望效用最大原理。在理论和实证研究中, 随机占优有着广泛的应用前景, 例如, 风险管理、投资组合、金融、保险、经济、统计以及医疗卫生等领域。尤其, 在风险管理和投资组合的决策研究中, 随机占优准则至少具有几个优势。其一, 在对投资收益的分布不做任何限制性假设下, 期望效用理论刻画了一般投资人的风险偏好, 随机占优准则与期望效用原理可以获得一致的结果。特别是, 当投资人的效用函数等个体信息未知时, 运用随机占优准则对投资风险进行比较将是首选方法。其二, 除了考虑投资回报的前两阶矩, 高阶随机占优还将收益分布的高阶矩纳入分析, 充分利用了收益分布提供的一切有效信息。其三, 当风险比较的其他方法失效时, 随机占优准则将是可行的方法。

在现有的研究中, 随机占优准则主要用以下三种方法来描述: 分布函数、效用和分位数方法。其中, 分布函数法基于数学方法定义、证明以及检验随机占优准则; 效用方法在金融分析中将个体的风险偏好与其决策联系了起来; 分位数方法在证明和检验随机占优准则方面也具有很大的便利性, 尤其该方法搭起了随机占优准则与在险价值等风险测度之间的桥梁, 已被广泛应用。这里我们分别用这两种等价的方法来介绍随机占优准则。

假设定义在 $[a,b]$ 上的任意两个随机变量 X 和 Y，$F(x)$、$G(x)$ 分别表示两个随机变量的累积分布函数。

(一) 一阶随机占优

假设 X 和 Y 分别是两种投资的预期收益，即使我们认为预期收益 X 比 Y 要好，但也未必 X 就一定比 Y 大。因两种投资的预期收益都是随机变量，所以就不能像数字那样比较大小。换句话说，如果预期收益 X 比 Y 要好，那么是否意味着相应地分布 $F(z)$ 毫无疑问地可以获得比 $G(z)$ 更高的收益呢？对此，研究者给出了多种合理的检验标准。譬如，我们可以检验是否每个认为多比少好的期望最大化者均认为 $F(z)$ 优于 $G(z)$；是否对每一货币数量 z，在 $F(z)$ 下至少获得 x 的概率比在 $G(z)$ 下大。下面给出一阶随机占优的概念 [6]。

定义 4.5.1 若 $F(z) \leqslant G(z)$ 对所有的 $z \in [a,b]$ 均成立，则称分布 $F(z)$ 一阶随机占优于分布 $G(z)$。

定理 4.5.1 分布 $F(z)$ 一阶随机占优于分布 $G(z)$ 与以下命题分别等价：

(1) $F(z) \leqslant G(z)$ 对所有的 $z \in [a,b]$ 均成立；

(2) 对任意非降的可微函数 $u(z)$，即 $u'(z) \geqslant 0, z \in [a,b]$，有 $Eu(X) \geqslant Eu(Y)$，则

$$\int_a^b u(z)\mathrm{d}F(z) \geqslant \int_a^b u(z)\mathrm{d}G(z).$$

证明 (1) 充分性。 已知 $F(z) \leqslant G(z)$ 对所有的 $z \in [a,b]$ 成立，且 $F(a) = G(a) = 0, F(b) = G(b) = 1$，则有分部积分法可得：

$$Eu(X) - Eu(Y) = \int_a^b u(z)\mathrm{d}F(z) - \int_a^b u(z)\mathrm{d}G(z) = \int_a^b u(z)\mathrm{d}[F(z) - G(z)]$$

$$= u(z)[F(z) - G(z)]|_a^b - \int_a^b u'(z)[F(z) - G(z)]\mathrm{d}z$$

$$= \int_a^b u'(z)[G(z) - F(z)]\mathrm{d}z.$$

因 $F(z) \leqslant G(z), u'(z) \geqslant 0$，对所有的 $z \in [a,b]$ 均成立，故 $Eu(X) - Eu(Y) \geqslant 0$。

(2) 必要性。 对任意非降的可微函数 $u(z)$，即 $u'(z) \geqslant 0, z \in [a,b]$，已知 $Eu(X) \geqslant Eu(Y)$ 成立，为了证明 $F(z) \leqslant G(z)$ 亦成立，我们使用反证法来证

明。假设 $F(z) \leqslant G(z), z \in [a,b]$ 不成立，则必存在 $z_1 \in [a,b]$，使得 $F(z_1) > G(z_1)$。由分布函数的连续性可知，一定存在区间 $[z_1, z_1 + \delta], \delta > 0$，使得在此区间上有 $F(z) > G(z)$，构造相应非降的效用函数：

$$
u_0(z) = \begin{cases} z_1, & z < z_1; \\ z, & z_1 \leqslant z \leqslant z_1 + \delta; \\ z_1 + \delta, & z > z_1 + \delta. \end{cases}
$$

显然，$u_0'(z) = 1, z_1 \leqslant z \leqslant z_1 + \delta$；在其他区间上，$u_0'(z) = 0$，总之有 $u'(z) \geqslant 0, z \in [a,b]$，因而 $u_0(z)$ 为 $[a,b]$ 上的非降函数，于是就有：

$$
\begin{aligned}
Eu_0(X) - Eu_0(Y) &= \int_a^b u_0(z)\mathrm{d}[F(z) - G(z)] = \int_a^b u_0'(z)[G(z) - F(z)]\mathrm{d}z \\
&= \int_a^{z_1} 0 \cdot [G(z) - F(z)]\mathrm{d}z + \int_{z_1}^{z_1+\delta} 1 \cdot [G(z) - F(z)]\mathrm{d}z \\
&\quad + \int_{z_1+\delta}^b 0 \cdot [G(z) - F(z)]\mathrm{d}z \\
&= \int_{z_1}^{z_1+\delta} [G(z) - F(z)]\mathrm{d}z < 0,
\end{aligned}
$$

于是有 $Eu_0(X) < Eu_0(Y)$，与已知条件对所有非降的函数总有 $Eu(X) \geqslant Eu(Y)$ 矛盾。因此，对任意非降的可微函数 $u(z)$，即 $u'(z) \geqslant 0, z \in [a,b]$，若 $Eu(X) \geqslant Eu(Y)$ 成立，则 $F(z) \leqslant G(z), z \in [a,b]$ 恒成立。从而得证。

从上面的定理，可以看出分布 $F(z)$ 一阶随机占优分布 $G(z)$ 意味着在 $F(z)$ 分布中低收益的概率比 $G(z)$ 要小。换句话说，$F(z)$ 分布中高收益的概率比 $G(z)$ 要大；对于所有认为多比少好的期望最大化者均认为分布 $F(z)$ 优于分布 $G(z)$；对任意的 $p \in [0,1]$，在相同的概率水平 p 下，分布 $F(p)$ 对应的收益均高于分布 $G(p)$ 对应的收益，由此可得分布 $F(z)$ 一阶随机占优于分布 $G(z)$。

此外，若分布 $F(z)$ 一阶随机占优分布 $G(z)$，则 $EX \geqslant EY$。这是因为有：

$$
EX = \int_0^1 (1 - F(x))\mathrm{d}x = 1 - \int_0^1 F(x)\mathrm{d}x.
$$

（二）　二阶随机占优

一阶随机占优是一种比较强的比较准则，主要是基于分布函数"更优或更好"与"更劣或更差"的比较。特别是在期望效用框架下，一阶随机占优只是要求投资者的效用函数是非降的函数, 即 $u'(z) \geqslant 0$。然而, 大量的实证研究证据表明: 绝大多数投资者都是风险厌恶者。因此, 在投资决策分析中, 还必须引入专门针对风险厌恶者的比较准则, 也就是二阶随机占优准则 [6]。

定义 4.5.2　若 $F^{[2]}(z) \leqslant G^{[2]}(z)$ 对所有的 z 成立, 则称分布 $F(z)$ 二阶随机占优于 $G(z)$。

定理 4.5.2　分布 $F(z)$ 二阶随机占优于分布 $G(z)$ 与以下命题分别等价:

(1) $F^{[2]}(z) \leqslant G^{[2]}(z)$, 对所有的 $z \in [a, b]$ 成立;

(2) 对所有二阶连续可微函数 $u(z)$, 有 $Eu(X) \geqslant Eu(Y)$, 即

$$\int_a^b u(z)\mathrm{d}F(z) \geqslant \int_a^b u(z)\mathrm{d}G(z),$$

其中 $u(z)$ 满足: $u'(z) \geqslant 0, u''(z) \leqslant 0, z \in [a, b]$。

证明　(1) 充分性。已知 $F(z) \leqslant G(z)$ 对所有的 $z \in [a, b]$ 成立, 且

$$F(a) = G(a) = 0, F(b) = G(b) = 1,$$

$$F^{[2]}(z) = \int_a^z F(y)\mathrm{d}y, G^{[2]}(z) = \int_a^z G(y)\mathrm{d}y,$$

则由分部积分法可得:

$$
\begin{aligned}
Eu(X) - Eu(Y) &= \int_a^b u(z)\mathrm{d}[F(z) - G(z)] \\
&= u(z)[F(z) - G(z)]\big|_a^b - \int_a^b u'(z)[F(z) - G(z)]\mathrm{d}z \\
&= \int_a^b u'(z)[G(z) - F(z)]\mathrm{d}z = \int_a^b u'(z)\mathrm{d}[G^{[2]}(z) - F^{[2]}(z)] \\
&= u'(z)[G^{[2]}(z) - F^{[2]}(z)]\big|_a^b - \int_a^b u''(z)[G^{[2]}(z) - F^{[2]}(z)]\mathrm{d}z \\
&= u'(b)[G^{[2]}(b) - F^{[2]}(b)] - \int_a^b u''(z)[G^{[2]}(z) - F^{[2]}(z)]\mathrm{d}z.
\end{aligned}
$$

已知 $F^{[2]}(z) \leqslant G^{[2]}(z), u'(z) > 0$ 且 $u''(z) \leqslant 0$, 对所有的 $z \in [a, b]$ 均成立, 故 $Eu(X) - Eu(Y) \geqslant 0$, 即 $Eu(X) \geqslant Eu(Y)$。

(2) 必要性。对任意非降且凹的可微函数 $u(z)$, 即 $u'(z) \geqslant 0, u''(z) \leqslant 0, z \in [a, b]$, 已知 $Eu(X) \geqslant Eu(Y)$ 成立, 为了证明 $F^{[2]}(z) \leqslant G^{[2]}(z)$ 亦成

立, 我们使用反证法来证明。假设 $F^{[2]}(z) \leqslant G^{[2]}(z), z \in [a,b]$ 不成立, 则必存在 $z_0 \in [a,b]$, 使得 $F^{[2]}(z_0) > G^{[2]}(z_0)$。构造相应的非降且凹的效用函数如下:

$$u_0(z) = \begin{cases} z, & z \leqslant z_0; \\ z_0, & z > z_0. \end{cases}$$

其中, $u_0'(z) = 1, z \leqslant z_0; u_0'(z) = 0, z > z_0$, 总之有 $u'(z) \geqslant 0, u''(z) \leqslant 0, z \in [a,b]$, 因而 $u_0(z)$ 为 $[a,b]$ 上的非降且凹的函数, 于是就有:

$$\begin{aligned} Eu_0(X) - Eu_0(Y) &= \int_a^b u_0(z)\mathrm{d}[F(z)-G(z)] = \int_a^b u_0'(z)[G(z)-F(z)]\mathrm{d}z \\ &= \int_a^{z_0} 1\cdot[G(z)-F(z)]\mathrm{d}z + \int_{z_0}^b 0\cdot[G(z)-F(z)]\mathrm{d}z \\ &= \int_a^{z_0}[G(z)-F(z)]\mathrm{d}z = G^{[2]}(z)-F^{[2]}(z) < 0, \end{aligned}$$

因而有 $Eu_0(X) < Eu_0(Y)$, 与已知条件对所有非降且凹的函数总有 $Eu(X) \geqslant Eu(Y)$ 矛盾。因此, 对任意非降的可微函数 $u(z)$, 即:

$$u'(z) \geqslant 0, u''(z) \leqslant 0, z \in [a,b],$$

若 $Eu(X) \geqslant Eu(Y)$ 成立, 则 $F(z) \leqslant G(z), z \in [a,b]$ 恒成立。从而得证。

显然一阶随机占优意味着二阶随机占优。二阶随机占优不仅包含单调性的概念, 而且还隐含着风险更低的含义。而且, 分布 $F(z)$ 二阶随机占优于分布 $G(z)$, 意味着分布 $F(z)$ 的均值不小于分布 $G(z)$ 的均值, 即 $EX \geqslant EY$。

(三) 三阶随机占优

一阶随机占优和二阶随机占优准则与个体效用函数的一阶和二阶导数的符号紧密相关。具体而言, 一阶随机占优准则针对"多比少好"的个体 ($u'(z) \geqslant 0$); 而二阶随机占优准则针对"多比少好"且风险厌恶的个体 ($u'(z) \geqslant 0, u''(z) \leqslant 0$)。然而, 如果个体的效用函数的导数符号满足如下关系, 即 $u'(z) \geqslant 0, u''(z) \leqslant 0, u'''(z) \geqslant 0$, 则有三阶随机占优准则成立 [6]。

定义 4.5.3 若 $F^{[3]}(z) \leqslant G^{[3]}(z)$ 对所有的 z 成立, 则称分布 $F(z)$ 三阶随机占优于分布 $G(z)$。

定理 4.5.3 分布 $F(z)$ 三阶随机占优于 $G(z)$ 与以下命题分别等价:
(1) $F^{[3]}(z) \leqslant G^{[3]}(z)$ 对所有的 z 成立。

(2) 对所有三阶连续可微函数 $u(z)$, 有:

$$\int_a^b u(z)\mathrm{d}F(z) \geqslant \int_a^b u(z)\mathrm{d}G(z),$$

其中 $u(x)$ 满足: $u'(z) \geqslant 0, u''(z) \leqslant 0, u'''(z) \geqslant 0, z \in [a,b]$。

证明 (1) 充分性。已知 $F^{[3]}(z) \leqslant G^{[3]}(z)$ 对所有的 $z \in [a,b]$ 成立, 且

$$F(a) = G(a) = 0, F(b) = G(b) = 1,$$

$$F^{[3]}(z) = \int_a^z F^{[2]}(y)\mathrm{d}y, G^{[3]}(z) = \int_a^z G^{[2]}(y)\mathrm{d}y,$$

则由分部积分法可得:

$$Eu(X) - Eu(Y) = \int_a^b u(z)\mathrm{d}[F(z) - G(z)]$$

$$= u'(b)[G^{[2]}(b) - F^{[2]}(b)] - \int_a^b u''(z)[G^{[2]}(z) - F^{[2]}(z)]\mathrm{d}z$$

$$= u'(b)[G^{[2]}(b) - F^{[2]}(b)] - u''(b)[G^{[3]}(b) - F^{[3]}(b)]$$

$$+ \int_a^b u'''(z)[G^{[3]}(z) - F^{[3]}(z)]\mathrm{d}z.$$

已知 $F^{[3]}(z) \leqslant G^{[3]}(z), u'(z) > 0, u''(z) \leqslant 0$ 且 $u'''(z) \geqslant 0$, 对所有的 $z \in [a,b]$ 均成立, 故 $Eu(X) \geqslant Eu(Y)$。

(2) 必要性。使用反证法来证明。假设 $F^{[3]}(z) \leqslant G^{[3]}(z), z \in [a,b]$ 不成立, 则必存在 $z_0 \in [a,b]$, 使得 $F^{[3]}(z_0) > G^{[3]}(z_0)$。由分布函数的连续性可知, 一定存在区间 $\delta > 0$, 使得在此区间上有 $F^{[3]}(z) > G^{[3]}(z)$, 对所有的 $z \in [z_0 - \delta, z_0 + \delta]$。为此构造如下的效用函数:

$$u_0(z) = \begin{cases} -e^{-(z_0-\delta)}, & z < z_0 - \delta; \\ -e^{-z}, & z_0 - \delta \leqslant z \leqslant z_0 + \delta; \\ -e^{-(z_0+\delta)}, & z > z_0 + \delta. \end{cases}$$

显然, $u'(z) \geqslant 0, u''(z) \leqslant 0, u'''(z) \geqslant 0$ 且 $u_0'(b) = u_0''(b) = 0$。于是, 反复使用分部积分法可得:

$$Eu_0(X) - Eu_0(Y) = \int_a^b u_0(z)\mathrm{d}[F(z) - G(z)]$$

$$= \int_a^b u_0'''(z)[G^{[3]}(z) - F^{[3]}(z)]\mathrm{d}z$$

$$= \int_{z_0-\delta}^{z_0+\delta} u_0'''(z)[G^{[3]}(z) - F^{[3]}(z)]\mathrm{d}z.$$

由于 $u_0'''(z) = e^{-x} > 0, z_0 - \delta \leqslant z \leqslant z_0 + \delta$。而 $F^{[3]}(z) > G^{[3]}(z), z \in [z_0 - \delta, z_0 + \delta]$，于是有 $Eu_0(X) < Eu_0(Y)$，与已知条件 $Eu(X) \geqslant Eu(Y)$ 矛盾。因此，对满足条件的效用函数 $u(z)$，即：

$$u'(z) \geqslant 0, u''(z) \leqslant 0, u'''(z) \geqslant 0, z \in [a, b],$$

若 $Eu(X) \geqslant Eu(Y)$ 成立，则 $F(z) \leqslant G(z), z \in [a, b]$ 恒成立。从而得证。

(四) 高阶随机占优

从前面低阶随机占优的定义中可以看出，在风险和不确定性下的决策环境中，不同阶随机占优准则针对不同的决策群体。一阶随机占优准则对应效用函数的导数非负的群体；二阶随机占优准则针对效用函数的一阶和二阶导数非负和非正的群体；三阶随机占优准则针对效用函数的一阶、二阶和三阶导数非负、非正和非负的群体。依次类推，如果某个体的效用函数的不同阶导数的符号从非负开始，与非正交替出现，即：

$$(-1)^{k+1}u^{(k)}(z) \geqslant 0, k = 1, 2, \ldots, n,$$

那么，对于这样的群体，在面对风险决策时，是否也存在与低阶随机占优相一致的比较准则呢？回答是肯定的。下面的定义以及定理将低阶随机占优准则推广到了高阶随机占优准则[7]。

定义 4.5.4　分布 $F(z)$ n 阶随机占优于分布 $G(z)$ 当且仅当这两个分布满足以下两个条件：

(1) $F^{[k]}(b) \leqslant G^{[k]}(b)$，对所有的 $k = 1, 2, \ldots, n$；

(2) $F^{[n]}(z) \leqslant G^{[n]}(z)$，对所有 $z \in [a, b]$，至少存在某个 $z \in (a, b)$，使得不等号严格成立。

显然，从上面的 n 阶风险增加和 n 阶随机占优的定义可以看出，n 阶风险增加是 n 阶随机占优的一个特例，也就是说，n 阶随机占优并不要求用于比较的分布的前 $n-1$ 阶矩相等，从而 n 阶随机占优是比 n 阶风险增加更一般化的对风险刻画的概念[7]。

定理 4.5.4 分布 $F(z)$ n 阶随机占优于 $G(z)$ 与以下命题分别等价:

(1) $F^{[n]}(z) \leqslant G^{[n]}(z)$ 对所有的 z 成立;

(2) 对所有 n 阶连续可微函数 $u(z)$, 有

$$\int_a^b u(z)\mathrm{d}F(z) \geqslant \int_a^b u(z)\mathrm{d}G(z),$$

其中 $u(z)$ 满足: $(-1)^{k+1}u^{(k)}(z) \geqslant 0, k = 1,\dots,n$。

证明 充分性。已知 $F^{[3]}(z) \leqslant G^{[3]}(z)$ 对所有的 $z \in [a,b]$ 成立, 且

$$F(a) = G(a) = 0, F(b) = G(b) = 1;$$

$$F^{[3]}(z) = \int_a^z F^{[2]}(y)\mathrm{d}y, G^{[3]}(z) = \int_a^z G^{[2]}(y)\mathrm{d}y,$$

则由分部积分法可得:

$$
\begin{aligned}
Eu(X) - Eu(Y) &= \int_a^b u(z)\mathrm{d}[F(z) - G(z)] \\
&= u'(b)[G^{[2]}(b) - F^{[2]}(b)] - \int_a^b u''(z)[G^{[2]}(z) - F^{[2]}(z)]\mathrm{d}z \\
&= u'(b)[G^{[2]}(b) - F^{[2]}(b)] - u''(b)[G^{[3]}(b) - F^{[3]}(b)] \\
&\quad + \int_a^b u'''(z)[G^{[3]}(z) - F^{[3]}(z)]\mathrm{d}z \\
&= \sum_{k=1}^{n-1}(-1)^{k+1}u^{(k)}(b)[G^{[k+1]}(b) - F^{[k+1]}(b)] \\
&\quad + \int_a^b (-1)^{n+1}u^{(n)}(z)[G^{[n]}(z) - F^{[n]}(z)]\mathrm{d}z.
\end{aligned}
$$

已知:

$$F^{[n]}(z) \leqslant G^{[n]}(z), (-1)^{k+1}u^{(k)}(z) \geqslant 0, k = 1,\dots,n,$$

对所有的 z 成立, 故 $Eu(X) \geqslant Eu(Y)$。

在随机占优的风险变化中, 若一种分布随机占优另一种分布, 且这两种分布又具有相同的均值, 这类风险变化被称为保均值随机占优 [8]。

定义 4.5.5 假设分布 $F(z)$ n 阶随机占优于分布 $G(z)$。如果

$$\int_a^b x \mathrm{d}F(z) = \int_a^b x \mathrm{d}G(z),$$

则称分布 $F(z)$ n 阶保均值随机占优于 $G(z)$。

Liu[9] 将 n 阶保均值随机占优的概念推广到了 n 阶保前 l $(1 \leqslant l \leqslant n-1)$ 阶矩随机占优的情形。显然, n 阶保前 l 阶矩随机占优的概念介于 n 阶保均值随机占优和 n 阶风险增加的概念之间, 从而是一个更具有一般性的描述风险变化的概念。

定义 4.5.6 假设 X n 阶随机占优于 Y。对任何给定的正整数 $l, 1 \leqslant l \leqslant n-1$, 如果

$$E(X^k) = E(Y^k), k = 1, \ldots, l,$$

则称 X n 阶保前 l 阶矩随机占优于 Y。

基于保前 l 阶矩随机占优的风险变化情形, 定理 4.5.5 建立了一个决策者的风险厌恶行为与相应效用函数导数的符号之间的联系。

定理 4.5.5 假设 $n \geqslant 2$ 并且 $1 \leqslant l \leqslant n-1$。$F(z)$ n 阶保前 l 阶矩随机占优于 $G(z)$ 当且仅当所有 k 阶风险厌恶的决策者都更偏好于 $F(z)$, 换句话说, 所有 k 阶风险厌恶的决策者都认为 $F(z)$ 比 $G(z)$ 好, $k = l+1, \ldots, n$。

该定理的证明类似于高阶随机占优与高阶风险厌恶的证明, 这里不再赘述。

第六节 本章小结

个体的风险偏好行为依赖于个体对不同的风险变化的认知能力。为了对均值相同的风险进行比较, 保均值扩散 (保均值压缩) 作为描述风险二阶风险变化的术语首先被引入研究; 为了对均值和方差相同的风险进行比较排序, 研究者引入了描述风险三阶风险变化的术语——保均值和方差变换或者称下行风险; 同样, 为了比较均值、方差和偏度均相同的风险, 描述风险四阶风险变化的术语——保均值、方差和偏度变换或外部风险被相继引入研究, 而埃克恩 [2] 将这些描述风险变化的概念推广到 n 阶风险增加的情形。

在对风险的比较准则中, 随机占优又是研究中常用的一种比较准则。随机占优准则描述了随机变量分布之间的一种偏序关系, 在理论和实证研究中,

随机占优有着广泛的应用前景, 特别是当比较风险的其他方法失效时, 随机占优准则将是一种可行且有效的风险排序方法。为了对均值不同的风险进行比较, 基于分布函数的变化规律, 一阶、二阶、三阶以及高阶随机占优相继被引入研究。而保前几阶矩随机占优的风险变化的描述又介于相应的风险增加和随机占优之间, 从而极大地丰富了在研究中刻画风险变化的多样性和复杂性。

需要说明的是, 有关对风险变化的刻画还有很多类型, 我们在这里不能一一介绍。我们只是在本章引入与本书的主题 (高阶风险偏好行为刻画) 有关的一些风险变化, 进而在后续章节依次引出个体对这些风险变化的态度, 即风险厌恶、风险谨慎、风险节制以及高阶风险厌恶等偏好行为。

参 考 文 献

[1] Rothschild, M., J., Stiglitz, Increasing risk I: A definition, Journal of Economic Theory, 1970,2(3): 225-243.

[2] Ekern, S., Increasing nth degree risk, Economics Letters, 1980, 6(4): 329-333.

[3] Rothschild, M., J., Stiglitz, Increasing risk II: Its economic consequences, Journal of Economic Theory, 1971, 3(1): 66-84.

[4] Menezes, C., C., Geiss, J., Tressler, Increasing downside risk, American Economic Review, 1980, 70(5): 921-932.

[5] Menezes, C., H., Wang, Increasing outer risk, Journal of Mathematical Economics, 2005, 41(4): 875-886.

[6] Levy, H., Stochastic dominance: investment decision making under uncertainty, 2nd, Springer. 2006.

[7] Jean, W., The geometric mean and stochastic dominance, Journal of Finance, 1980, 35(1): 151-158.

[8] Denuit, M., L. Eeckhoudt, Risk attitudes and the value of risk transformations, International Journal of Economic Theory, 2013, 9(3): 245-254.

[9] Liu, L., Precautionary saving in the large: n th degree deteriorations in future income, Journal of Mathematical Economics, 2014, 52: 169-172.

第五章　风险厌恶及其刻画

　　自伯努利 [1](Bernoulli) 引入风险厌恶的思想以来, 风险厌恶理论便奠定了研究风险和不确定性下经济决策问题的理论基石, 而由阿罗 [2](Arrow) 和普拉特 [3](Pratt) 所建立的风险厌恶理论的分析框架, 已成为当今分析个体 (高阶) 风险厌恶行为的基本范式, 并由此构成了信息经济学、行为经济学、实验经济学、制度经济学等经济理论以及现代金融经济学、企业理论、市场营销等相关领域的基本内容。

　　在传统的微观经济学中, 对风险态度的研究, 通常是把不确定结果基于个体的财富的形式呈现, 其根本原因在于个体的财富在现实中易于度量。在期望效用理论中, 若个体的选择行为满足独立性公理和连续性公理, 则我们可以用期望效用函数表示个体对风险的偏好关系。因此, 在期望效用框架下, 个体效用函数 $u(x)$ 的二阶导数的符号刻画了个体的风险偏好行为, 且绝对风险厌恶系数 $-u''(x)/u'(x)$ 度量了个体对风险的厌恶程度大小。40 多年前, 罗斯 (Ross) 发现: 在一些比较静态分析问题中, 更加风险厌恶却不是个体做出最优决策的充分条件。为此, 罗斯 [4] 提出了更强的风险厌恶的定义, 并给出了相应的方法刻画了个体的更加风险厌恶行为。

　　本章重点介绍经典的风险厌恶理论相关基础, 主要内容为: 风险厌恶以及程度的不同刻画方法; 局部以及全局风险厌恶强度的测度; 罗斯强风险厌恶及其厌恶强度的刻画方法; 约束的罗斯风险厌恶及其相关最新研究成果。

第一节　风险厌恶

　　假设 $L: Z \to [0,1]$ 描述一个不确定财富水平的彩票, 为了顺应我们已形成的习惯, 我们今后用随机变量来表示彩票。因而, 若给定某彩票 X, 其期望值为 $EX = \sum_{x \in Z} xp(x)$, 其中 $p(x)$ 为其概率分布。若 X 是一个连续分布的不确定财富水平的彩票, 那么其期望值为 $EX = \int xf(x)\mathrm{d}x$, 其中 $f(x)$ 为其概率密度函数。基于个体对以货币表示结果的彩票的偏好关系, 我们就可以描述个体的风险态度 [3]。

定义 5.1.1 若个体认为彩票的期望效用不超过彩票期望值的效用, 则该个体是风险厌恶的; 若个体认为这两者无差异, 则称个体是风险中性的; 若个体认为彩票的期望效用不小于彩票期望值的效用, 则称个体是风险喜好的。

在期望效用框架下, 若个体的效用函数为 $u(x)$, 则个体的二阶风险态度分别被定义为: 个体是风险厌恶的当且仅当

$$Eu(X) = \sum_{x \in Z} u(x)p(x) < u\left(\sum_{x \in Z} xp(x)\right) = u(EX);$$

个体是风险中性的当且仅当

$$Eu(X) = \sum_{x \in Z} u(x)p(x) = u\left(\sum_{x \in Z} xp(x)\right) = u(EX);$$

个体是风险喜好的当且仅当

$$Eu(X) = \sum_{x \in Z} u(x)p(x) > u\left(\sum_{x \in Z} xp(x)\right) = u(EX).$$

这里 X 是所有可能取值为 x 的随机变量。

利用詹森 (Jensen) 不等式, 我们知道若效用函数 $u(x)$ 分别是一个凹函数、线性函数或凸函数, 则风险态度又可以基于效用函数等价地描述。

引理 5.1.1 令 X 为非退化的随机变量, $f(x)$ 为严格的凹函数, 即 $f''(x) < 0$。则 $Ef(X) < f(EX)$。

证明 该结论对一般凹函数总是成立。但对可微凹函数情形其证明尤为简单。这样的函数具有如下性质: 对任意的 $\overline{x}$, 都有 $f(x) < f(\overline{x}) + f'(\overline{x})(x - \overline{x})$。令 $\overline{X}$ 为 X 的期望值。对该表示式的两端取期望, 我们有:

$$Ef(X) < f(\overline{X}) + f'(\overline{X})E(X - \overline{X}) = f(\overline{X}),$$

由此我们可得:

$$Ef(X) < f(\overline{X}) = f(EX).$$

定义 5.1.2　假设个体的效用函数 $u(x)$ 二阶可微, 若 $u''(x) < 0$, 则称个体是风险厌恶的; 若 $u''(x) = 0$, 则称个体是风险中性的; 若 $u''(x) > 0$, 则称个体是风险喜好的。

特别要强调的是, 个体效用函数的不同阶导数的符号实际上反映了个体的不同的风险偏好。譬如, 假如 x 表示个体的财富水平, 若 $u'(x) > 0$ 意味着个体认为财富越多越好, 多多益善; 效用函数的二阶导数的符号反映了个体对风险的偏好关系, 即个体对风险的二阶的风险态度; 依次类推, 效用函数的高阶导数的符号同样反映了个体的更加高阶的风险偏好行为, 后面的章节将讨论。

对于二阶风险态度, 个体的效用函数的特征在图形上具有实际的几何意义。若个体在某个区域上是风险厌恶的, 则在该区域上其效用函数曲线上任意两点的连线必然在效用函数曲线之下; 同样地, 若个体在某个区域上是风险中性的, 则在该区域上其效用函数为一条直线; 若个体在某个区域上是风险喜好的, 则在该区域上其效用函数曲线上任意两点的连线必然在效用函数曲线之上。

第二节　风险厌恶的刻画

当给定的风险是零均值的风险时, 相应地对风险厌恶的刻画称为局部刻画。而任何非零均值的风险, 总可以转化成一个确定的数再加一个零均值风险。例如, 对任意的一个风险 $\tilde{\varepsilon}$, 若 $E(\tilde{\varepsilon}) \neq 0$, 则风险 $\tilde{\varepsilon}$ 总可以表示成 $\tilde{\varepsilon} = E(\tilde{\varepsilon}) + \tilde{\varepsilon} - E(\tilde{\varepsilon})$, 从而 $\tilde{\varepsilon} - (E\tilde{\varepsilon})$ 就是一个零均值风险。

(一)　风险溢价

为了度量个体对风险的厌恶程度, 我们需要引入风险溢价的概念 [3]。在期望效用框架下, 风险溢价一直是现代有关风险管理理论的研究基石, 因为风险溢价能够把个体对风险的主观偏好转变为货币成本。考虑一个具有财富水平或资产为 x 的个体, 其效用函数为 $u(x)$, 假设个体将面临一个风险 $\tilde{\varepsilon}$。在本章中我们约定: 凡是大写字母或者带波浪的小写字母均表示随机变量, 不带波浪的小写字母均表示非随机的变量。因风险溢价 π 使得个体在接受风险 $\tilde{z}$ 和接受非随机的量 $E(\tilde{z}) - \pi$ 之间是无差异的, 从而就有 π 小于风险的

均值 $E(\tilde{z})$。特别地，当个体是风险厌恶者时，$\pi > 0$。显然，个体的风险溢价依赖于财富水平 x 和风险 $\tilde{z}$ 的分布，因此，我们把它表示为 $\pi(x, \tilde{z})$。于是获得了风险溢价的严格定义 [3]。

定义 5.2.1 设个体的初始财富水平为 x，其效用函数为 $u(x)$，对于风险 $\tilde{z}$，若存在数 $\pi(x, \tilde{z})$，使得

$$u(x + E(\tilde{z}) - \pi(x, \tilde{z})) = E(u(x + \tilde{z})),$$

则称 $\pi(x, \tilde{z})$ 为个体对风险 $\tilde{z}$ 的风险溢价。

若假设期望是存在的且有限的，因上述方程左面效用函数 $u(x + E(\tilde{z}) - \pi(x, \tilde{z}))$ 是关于 π 的连续的递减的函数，故方程有唯一确定的解。

特别地，当 $\tilde{z}$ 是零均值风险时，风险溢价 $\pi(x, \tilde{z})$ 满足：

$$u(x - \pi(x, \tilde{z})) = E(u(x + \tilde{z})).$$

具体而言，风险溢价被定义成个体为了完全地消除风险，愿意支付的最大的货币数量，使得个体在确定的无风险的财富 (初始财富减去风险溢价) 上和有风险的财富上的效用不变，故风险溢价又称作支付意愿。可见，个体越是厌恶风险，相应地对风险的风险溢价 (支付意愿) 也就越大。

(二) 风险补偿

同样为了度量个体对风险的厌恶程度，风险补偿的概念被引入 [3]。考虑一个具有财富水平或资产为 x 的个体，其效用函数为 $u(x)$，假设个体将面临一个风险 $\tilde{z}$。因风险补偿 π 使得个体在接受随机的财富 $x + \tilde{z} + m$ 和接受非随机的财富 x 之间是无差异的。特别地，当个体是风险厌恶者时，$m > 0$。显然，个体的风险补偿依赖于财富水平 x 和风险 $\tilde{z}$ 的分布，因此，我们把它表示为 $m(x, \tilde{z})$，于是获得了风险补偿的严格定义 [3]。

定义 5.2.2 设个体的初始财富水平为 x，其效用函数为 $u(x)$，对于风险 $\tilde{z}$，若存在数 $m(x, \tilde{z})$，使得：

$$E(u(x + \tilde{z} + m(x, \tilde{z}))) = u(x),$$

则称 $m(x, \tilde{z})$ 为个体对风险 $\tilde{z}$ 的风险补偿。

不同于风险溢价，风险补偿被刻画为个体为了完全地接受风险，愿意接受的最小的货币数量，使得个体在确定的无风险的财富上和有风险的财富上 (初

始财富加风险补偿) 的效用不变, 故风险补偿又称作接受意愿。可见, 个体越是厌恶风险, 相应地对风险的风险补偿 (接受意愿) 也就越大。

(三) 确定性等价

因个体对于接受风险 $\tilde{z}$ 和接受确定性财富数量 $\pi_\alpha(x,\tilde{z}) = E(\tilde{z}) - \pi(x,\tilde{z})$ 是无差异的, 有时候我们把这个数值也称作确定性等价 [3](现金等价或者说是风险 $\tilde{z}$ 的价值), 本质上就是风险的价格, 即决策者愿意出售这个风险的最小数量价格。从而就有:

$$u(x + \pi_\alpha(x,\tilde{z})) = E(u(x+\tilde{z})).$$

可见, 风险的确定性等价与风险溢价之间存在联系: $\pi_\alpha(x,\tilde{z}) = E(\tilde{z}) - \pi(x,\tilde{z})$。若风险是零均值风险时, 风险的确定性等价等于风险溢价的相反数, 即 $\pi_\alpha(x,\tilde{z}) = -\pi(x,\tilde{z})$。换句话说, 个体为了完全规避风险, 以负的价格卖掉风险, 相当于我们常说的 "花钱消灾"。

因这里定义的确定性等价太过依赖于个体的初始财富水平, 使得同一个体在面临同一风险时, 在不同初始财富水平下对风险的确定性等价不同, 反而忽略了个体对风险本身的厌恶程度。因此, 为了度量个体的风险厌恶程度, 下面的定义提供了基于彩票表示风险的确定性等价的概念。

定义 5.2.3 假设个体的效用函数为 $u(x)$, 给定彩票 X, 其分布函数为 F, 若存在数 $c(F,u)$, 使得

$$u(c(F,u)) = Eu(X) = \int u(x)\mathrm{d}F(x),$$

则称 $c(F,u)$ 为彩票 X 的确定性等价, 也就是说, $c(F,u)$ 是一笔确定性的奖励金额, 使得个体在获得确定金额与获得彩票之间的收益是无差异的。

(四) 概率溢价

假设个体的初始财富水平为 x, 其效用函数为 $u(x)$。个体将面对一个只有两个可能结果的风险 $\tilde{z}$, 即 h 和 $-h, h > 0$, 这两个结果可看作成功和失败, 或者收益和损失等, 也可看作好的和坏的结果。若风险 $\tilde{z}$ 的这两个结果都是等可能发生的, 则称这样的风险为中性的; 反之, 将好的结果发生的概率与坏的结果发生的概率之差称之为该风险的概率溢价 [3]。

假设 $p(x, \tilde{z}) = p\{\tilde{z} = h\} - p\{\tilde{z} = -h\}$, 而 $p\{\tilde{z} = h\} + p\{\tilde{z} = -h\} = 1$, 联立起来可得:

$$p\{\tilde{z} = h\} = \frac{1}{2}[1 + p(x, \tilde{z})], \qquad p\{\tilde{z} = -h\} = \frac{1}{2}[1 - p(x, \tilde{z})].$$

定义 5.2.4 假设个体的初始财富水平为 x, 其效用函数为 $u(x)$. 对于只取两个可能结果的风险 $\tilde{z}$, 令 $p(x, \tilde{z}) = p\{\tilde{z} = h\} - p\{\tilde{z} = -h\}$, 使得:

$$u(x) = \frac{1}{2}[1 + p(x, \tilde{z})]u(x + h) + \frac{1}{2}[1 - p(x, \tilde{z})]u(x - h).$$

对任意的 x 均成立, 即 $p(x, \tilde{z})$ 使得个体在没有风险和面对风险 $\tilde{z}$ 之间的效用无差异, 则称 $p(x, \tilde{z})$ 为个体对风险 $\tilde{z}$ 的概率溢价.

同样地, 概率溢价也量化个体风险厌恶的程度, 用来刻画个体赢得零均值投机的两个等可能结果中好的结果的额外概率, 从而使得个体在投机与不投机之间无差异.

(五) 效用溢价

相比于风险溢价, 效用溢价同样度量了个体对风险的 "痛苦" 程度, 这种 "痛苦" 通过期望效用的减少来量化 [5]. 与风险溢价有所不同的是, 效用溢价方面的研究在被提出之后的 60 多年没有后续研究, 或许出现这种现象的根本原因在于, 效用溢价无法对不同个体之间进行比较, 因为不同个体的效用函数不完全相同. 然而, 最新的研究发现: 若把个体对风险的效用溢价标准化处理以后, 同样可以度量个体间对风险的厌恶强度, 即个体越是风险厌恶, 其边际效用标准化 (规范化) 的效用溢价也就越大 [5].

定义 5.2.5 假设个体的初始财富水平为 x, 其效用函数为 $u(x)$. 对于任何零均值风险 $\tilde{z}$, 我们称

$$\Delta u(x, \tilde{z}) = u(x) - Eu(x + \tilde{z})$$

为个体对零均值风险 $\tilde{z}$ 的效用溢价; 我们称

$$\frac{\Delta u(x, \tilde{z})}{u'(x)} = \frac{u(x) - Eu(x + \tilde{z})}{u'(x)}$$

为个体对风险 $\tilde{z}$ 的标准化的效用溢价.

在前面的部分, 为了刻画个体对风险厌恶的强度, 我们从不同的视角依次提出了风险溢价、风险补偿、确定性等价、概率溢价以及效用溢价等概念。从这些概念可以看出, 对于风险厌恶的个体, 相应地这些刻画也存在必然的联系, 下面的命题揭示这些刻画之间的联系 [6,7]。

命题 5.2.1　若个体是期望效用最大化的追求者, 其效用函数为 $u(\cdot)$, 则下面的 7 个论述等价:

(1) 个体是风险厌恶的;

(2) $u(x)$ 是凹函数, 对任意的 x;

(3) 对风险 $\tilde{z}$ 的风险溢价非负, 即 $\pi(x,\tilde{z}) \geqslant 0$, 对任意的 x 和风险 $\tilde{z}$;

(4) $c(F,u) \leqslant \int x \mathrm{d}F(x)$, 对任意的彩票 F;

(5) 对风险 $\tilde{z}$ 的概率溢价非负, 即 $p(x,\tilde{z}) \geqslant 0$, 对任意的 x 和风险 $\tilde{z}$;

(6) 对风险 $\tilde{z}$ 的效用溢价非负, 即 $\Delta u(x,\tilde{z}) \geqslant 0$, 对任意的 x 和风险 $\tilde{z}$;

(7) 对风险 $\tilde{z}$ 的风险补偿非负, 即 $m(x,\tilde{z}) \geqslant 0$, 对任意的 x 和风险 $\tilde{z}$;

证明　根据前面的定义可知: 对任意的 x, 个体是风险厌恶的等价于其效用函数 $u(x)$ 是凹函数。因此, 我们只需要证明 (2) 分别与其他描述等价即可。

(2) $\Longrightarrow$ (3)　由风险溢价的定义可知, 对于任意的风险 $\tilde{z}$, 有:

$$u(x + E(\tilde{z}) - \pi(x,\tilde{z})) = E(u(x+\tilde{z})) \leqslant u(x + E(\tilde{z})),$$

因 $u'(x) \geqslant 0$, 对任意的 x, 故 $\pi(x,\tilde{z}) \geqslant 0$。

(2) $\Longrightarrow$ (4)　由于 $u(x)$ 是非递减的, 所以我们有, 若个体是风险厌恶的且 $u(x)$ 是非减的函数, 就有:

$$c(F,u) \leqslant \int x\mathrm{d}F(x) \Leftrightarrow u(c(F,u)) \leqslant u\left(\int x\mathrm{d}F(x)\right) \Leftrightarrow \int u(x)\mathrm{d}F(x)$$
$$\leqslant u\left(\int x\mathrm{d}F(x)\right),$$

后面的一个 $\Longleftrightarrow$ 源于 $c(F,u)$ 的定义及效用函数的凹性假设。

(2) $\Longrightarrow$ (5)　由概率溢价的定义可知,

$$u(x) = \frac{1}{2}[1 + p(x,\tilde{z})]u(x+h) + \frac{1}{2}[1 - p(x,\tilde{z})]u(x-h).$$

化简可得:

$$p(x, \tilde{z})[u(x+h) - u(x-h)] = 2u(x) - [u(x+h) + u(x-h)] \geqslant 0,$$

由于 $u(x)$ 是非降的凹函数, 对任意的 x, 从而就有 $p(x, \tilde{z}) \geqslant 0$。

(2) $\implies$ (6)   因 $u(x)$ 是非降的凹函数, 对任意的 x, 因此对任何零均值风险 $\tilde{z}$, 有:

$$\Delta u(x, \tilde{z}) = u(x) - Eu(x + \tilde{z}) \geqslant 0.$$

(2) $\implies$ (7)   由风险补偿的定义可知, 对于任意的零均值风险 $\tilde{z}$, 有:

$$u(x) = E(u(x + \tilde{z} + m(x, \tilde{z}))) \leqslant u(x + m(x, \tilde{z})),$$

因 $u'(x) \geqslant 0$, 对任意的 x, 故 $m(x, \tilde{z}) \geqslant 0$。

第三节 局部风险厌恶强度

在前面的部分, 我们重点讨论了刻画个体风险厌恶的不同方式。直观上, 个体的效用函数越凹, 个体的风险厌恶的程度就越大。因此, 我们可以用个体效用函数的二阶导数来衡量风险厌恶程度。但是, 这种定义随着期望效用函数形式的变化而变化: 若我们将期望效用函数乘以任意倍数, 虽然个体的行为并不改变, 但其风险厌恶程度却增加了相应的倍数。但若用二阶导数除以一阶导数的结果来衡量风险厌恶程度, 则这种定义不会随着期望效用函数形式的变化而变化。

对于给定的财富水平 x, 我们称

$$r(x) = -\frac{u''(x)}{u'(x)}$$

为在 x 处的阿罗—普拉特 (记作 A–P) 绝对风险厌恶系数 (或测度), 简记为绝对风险厌恶系数, 或 A–P 风险厌恶测度 [6,7]。可以看出, 绝对风险厌恶系数度量了个体对风险的厌恶程度大小, 个体对风险越是厌恶, 其相应的绝对风险厌恶系数也就越大。此外, 从上面的定义可以看出, 绝对风险厌恶测度与个体的财富水平息息相关, 那么随着个体财富水平的变化, 其绝对厌恶系数又表现出怎样的规律呢? 定理 5.3.1 回答了这里的疑问。

定理 5.3.1   绝对风险厌恶系数 $r(x)$ 关于个体的财富水平 x 是递减的函数, 即个体对风险的厌恶程度随着其财富水平的提高而降低。

　　绝对风险厌恶系数之所以递减, 即随着决策者的财富增加, 对风险的厌恶程度递减, 绝对风险厌恶递减, 这是因为随着财富的增加, 决策者的边际效用 $u'(x)$ (绝对风险厌恶系数的分母) 递减, 在 $u'''(x) > 0$ 的假设下, $-u''(x)$ (绝对风险厌恶系数的分子) 也是递减, 但分子递减的速度更快, 从而绝对风险厌恶系数递减。

　　在对个体的风险厌恶强度的刻画中, 绝对风险厌恶系数主要依赖于个体对风险的偏好关系, 而相对风险厌恶强度不仅依赖于个体对风险的偏好关系, 还依赖于个体所具有的财富水平。对于任意的财富水平 x, 我们称

$$\rho(x) = -\frac{xu''(x)}{u'(x)}$$

为阿罗—普拉特相对风险厌恶系数 (或测度), 简记为相对风险厌恶系数 [6,7]。

　　例 5.3.1　　一个财富为 x 的妇女有机会对以概率为 p 出现的事件打赌, 其打赌金额可以为任意数额。若她的押注 w, 则事件出现时她可以获得 $2w$, 事件不出现时她的收益为 0。她的风险厌恶程度为常数, 其效用函数为: $u(x) = -e^{-rx}, r > 0$。她下注多少才是最优的?

　　该妇女的财富或者为 $x + w$, 或者为 $x - w$。因此她希望确定 w 以最大化其期望效用, 即:

$$\max_w\{pu(x+w) + (1-p)u(x-w)\} = \max_w\{-pe^{-r(x+w)} - (1-p)e^{-r(x-w)}\},$$

令上述目标函数的导数为 0, 可得:

$$(1-p)e^{rw} = pe^{-rw},$$

从而有:

$$w = \frac{1}{2r}\ln\frac{p}{1-p}.$$

根据上述结果, 当 $p > \frac{1}{2}$ 时, 该妇女的下注大于零。其下注随着风险厌恶程度 r 的上升而递减。在这个例子中, 该妇女的下注与其初始财富无关, 是这种效用函数的一个特点。

　　例 5.3.2　　假设个体初始财富为 x。该个体损失 l 的概率为 p (例如, 其房子可能会着火)。个体可以购买一份保险, 当其损失发生时, 该保险赔偿

他 q 美元。为此，该个体必须支付 πq，这里 π 为个体为每美元赔偿所需支付的价格。该个体应购买多少保险呢？

我们考察如下效用最大化问题：

$$\max pu(x - l - \pi q + q) + (1 - p)u(x - \pi q).$$

对上述问题的目标函数关于 q 求导并令导数为零，我们有：

$$pu'(x - l + q^*(1 - \pi))(1 - \pi) - (1 - p)u'(x - \pi q^*)\pi = 0,$$

$$\frac{u'(x - l + (1 - \pi)q^*)}{u'(x - \pi q^*)} = \frac{(1 - p)}{p}\frac{\pi}{1 - \pi}.$$

若个体的损失发生，则保险公司的收益为 $\pi q - q$ 美元。否则保险公司的收益为 πq。因此，保险公司的期望收益为：

$$(1 - p)\pi q - p(1 - \pi)q,$$

假设市场竞争使保险公司的期望利润为零，则有：

$$-p(1 - \pi)q + (1 - p)\pi q = 0,$$

从而有 $\pi = p$。

在零利润假设下，保险公司对个体每美元的赔偿恰好等于保险的价格：保险的成本等于其期望价值，即 $p = \pi$。将该结果代入个体效用最大化的一阶条件，我们有：

$$u'(x - l + (1 - \pi)q^*) = u'(x - \pi q^*),$$

若个体是严格风险厌恶的，即 $u''(w) < 0$，则由上述方程，我们可得：

$$x - l + (1 - \pi)q^* = x - \pi q^*,$$

从而我们有 $l = q^*$。因此，个体将为其损失 l 购买完全保险。

该结果成立的关键在于个体不能影响损失发生的概率。若个体的行为会影响其损失发生的概率，则保险公司将只提供部分保险，从而个体将有激励降低损失发生的概率。

第四节　全局风险厌恶强度

阿罗-普拉特风险厌恶测度是一个局部的概念，即决策者愿意接受比较小的赌局。一种有意义的解释是：若某个体比另一个体更为风险厌恶，则他愿意接受更少的小彩票。然而，在许多情况下，决策者对风险的态度，希望有一种整体风险厌恶的测度，换句话说，我们希望有一种衡量一个经济人比另外一个经济人在所有财富水平上都更为风险偏恶的风险测度。该如何表示这一条件呢？第一种方法是，对两个个体 A 和 B，个体 A 的效用函数 $u(x)$ 比个体 B 的效用函数 $v(x)$ 更为风险厌恶的条件是：对任意的财富水平 x，下述条件成立：

$$-\frac{u''(x)}{u'(x)} \geqslant -\frac{v''(x)}{v'(x)},$$

这意味着个体 A 比个体 B 在每个财富水平 x 上都具有更大的风险厌恶程度。

第二种方法是通过效用函数的凹形程度来刻画风险厌恶程度。个体 A 比个体 B 更为风险厌恶的条件是：个体 A 的效用函数比个体 B 的更凹。更精确地，我们称个体 A 的效用函数为个体 B 效用函数的凹变换，即存在某个严格递增、严格凹的函数 $\psi(\cdot)$，使得下式成立：$u(x) = \psi(v(x))$.

第三种方法是通过决策者对赌博的接受程度来定义，或者说为避免风险愿意支付的货币数量，称风险规避的支付意愿。为预防既定的风险水平，个体 A 愿意比 B 支付更多。为了描述这一思想，令 $\tilde{\varepsilon}$ 是一个期望值为零的随机变量：$E\tilde{\varepsilon} = 0$。令 π 是风险规避的支付意愿，即：

$$u(x - \pi) = Eu(x + \tilde{\varepsilon}),$$

上式的左端为决策者财富减少数量 π 后的效用，其后端为个体面临风险 $\tilde{\varepsilon}$ 时的期望效用。令 π_A 和 π_B 分别是个体 A 和 B 的风险规避的支付意愿，我们说个体 A 比个体 B 风险厌恶强度更高，那么在任意财富水平下，当且仅当 $\pi_A > \pi_B$ 成立。

定理 5.4.1　令 $u(x)$ 和 $v(x)$ 是变量为财富的两个可微、严格递增的凹期望效用函数。则这些函数的下述性质等价。对任意的 x, y，有：

(1) 个体 A 相比于个体 B 是更加风险厌恶的，即 $-u''(x)/u'(x) \geqslant -v''(x)/v'(x)$；

(2) 存在严格递增的严格凹函数 $\psi(x)$, 使得 $u(x) = \psi(v(x))$;

(3) 对所有期望值为 $E\tilde{\varepsilon}$ 的随机变量 $\tilde{\varepsilon}$, 有 $\pi_A \geqslant \pi_B$, 其中 π_A 和 π_B 分别为个体 A 和 B 对风险 $\tilde{\varepsilon}$ 的风险溢价。

证明　(1) 成立, 则 (2) 成立。由于 $u(x)$ 和 $v(x)$ 是单调递增的函数, 因此对每个 $v(x)$, 存在唯一的函数 $\psi(v(x))$。对该方程两端连续求导两次, 我们得: $u'(x) = \psi'(v(x))v'(x)$, $u''(x) = \psi''(v(x))v'(x)^2 + \psi'(v(x))v''(x)$.

由于 $u'(x) > 0$, $v'(x) > 0$, 上述第一个方程意味着 $\psi'(v(x)) > 0$。将上述第二个方程除以第一个方程, 我们得:

$$\frac{u''(x)}{u'(x)} = \frac{\psi''(v(x))}{\psi'(v(x))}v'(x) + \frac{v''(x)}{v'(x)},$$

整理得:

$$\frac{\psi''(v(x))}{\psi'(v(x))}v'(x) = \frac{u''(x)}{u'(x)} - \frac{v''(x)}{v'(x)} \leqslant 0,$$

其中不等式由 (1) 推得, 这意味着我们有 $\psi''(v(x)) \leqslant 0$。

(2) 成立, 则 (3) 成立。这一结果可由下述式子推出:

$$u(x - \pi_A) = Eu(x + \tilde{\epsilon}) = E\psi(v(x + \tilde{\varepsilon}))$$

$$\leqslant \psi(Ev(x + \tilde{\varepsilon})) = \psi(v(x - \pi_B))$$

$$= v(x - \pi_B).$$

在上式中, 除不等式之外, 其他所有这些关系都由风险溢价的定义推出。上述式子中的不等式可由詹森不等式推出。比较上式的第一项和最后一项, 我们可知 $\pi_A \geqslant \pi_B$。

(3) 成立, 则 (1) 成立。由于对所有均值为零的随机变量 $\tilde{\varepsilon}$, (3) 都成立, 因此, 它必然对所有任意小的随机变量都成立。固定 $\tilde{\varepsilon}$, 我们考虑由 $\tilde{\varepsilon}t, t \in [0,1]$ 定义的随机变量族。令 $\pi(t)$ 为变量为 t 的风险溢价函数。则 $\pi(t)$ 在 $t = 0$ 附近的二阶泰勒展式为:

$$\pi(t) \approx \pi(0) + \pi'(0)t + \frac{1}{2}\pi''(0)t^2. \tag{5.4.1}$$

为了说明 $\pi(t)$ 在 t 很小时的性质, 我们来计算二阶泰勒展式。$\pi(t)$ 的定义为:

$$u(x - \pi(t)) \equiv Eu(x + \tilde{\varepsilon}t),$$

根据 $\pi(t)$ 的定义, 我们有 $\pi(0) = 0$。在其定义式两端对 t 连续求两导两次, 我们得:

$$-u'(x - \pi(t))\pi'(t) = E[u'(x + t\tilde{\varepsilon})\tilde{\varepsilon}],$$

$$u''(x - \pi(t))\pi'(t)^2 - u'(x - \pi(t))\pi''(t) = E[u''(x + t\tilde{\varepsilon})\tilde{\varepsilon}].$$

对上式第一个方程在 $t = 0$ 处取值, 我们得 $\pi'(0) = 0$。对上式第二个方程在 $t = 0$ 处取值, 我们得:

$$\pi''(0) = -\frac{E[u''(x)\tilde{\varepsilon}^2]}{u'(x)} = -\frac{u''(x)}{u'(x)}\sigma^2,$$

其中 σ^2 为 $\tilde{\varepsilon}$ 的方差。将该导数代入方程 (5.4.1), 我们有:

$$\pi(t) \approx 0 + 0 - \frac{u''(x)}{u'(x)}\frac{\sigma^2}{2}t^2.$$

这意味着对任意小的 t 值, 风险溢价为风险厌恶程度的单调函数。这正是我们需要证明的。

假设个体 A 和个体 B 的效用函数分别为 $u(x)$ 和 $v(x)$, $r_A(x)$ 和 $r_B(x)$ 分别是它们的 A–P 绝对风险厌恶系数 (或测度)。为了量化不同的个体对风险的厌恶强度, 在 A–P 风险厌恶的刻画下, 普拉特 [3] 基于概率溢价获得了定理 5.4.2。

定理 5.4.2　个体 A 相比于个体 B 是更加风险厌恶的, 即 $r_A(x) \geqslant r_B(x)$, 对任意的 x, 当且仅当个体 A 对风险 $\tilde{z}$ 的概率溢价不小于个体 B 的概率溢价, 即 $p_A(x, \tilde{z}) \geqslant p_B(x, \tilde{z})$。

证明　(1) 必要性。因个体 A 相比于个体 B 是更加风险厌恶的, 从而由普拉特定理可知, 存在严格单调递增的凹函数 $\psi(x), \psi'(x) > 0, \psi''(x) \leqslant 0$, 使得 $u(x) = \psi(v(x))$。由于

$$u(x) = \frac{1}{2}[1 + p_A(x, \tilde{z})]u(x + h) + \frac{1}{2}[1 - p_A(x, \tilde{z})]u(x - h),$$

可得:

$$u(x) = \psi(v(x)) = \psi\left[\frac{1}{2}[1 + p_B(x, \tilde{z})]v(x + h) + \frac{1}{2}[1 - p_B(x, \tilde{z})]v(x - h)\right]$$

$$\geqslant \frac{1}{2}[1 + p_B(x, \tilde{z})]\psi[v(x + h)] + \frac{1}{2}[1 - p_B(x, \tilde{z})]\psi[v(x - h)]$$

$$= \frac{1}{2}[1 + p_B(x, \tilde{z})]u(x+h) + \frac{1}{2}[1 - p_B(x, \tilde{z})]u(x-h),$$

化简可得：

$$(p_A(x, \tilde{z}) - p_B(x, \tilde{z}))(u(x+h) - u(x-h)) \geqslant 0,$$

由此可见，$p_A(x, \tilde{z}) \geqslant p_B(x, \tilde{z})$。

(2) 充分性。假设 $p_A(x, \tilde{z}) \geqslant p_B(x, \tilde{z})$，但因个体 A 相比于个体 B 不是更加风险厌恶的，即存在一点 x_0，使得 $-u''(x_0)/u'(x_0) < -v''(x_0)/v'(x_0)$，由连续性可知，一定在 x_0 的某领域内有 $-u''(x)/u'(x) < -v''(x)/v'(x)$ 恒成立。利用在必要性的证明中使用的技巧，可以证明 $p_A(x, \tilde{z}) < p_B(x, \tilde{z})$。从而与已知条件矛盾。从而得证。

该结果意味着：在 A–P 更加风险厌恶的刻画下，越是风险厌恶的个体，其相应的概率溢价也就越大，也就是说，概率溢价同样刻画了个体的风险厌恶的强度。同样地，为了刻画不同风险厌恶个体的厌恶强度，黄和斯特普尔顿[8] (Huang & Stapleton) 基于标准化的效用溢价获得了定理 5.4.3。

定理 5.4.3 个体 A 相比于个体 B 是更加风险厌恶的，即 $r_A(x) \geqslant r_B(x)$，对任意的 x，当且仅当个体 A 对风险 $\tilde{z}$ 的标准化的效用溢价不小于个体 B 的标准化的效用溢价，即：

$$\frac{u(x) - Eu(x+\tilde{z})}{u'(x)} \geqslant \frac{v(x) - Ev(x+\tilde{z})}{v'(x)}.$$

证明 (1) 必要性。由于：

$$\frac{v'(x+y)}{v'(x)} - \frac{u'(x+y)}{u'(x)} = \frac{u'(x+y)}{v'(x)}[\frac{v'(x+y)}{u'(x+y)} - \frac{v'(x)}{u'(x)}].$$

$$\left[\ln \frac{v'(y)}{u'(y)}\right]' = r_A(y) - r_B(y) \geqslant 0.$$

因此，$\dfrac{u'(x+y)}{u'(x)} - \dfrac{v'(x+y)}{v'(x)}$ 与 y 具有相同的符号，从而就有：

$$\int_0^z \left[\frac{v'(x+y)}{v'(x)} - \frac{u'(x+y)}{u'(x)}\right] \mathrm{d}y \geqslant 0$$

等价于：

$$\frac{u(x) - u(x+z)}{u'(x)} \geqslant \frac{v(x) - v(x+z)}{v'(x)},$$

两边关于 z 求期望即可得证。

(2) 充分性。用反证法证明。假设存在一点 x_0，使得 $r_A(x_0) < r_B(x_0)$，由效用函数的连续性可知，一定存在区间，在该区间内有 $r_A(x) < r_B(x)$，从而用在证明必要性时用到的技巧可推出：

$$\frac{u(x) - Eu(x + \tilde{z})}{u'(x)} < \frac{v(x) - Ev(x + \tilde{z})}{v'(x)},$$

上述不等式与已知条件矛盾，从而得证。

第五节　Ross 更加强风险厌恶

对于一些比较静态问题而言，我们注意到在 A–P 风险厌恶的意义下，更加风险厌恶并不是一个充分条件。譬如，考虑一个投资组合的问题，假设个体可投资的两种资产都是风险资产。如果个体 A 相比于个体 B 是 A–P 更加风险厌恶的，并不能保证个体 A 更倾向于将更多的财富投资在更小风险的投资组合 [4]。

此外，在一切社会活动中，人们总是处于一个由不计其数的风险 (或者不确定) 所依附的环境，而保险公司出售的保险险种往往是有限的，从而，我们无法通过购买保险将所有的风险都转移出去，总是将自身置身于这样或那样的风险环境中。为了合理地规避风险，个体可以购买一定数量的保险，但不是购买全额保险，仅仅对部分风险购买了保险。在 A–P 风险厌恶的意义下，如果个体 A 相比于个体 B 是更加厌恶风险的，我们也并不能保证更加风险厌恶的个体 A 购买的保险数量就一定比个体 B 多。为此，罗斯提出了一个更强的有关风险厌恶的概念，从而弥补 A–P 风险厌恶的不足，这之后的文献都把这一概念称为 Ross 更加风险厌恶。

最主要的是，这两种对个体风险厌恶程度刻画的根本区别在于：A–P 风险厌恶的刻画主要针对个体的初始财富是确定不变的；而 Ross 更加风险厌恶的刻画主要处理的是个体的初始财富是随机的情形。假设个体 A 和个体 B 的效用函数分别为 $u(x)$ 和 $v(x)$，而且假设他们都是无限可微的函数。

定义 5.5.1　个体 A 相比于个体 B 是 Ross 更加风险厌恶的，如果有：

$$\inf_x \frac{u''(x)}{v''(x)} \geqslant \sup_x \frac{u'(x)}{v'(x)},$$

等价地, 对任意的 x, y, 存在 $\lambda > 0$, 使得

$$\frac{u''(x)}{v''(x)} \geqslant \lambda \geqslant \frac{u'(y)}{v'(y)}$$

恒成立。

实际上, Ross 更加风险厌恶是比 A–P 风险厌恶更强的一种对风险厌恶的刻画, 具体可见定理 5.5.1[4]。

定理 5.5.1 若个体 A 相比于个体 B 是 Ross 更加风险厌恶的, 则个体 A 相比于个体 B 一定是 A–P 更加风险厌恶的, 反之则不成立。

证明 个体 A 相比于个体 B 是 Ross 更加风险厌恶的当且仅当对任意的 x, y, 存在 $\lambda > 0$, 使得 $u''(x)/v''(x) \geqslant u'(y)/v'(y)$, 取 $x = y$ 即可得到个体 A 相比于个体 B 是 A–P 更加风险厌恶的。反过来不成立, 只需提供一个反例即可说明。取指数效用函数 $u(x) = -e^{-ax}, v(x) = -e^{-bx}$。若 $a > b$, 则个体 A 相比于个体 B 是 A–P 更加风险厌恶的。但是可以进一步验证, 个体 A 相比于个体 B 不是 Ross 更加风险厌恶的[4]。

定义 5.5.2 对所有的零均值风险 $\tilde{\varepsilon}$, 即 $E\tilde{\varepsilon} = 0$。

(1) 若存在数 π, 使得 $E(u(X + \tilde{\varepsilon})) = E(u(X - \pi))$ 恒成立, 对任意的初始财富 X, 则称 π 为个体 A 对零均值风险 $\tilde{\varepsilon}$ 的风险溢价。

(2) 若存在数 m, 使得 $E(u(X + \tilde{\varepsilon} + m) = E(u(X))$ 恒成立, 对任意的初始财富 X, 则称 m 为体 A 对零均值风险 $\tilde{\varepsilon}$ 的风险补偿。

这里的风险溢价刻画的是个体为了完全地消除风险, 将风险转移出去, 个体愿意支付的最大货币数量, 即支付意愿 (willingness to pay)。个体越是厌恶风险, 相应地对风险的支付意愿也就越大; 与风险溢价截然不同的思想是: 为了完全地承受增加的风险, 个体要求一定数量的风险补偿, 也就是个体愿意接受的最小货币数量, 即接受意愿 (willingness to accept)。同样地, 个体越是厌恶风险, 相应的对风险的接受意愿也就越大。因此, 不管是风险溢价, 还是风险补偿, 都足以用比较静态方法量化不同个体对不同类型风险的厌恶程度[4]。

定理 5.5.2 假设 $u(x)$ 和 $v(x)$ 分别是个体 A 和个体 B 的效用函数, 且为可微、严格递增的凹函数, 则个体 A 相比于个体 B 是 Ross 更加风险厌恶的当且仅当以下命题之一成立: 对任意的 x, y,

(1) 存在 $\lambda > 0$, 使得 $u''(x)/v''(x) \geqslant \lambda \geqslant u'(y)/v'(y)$;

(2) 存在 $\lambda > 0, \phi(x) > 0$ 且 $\phi'(x) \leqslant 0, \phi''(x) \leqslant 0$, 使得 $u(x) = \lambda v(x) +$

$\phi(x)$;

(3) 总有 $m_A \geqslant m_B$, 其中 m_A 和 m_B 分别为个体 A 和个体 B 的风险补偿;

(4) 总有 $\pi_A \geqslant \pi_B$, 其中 π_A 和 π_B 分别为个体 A 和个体 B 的风险溢价。

证明 根据定义可知, 个体 A 相比于个体 B 是 Ross 更加风险厌恶的当且仅当命题 (1) 成立, 下面我们证明 (1) ⇒ (2)。注意到下面两个不等式是等价的:

$$\frac{u''(x)}{v''(x)} \geqslant \lambda \geqslant \frac{-u'(y)}{-v'(y)} \Longleftrightarrow \frac{-u''(x)}{-v''(x)} \geqslant \lambda \geqslant \frac{u'(y)}{v'(y)}. \tag{5.5.1}$$

对任意的 x, 假设 $\phi(x) = u(x) - \lambda v(x)$, 由于可微性, 从而就有 $\phi'(x) = u'(x) - \lambda v'(x)$ 和 $\phi''(x) = u''(x) - \lambda v''(x)$, 于是上面不等式 (5.5.1) 意味着 $\phi'(x) \leqslant 0$ 且 $\phi''(x) \leqslant 0$。因此, 的确存在 $\phi(x)$ 且 $\phi'(x) \leqslant 0, \phi''(x) \leqslant 0$, 使得 $u(x) = \lambda v(x) + \phi(x)$。

(2) ⇒ (3)。根据风险溢价的定义可得,

$$E[u(X + m_A + \tilde{\epsilon})] = E[u(X)]$$
$$= E[\lambda v(X) + \phi(X)]$$
$$= \lambda E[v(X + m_B + \tilde{\epsilon})] + E[\phi(X)]$$
$$\geqslant \lambda E[v(x + m_B + \tilde{\epsilon})] + E[\phi(X + \tilde{\epsilon})]$$
$$\geqslant \lambda E[v(x + m_B + \tilde{\epsilon})] + E[\phi(X + m_B + \tilde{\epsilon})]$$
$$= E[u(X + m_B + \tilde{\epsilon})]$$

其中, 第一个不等式成立是因为 $\phi(x)$ 是凹函数; 第二个不等式成立是因为 $\phi(x)$ 是递减的函数。于是, 我们就证明了 $m_A \geqslant m_B$。

(4) ⇒ (1)。假设个体的初始财富的彩票表示为 $L = \{x, y; p, 1-p\}$; 当个体的初始财富为 x 时, 个体将面临一个零均值风险 $\tilde{\varepsilon}$, 其彩票表示为 $\varepsilon = \{-z, z; 1/2, 1/2\}$。因此, 在零均值风险 $\tilde{\varepsilon}$ 下, 个体的初始财富的简化彩票为:

$$X = \{x - z, x + z, y; 1/2p, 1/2p, 1-p\},$$

对于个体 A 而言, 由风险溢价的定义可得:

$$Eu(X) = \frac{1}{2}p[u(x-z) + u(x+z)] + (1-p)u(y)$$

$$= Eu(X - \pi_A) = pu(x - \pi_A) + (1-p)u(y - \pi_A),$$

上式两边关于 z 求导可得:

$$\frac{\mathrm{d}}{\mathrm{d}z}\pi_A = -\frac{\frac{1}{2}p[u'(x+z) - u'(x-z)]}{pu'(x-\pi_A) + (1-p)u'(y-\pi_A)},$$

显然, $\pi_A(0) = 0, \frac{\mathrm{d}}{\mathrm{d}z}\pi_A|_{z=0} = 0$。继续求解 $\frac{\mathrm{d}}{\mathrm{d}z}\pi_A$ 的二阶导数可得:

$$\frac{\mathrm{d}^2\pi_A}{\mathrm{d}z^2} = \frac{[pu'(x-\pi_A) + (1-p)u'(y-\pi_A)]\left\{-\frac{1}{2}p[u''(x+z) + u''(x-z)]\right\}}{[pu'(x-\pi_A) + (1-p)u'(y-\pi_A)]^2}$$

$$-\frac{\frac{1}{2}p[u'(x+z) - u'(x-z)][pu''(x-\pi_A) + (1-p)u''(y-\pi_A)]\frac{\mathrm{d}\pi_A}{\mathrm{d}z}}{[pu'(x-\pi_A) + (1-p)u'(y-\pi_A)]^2}$$

$$\frac{\mathrm{d}^2\pi_A}{\mathrm{d}z^2}|_{z=0} = -\frac{pu''(x)}{pu'(x) + (1-p)u'(y)},$$

从而将 $\pi_A(z)$ 在 0 处的马克劳林展式为:

$$\pi_A(z) = \pi_A(0) + \pi_A'(0)z + \pi_A''(0)z^2 + o(z^2) = \frac{-pu''(x)}{pu'(x) + (1-p)u'(y)}z^2 + o(z^2).$$

类似地, 我们也可获得 $\pi_B(z)$ 在 0 处的马克劳林展式:

$$\pi_B(z) = \frac{-pv''(x)}{pv'(x) + (1-p)v'(y)}z^2 + o(z^2).$$

因而, 若 $\pi_A \geqslant \pi_B$, 则就有:

$$\frac{-pu''(x)}{pu'(x) + (1-p)u'(y)} \geqslant \frac{-pv''(x)}{pv'(x) + (1-p)v'(y)},$$

或者

$$\frac{u''(x)}{v''(x)} \geqslant \frac{pu'(x) + (1-p)u'(y)}{pv'(x) + (1-p)v'(y)}. \tag{5.5.2}$$

如果我们在这里假设对任意的 x, y, 有:

$$\frac{u'(y)}{v'(y)} > \frac{u''(x)}{v''(x)},$$

那么在不等式 (5.5.2) 中, 当 p 充分小时, 有:

$$\frac{u''(x)}{v''(x)} \geqslant \frac{u'(y)}{v'(y)},$$

从而与这里的假设矛盾。命题成立。

第六节　约束的 Ross 更加强风险厌恶

在接下来, 我们将介绍比 Ross 更加风险厌恶更强的刻画, 即约束的 Ross 更加风险厌恶的概念。在一些风险决策经济问题中, Ross 更加风险厌恶的刻画仍然不是个体选择最优决策的充分条件, 即 Ross 更加风险厌恶的个体未必会选择与其风险偏好相一致的比较静态结果, 为了解决这种不一致性, 后续的研究引入约束的 Ross 更加风险厌恶的刻画。

(一)　线性约束的 Ross 更加风险厌恶

首先, 我们先来回顾一下由罗斯 [4] 引入的刻画个体更加风险厌恶程度的概念, 即个体 A 比个体 B 是 Ross 更加风险厌恶的当且仅当存在 $k > 0$ 和 $\phi(x)$, 并且 $\phi'(x) \leqslant 0, \phi''(x) \leqslant 0$, 使得 $u(x) = kv(x) + \phi(x)$, 对所有的 $x \geqslant 0$。为了便于描述线性约束的 Ross 更加风险厌恶的概念 [9], 在这里, 假设涉及的随机变量都定义在有限的闭区间 $[c, d]$ 上, 而用 $\tilde{x}$ 和 $\tilde{y}$ 来表示随机变量; 用 $\succeq_A$ 和 $\succeq_B$ 分别表示个体 A 和 B 的偏好; 其效用函数分别为 $u(x)$ 和 $v(x)$。

引理 5.6.1　有关线性约束的 Ross 更加风险厌恶的以下两个概念是等价的 [9]:

(1) 个体 A 是比个体 B 线性约束的 Ross 更加风险厌恶的, 如果对所有的 $\tilde{x}$ 和 $\tilde{y}$, 使得

$$E\tilde{x} \leqslant E\tilde{y}, \quad \tilde{x} \succeq_B \tilde{y} \Longrightarrow \tilde{x} \succeq_A \tilde{y}, \quad \tilde{x} \succ_B \tilde{y} \Longrightarrow \tilde{x} \succ_A \tilde{y};$$

(2) 个体 A 是比个体 B 线性约束的 Ross 更加风险厌恶的, 如果存在 $k > 0$ 和某种线性形式的函数 $a + bx$, 使得 $u(x) \equiv kv(x) + a + bx$, 其中 $b \leqslant 0$。

证明　(2) $\Longrightarrow$ (1)　假设存在 $k > 0$ 和某种线性形式的函数 $a + bx$, 使得 $u(x) \equiv kv(x) + a + bx$, 其中 $b \leqslant 0$。于是, 已知 $E\tilde{x} \leqslant E\tilde{y}, \tilde{x} \succeq_B \tilde{y}$, 就有:

$$Eu(\tilde{x}) \equiv kEv(\tilde{x}) + a + bE\tilde{x} \geqslant kEv(\tilde{y}) + a + bE\tilde{y} = Eu(\tilde{y}),$$

因此, 可得 $\tilde{x} \succeq_A \tilde{y}$。

(1) $\Longrightarrow$ (2)　假设 $E\tilde{x} \leqslant E\tilde{y}, \tilde{x} \succeq_B \tilde{y} \Longrightarrow \tilde{x} \succeq_A \tilde{y}$。首先注意到:

$$E\tilde{x} = E\tilde{y}, \quad \tilde{x} \sim_A \tilde{y} \Longrightarrow \tilde{x} \sim_B \tilde{y},$$

根据豪尔绍伊[10](Harsanyi) 的偏好加总定理, 就存在 α_1, α_2 和 β, 使得 $v(x) \equiv \alpha_1 u(x) + \alpha_2 x + \beta$, 于是有:

$$Ev(\tilde{y}) - Ev(\tilde{x}) = \alpha_1[Eu(\tilde{y}) - Eu(\tilde{x})] + \alpha_2(E\tilde{y} - E\tilde{x}).$$

显然, 如果 $\alpha_1 > 0, \alpha_2 \geqslant 0$, 当 $E\tilde{x} \leqslant E\tilde{y}$ 时, $\tilde{y} \succeq_A \tilde{x} \Longrightarrow \tilde{y} \succeq_B \tilde{x}$。在接下来, 需要说明的确有 $\alpha_1 > 0, \alpha_2 \geqslant 0$。首先, 因 $u(x)$ 是线性函数, 所以 $v(x)$ 必然也是线性函数。于是, 在给定的条件下, $u(x)$ 和 $v(x)$ 代表了同样的偏好, 从而有 $\alpha_1 > 0, \alpha_2 = 0$。其次, 假如 $u(x)$ 不是线性函数, 考虑随机变量 $\tilde{x}$ 和 $\tilde{y}$, 使得 $E\tilde{x} = E\tilde{y}$, 于是有:

$$Ev(\tilde{y}) - Ev(\tilde{x}) = \alpha_1[Eu(\tilde{y}) - Eu(\tilde{x})],$$

通过选取合适的随机变量 $\tilde{x}$ 和 $\tilde{y}$, $E\tilde{x} = E\tilde{y}$, 使得 $Eu(\tilde{y}) > Eu(\tilde{x})$, 从而就有 $\alpha_1 > 0$。类似地, 通过选取合适的随机变量 $\tilde{x}$ 和 $\tilde{y}$, $E\tilde{x} < E\tilde{y}$, 并且 $Eu(\tilde{y}) = Eu(\tilde{x})$。于是有 $Ev(\tilde{y}) - Ev(\tilde{x}) = \alpha_2(E\tilde{y} - E\tilde{x})$, 从而就有 $\alpha_2 \geqslant 0$。

(二) 二次函数约束的 Ross 更加风险厌恶

引理 5.6.2 有关二次函数约束 Ross 更加风险厌恶, 以下两个概念是等价的[9]:

(1) 个体 A 是比个体 B 二次函数约束的 Ross 更加风险厌恶的, 如果对所有的 $\tilde{x}$ 和 $\tilde{y}$, 使得:

$$E\tilde{x} \leqslant E\tilde{y}, \ Var(\tilde{x}) \leqslant Var(\tilde{y}), \ \tilde{x} \succeq_B \tilde{y} \Longrightarrow \tilde{x} \succeq_A \tilde{y}, \ \tilde{x} \succ_B \tilde{y} \Longrightarrow \tilde{x} \succ_A \tilde{y};$$

(2) 个体 A 是比个体 B 二次函数约束 Ross 更加风险厌恶的, 如果存在 $k > 0$ 和某种二次多项式函数, $a+bx+cx^2$, 使得 $u(x) \equiv kv(x)+a+bx+cx^2$, 其中 $b + 2cx \leqslant 0, c \leqslant 0$。

证明 $(2) \Longrightarrow (1)$ 假设存在 $k > 0$ 和某种二次多项式形式的函数 $a + bx + cx^2$, 使得 $u(x) \equiv kv(x) + a + bx + cx^2$, 其中 $b + 2cx \leqslant 0, c \leqslant 0$。于是, 由已知 $E\tilde{x} \leqslant E\tilde{y}$ 和 $Var(\tilde{x}) \leqslant Var(\tilde{y})$, $\tilde{x} \succeq_B \tilde{y}$, 就有:

$$Eu(\tilde{x}) \equiv kEv(\tilde{x})+a+bE\tilde{x}+cE\tilde{x}^2 = kEv(\tilde{x}) + a + bE\tilde{x} + cVar(\tilde{x}) + c(E\tilde{x})^2$$

$$\geqslant Ev(\tilde{y}) + a + bE\tilde{y} + cVar(\tilde{y}) + c(E\tilde{y})^2 = Ev(\tilde{y}) + a + bE\tilde{y} + cE(\tilde{y})^2$$

$$= Eu(\tilde{y}),$$

因此, 可得 $\tilde{x} \succeq_A \tilde{y}$。

　　$(1) \Longrightarrow (2)$　假设 $E\tilde{x} \leqslant E\tilde{y}$ 和 $Var(\tilde{x}) \leqslant Var(\tilde{y})$, $\tilde{x} \succeq_B \tilde{y} \Longrightarrow \tilde{x} \succeq_A \tilde{y}$。首先注意到: 如果 $E\tilde{x} = E\tilde{y}$ 和 $Var(\tilde{x}) = Var(\tilde{y})$, $\tilde{x} \sim_A \tilde{y} \Longrightarrow \tilde{x} \sim_B \tilde{y}$。根据豪尔绍伊 [10] 的偏好加总定理, 就存在 $\alpha_1, \alpha_2, \alpha_3$ 和 β, 使得 $v(x) \equiv \alpha_1 u(x) + \alpha_2 x + \alpha_3 x^2 + \beta$, 于是:

$$Ev(\tilde{y}) - Ev(\tilde{x}) = \alpha_1[Eu(\tilde{y}) - Eu(\tilde{x})] + \alpha_2(E\tilde{y} - E\tilde{x})$$
$$+ \alpha_3[(E\tilde{y})^2 - (E\tilde{x})^2] + \alpha_3[Var(\tilde{y}) - Var(\tilde{x})]. \quad (5.6.1)$$

　　显然, 在 $\alpha_1 > 0, \alpha_3 \geqslant 0$ 和 $\alpha_2 + 2\alpha_3 x \geqslant 0$ 的条件下, 当 $E\tilde{x} \leqslant E\tilde{y}$ 和 $Var(\tilde{x}) \leqslant Var(\tilde{y})$ 时, $\tilde{y} \succeq_A \tilde{x} \Longrightarrow \tilde{y} \succeq_B \tilde{x}$。因而, 只需说明条件 $\alpha_1 > 0, \alpha_3 \geqslant 0$ 和 $\alpha_2 + 2\alpha_3 x \geqslant 0$ 成立。更一般地, 这里不妨假设, $u''' \neq 0$, 也就是说, $u(x)$ 不是二次多项式函数。

　　首先, 选取合适的随机变量 $\tilde{x}$ 和 $\tilde{y}$, 使得 $E\tilde{x} = E\tilde{y}$, $Var(\tilde{x}) = Var(\tilde{y})$ 和 $Eu(\tilde{y}) > Eu(\tilde{x})$。由已知 $Ev(\tilde{y}) > Ev(\tilde{x})$, 等式 (5.6.1) 变为 $Ev(\tilde{y}) - Ev(\tilde{x}) = \alpha_1[Eu(\tilde{y}) - Eu(\tilde{x})]$, 因而有 $\alpha_1 > 0$。其次, 选取合适的随机变量 $\tilde{x}$ 和 $\tilde{y}$, 使得 $E\tilde{x} = E\tilde{y}$, $Var(\tilde{x}) < Var(\tilde{y})$ 和 $Eu(\tilde{y}) = Eu(\tilde{x})$。由已知 $Ev(\tilde{y}) > Ev(\tilde{x})$, 等式 (5.6.1) 变为 $Ev(\tilde{y}) - Ev(\tilde{x}) = \alpha_3[Var(\tilde{y}) - Var(\tilde{x})]$。因而有 $\alpha_3 \geqslant 0$。最后, 选取合适的随机变量 $\tilde{x}$ 和 $\tilde{y}$, 使得 $E\tilde{x} < E\tilde{y}$, $Var(\tilde{x}) = Var(\tilde{y})$ 和 $Eu(\tilde{y}) = Eu(\tilde{x})$。由已知 $Ev(\tilde{y}) > Ev(\tilde{x})$, 等式 (5.6.1) 变为 $Ev(\tilde{y}) - Ev(\tilde{x}) = \alpha_2(E\tilde{y} - E\tilde{x}) + \alpha_3[(E\tilde{y})^2 - (E\tilde{x})^2]$, 注意到这里要求 $\alpha_2 x + \alpha_3 x^2$ 必须是关于 x 的非降的函数, 即 $\alpha_2 + 2\alpha_3 x \geqslant 0$。

　　综上所述, 在 $\alpha_1 > 0, \alpha_3 \geqslant 0$ 和 $\alpha_2 + 2\alpha_3 x \geqslant 0$ 的条件下, 使得 $u(x) \equiv kv(x) + a + bx + cx^2$, 其中 $b + 2cx \leqslant 0, c \leqslant 0$。

第七节　本章小结

　　在期望效用理论中, 若个体的选择行为满足独立性公理和连续性公理, 则我们可以用期望效用函数表示个体对风险的偏好关系。因此, 在期望效用框架下, 个体效用函数 $u(x)$ 的二阶导数的符号刻画了个体的风险偏好行为。而此后阿罗和普拉特所建立的风险厌恶理论的分析框架, 已成为当今分析个体风险厌恶行为的基本范式。在经典的风险厌恶理论中, 为了刻画个体的风险厌恶行为, 风险溢价、风险补偿、概率溢价、效用溢价以及确定性等价等概念在相应的经济研究中被引入, 进而用以刻画个体的风险厌恶行为及其厌恶强度。更重要的是, 这些刻画个体风险厌恶行为的手法彼此存在着等价关系。此外, 对于不同风险厌恶程度的个体, 基于上述刻画风险厌恶的方式, 同样获得了与个体的风险厌恶强度相一致的比较静态结果: 越是风险厌恶的个体, 其相应的风险溢价 (风险补偿、概率溢价、效用溢价以及确定性等价) 也就越大。

然而, 在一些保险需求和投资组合等经济决策研究中, 由阿罗和普拉特所构建的更加风险厌恶却不是个体做出最优决策的充分条件。为此, 罗斯提出了更强的风险厌恶的定义, 从而进一步丰富和发展了经典风险厌恶理论, 并基于阿罗和普拉特所构建的经典风险厌恶理论的研究范式, 在 Ross 更加风险厌恶意义下, 同样研究了个体的风险厌恶行为的刻画, 获得了与个体的风险厌恶相一致的比较静态结果。在后续的研究中, 在预防性努力决策问题中, 基于 Ross 更加风险厌恶的刻画, 学者们发现仍不能完美地解决有关经济决策问题, 进而提出了约束的 Ross 更加风险厌恶, 即线性 Ross 更加风险厌恶和二次函数约束的 Ross 更加风险厌恶。在应用中, 基于上述对个体风险偏好行为的刻画方式, 后面的章节将重点进行讨论。

参 考 文 献

[1] Bernoulli, D., Specimen theoriae novae de mensura sortis, Comentarii Academiae Scientiarum Petropolitanae, 5: 175-192, Translated by Sommer, L., 1954, Econometrica, 1738, 22: 23-36.

[2] Arrow, K., 1965, Yrjö jahnsson lecture notes, Helsinki: yrjö jahnsson foundation, reprinted in: Arrow, K., Essays in the theory of risk bearing, Markum publishing company. 1971.

[3] Pratt, J., Risk aversion in the small and in the large, Econometrica, 1964, 32(12): 122-136.

[4] Ross, S., Some stronger measures of risk aversion in the small and in the large with applications, Econometrica, 1981, 49(3): 621-638.

[5] Friedman, M., L., Savage, The utility analysis of choices involving risk, Journal of Political Economy, 1948, 56(4): 279-304.

[6] 田国强, 高级微观经济学, 北京: 中国人民大学出版社. 2016.

[7] Mas-Colell, A., Whinston, M., Green, J., Microeconomic Theory, Oxford University Press. 1995.

[8] Huang, J., Stapleton, R., The utility premium of Friedman and Savage, comparative risk aversion, and comparative prudence, Economics Letters, 2015, 134: 34-36.

[9] Eeckhoudt, L., L., Liu, J., Meyer, Restricted increases in risk aversion and their application, Economic Theory, 2017, 64(1): 161-181.

[10] Harsanyi, J., Cardinal welfare, individualistic ethics, and interpersonal comparisons of utility, Journal of Political Economy, 1955, 63: 309-321.

第六章 高阶风险厌恶及其刻画

在期望效用框架下, 我们常常用效用函数 $u(x)$ 的凹性 ($u''(x) < 0$) 来刻画个体 (决策者) 的 (二阶) 风险厌恶行为. 对于下行风险增加的风险变化, 梅内塞斯等 [1](Menezes et al.) 引入了下行风险厌恶 (三阶风险厌恶) 的概念, 并且建立了下行风险厌恶与 $u'''(x) > 0$ 之间的联系. 与此同时, 埃克恩 [2](Ekern) 将风险增加的概念推广到更加一般的高阶风险厌恶的情形. 而金大鹏和尼尔森 [3](Jindapon & Neilson) 将 Ross 风险厌恶的概念推广到 n 阶 Ross 风险厌恶的情形. 随后, 李静远 [4] 与德尼和埃克豪特 [5](Denuit & Eeckhoudt) 先后使用比较静态方法量化了高阶 Ross 风险厌恶的强度, 从而将莫迪卡和斯卡尔西尼 [6](Modica & Scarsini) 的结果推广到 n 阶 Ross 风险厌恶的情形 ($n \geqslant 3$). 更重要的是, 刘立群和梅耶尔 [7](Liu & Meyer) 基于两种风险变化的替代率, 引入了 n/m 阶 Ross 风险厌恶的刻画, 又将高阶 Ross 风险厌恶推广到更一般的情形, 使得高阶 Ross 风险厌恶的刻画成为其特例.

个体对三阶和三阶以上风险变化的偏好行为, 统称为高阶风险偏好. 本章首先介绍了下行风险厌恶及其强度的不同刻画方法, 并在 Ross 更加风险厌恶比较准则下, 详细讨论个体间有关下行风险厌恶强度的比较静态结果; 其次, 本章将详细地介绍高阶风险厌恶及其刻画的有关最新研究成果, 即不同类型的高阶风险厌恶的概念、高阶风险厌恶强度的刻画、比较准则以及有关比较静态分析等内容. 特别需要说明的是, 高阶风险厌恶理论是经典的风险厌恶理论的推广和发展, 其基本继承了早期的风险厌恶理论的研究范式 [8].

第一节 下行风险厌恶

在前面的章节, 我们给出了描述风险变化的一些概念, 其中一类风险变化被称为下行风险增加, 具体而言, 原分布经 F 由一系列的保均值—方差变换,

所得的新分布 G 相对于原分布 F 是下行风险增加的。从新旧分布的位置来看，对原分布 F 所做的保均值—方差变换，实际上是将原分布 F 的位于右尾的概率权重向其左尾进行了转移，但又没有改变分布的期望和方差，从而称所获得的新分布 G 比原分布 F 是下行风险增加的 [1]。

为了严格证明下面的结果，我们先来回顾一下下行风险增加的概念。假设分布函数都定义在 $[a,b]$ 上，分布 $G(x)$ 相比于分布 $F(x)$ 是下行风险增加的当且仅当满足以下三个条件：

(1) 分布 $G(x)$ 和 $F(x)$ 具有相同的均值；

(2) $\displaystyle\int_a^b \int_a^z [G(y) - F(y)]\mathrm{d}y\mathrm{d}z = 0;$

(3) $\displaystyle\int_a^x \int_a^z [G(y) - F(y)]\mathrm{d}y\mathrm{d}z \geqslant 0,$ 对任意的 $x \in [a,b]$，并且至少存在某个 $x \in (a,b)$，使得

$$\int_a^x \int_a^z [G(y) - F(y)]\mathrm{d}y\mathrm{d}z > 0.$$

对个体而言，在对彩票的偏好关系下，如果他认为分布 F 比分布 G 更好，则称该个体是下行风险厌恶的；在期望效用框架下，假设个体的效用函数是三阶可微的函数，如果其效用函数 $u(x)$ 的导函数是凸函数，即 $u'''(x) > 0$，则称该个体是下行风险厌恶的。实际上，个体是下行风险厌恶的当且仅当个体的效用函数满足 $u'''(x) > 0$。下面的结果建立了这两种对下行风险厌恶定义的等价关系。

定理 6.1.1　对任意的 $u'''(x) > 0, x \in [a,b]$，则有：

$$\int_a^b u(x)\mathrm{d}F(x) \geqslant \int_a^b u(x)\mathrm{d}G(x)$$

当且仅当分布 $G(x)$ 相比于分布 $F(x)$ 是下行风险增加的。

证明　(1) 必要性。已知对任意的 $u'''(x) > 0$，有：

$$\int_a^b u(x)\mathrm{d}F(x) \geqslant \int_a^b u(x)\mathrm{d}G(x),$$

我们需要依次验证分布 $G(x)$ 相比于分布 $F(x)$ 是下行风险增加的三个条件均成立。假设对任意的 $u'''(x) > 0$，由分部积分法可得：

$$\int_a^b u(x)\mathrm{d}F(x) - \int_a^b u(x)\mathrm{d}G(x) = \int_a^b u'(x)[G(x) - F(x)]\mathrm{d}x.$$

现取 $u_1(x) = 1/3\alpha x^3 + x$ 和 $u_2(x) = 1/3\alpha x^3 - x$, 其中 $\alpha > 0$。显然有 $u_1'''(x) > 0, u_2'''(x) > 0$, 因而有:

$$\int_a^b u_1(x)\mathrm{d}F(x) - \int_a^b u_1(x)\mathrm{d}G(x) = \int_a^b (\alpha x^2 + 1)[G(x) - F(x)]\mathrm{d}x,$$

$$\int_a^b u_2(x)\mathrm{d}F(x) - \int_a^b u_2(x)\mathrm{d}G(x) = \int_a^b (\alpha x^2 - 1)[G(x) - F(x)]\mathrm{d}x,$$

现考虑当 α 充分小时, 就有:

$$\lim_{\alpha \to 0} \left[\int_a^b u_1(x)\mathrm{d}F(x) - \int_a^b u_1(x)\mathrm{d}G(x) \right] = \int_a^b [G(x) - F(x)]\mathrm{d}x \geqslant 0;$$

$$\lim_{\alpha \to 0} \left[\int_a^b u_2(x)\mathrm{d}F(x) - \int_a^b u_2(x)\mathrm{d}G(x) \right] = -\int_a^b [G(x) - F(x)]\mathrm{d}x \leqslant 0;$$

由此可见, 对任意的 $u'''(x) > 0$, 由 $\int_a^b u(x)\mathrm{d}F(x) \geqslant \int_a^b u(x)\mathrm{d}G(x)$, 可得 $\int_a^b [G(x) - F(x)]\mathrm{d}x = 0$, 从而上述定义中的条件 (1) 成立。

为了证明条件 (2) 成立, 使用两次分部积分法可得:

$$\int_a^b u(x)\mathrm{d}F(x) - \int_a^b u(x)\mathrm{d}G(x) = -\int_a^b u''(z)\int_a^z [G(x) - F(x)]\mathrm{d}x\mathrm{d}z,$$

现取 $u_3(x) = 1/3\alpha x^3 + 1/2x^2$ 和 $u_4(x) = 1/3\alpha x^3 - 1/2x^2$, 其中 $\alpha > 0$。显然有 $u_1'''(x) > 0, u_2'''(x) > 0$。现考虑当 α 充分小时, 就有:

$$\lim_{\alpha \to 0} \left[\int_a^b u_3(x)\mathrm{d}F(x) - \int_a^b u_3(x)\mathrm{d}G(x) \right] = -\int_a^b \int_a^z [G(x) - F(x)]\mathrm{d}x\mathrm{d}z \geqslant 0;$$

$$\lim_{\alpha \to 0} \left[\int_a^b u_4(x)\mathrm{d}F(x) - \int_a^b u_4(x)\mathrm{d}G(x) \right] = \int_a^b \int_a^z [G(x) - F(x)]\mathrm{d}x\mathrm{d}z \geqslant 0;$$

从而就有上述定义中的条件 (2) 成立。

为了证明条件 (3) 成立, 我们用反证法来证明。不妨假设存在某个 $x_0 \in (a, b)$, 使得:

$$\int_a^{x_0} \int_a^z [G(y) - F(y)]\mathrm{d}y\mathrm{d}z < 0,$$

由于连续性, 因而在任意一个包含 x_0 的小区间 $[c,d]$ 内, 总有:

$$\int_a^x \int_a^z [G(y) - F(y)]\mathrm{d}y\mathrm{d}z < 0,$$

对任意的 $x \in [c,d]$ 均成立。此外继续使用分部积分法可得:

$$\int_a^b u(x)\mathrm{d}F(x) - \int_a^b u(x)\mathrm{d}G(x) = -\int_a^b u'''(z)\int_a^x \int_a^y [G(z) - F(z)]\mathrm{d}z\mathrm{d}y\mathrm{d}x,$$

这里取 $u_5(x) = 1/6x^3, x \in [c,d]; u_5(x) = 1/6\alpha x^3, x \notin [c,d];$ 其中 $\alpha > 0$。现考虑当 α 充分小时, 就有:

$$\lim_{\alpha \to 0} \left[\int_a^b u_5(x)\mathrm{d}F(x) - \int_a^b u_5(x)\mathrm{d}G(x) \right] = \int_a^x \int_a^z [G(y) - F(y)]\mathrm{d}y\mathrm{d}z < 0,$$

于是上述不等式与已知条件矛盾, 从而得证。

(2) 充分性。反复使用分部积分法可得:

$$\int_a^b u(z)\mathrm{d}F(z) - \int_a^b u(z)\mathrm{d}G(z)$$

$$= u'(b)\int_a^b [G(z) - F(z)]\mathrm{d}z - u''(b)\int_a^b \int_a^y [G(z) - F(z)]\mathrm{d}z\mathrm{d}y$$

$$+ \int_a^b u'''(x)\int_a^x \int_a^y [G(z) - F(z)]\mathrm{d}z\mathrm{d}y\mathrm{d}x.$$

由此可得, 若分布 $G(x)$ 相比于分布 $F(x)$ 是下行风险增加的, 即满足其定义中的条件 (1)∼ 条件 (3), 对任意的 $u'''(x) > 0$, 总有:

$$\int_a^b u(z)\mathrm{d}F(z) \geqslant \int_a^b u(z)\mathrm{d}G(z).$$

从而得证。

此外, 下行风险又被称为三阶风险, 相应地个体对该风险的厌恶, 即下行风险厌恶又称之为风险谨慎, 因此不管是下行风险厌恶还是风险谨慎, 都是个体的三阶风险态度的等价描述。除了沿袭了二阶风险态度——Ross 更加风险厌恶程度的刻画方式以外, 下行风险厌恶程度的刻画还在此基础上进行了多视角的扩展, 使得其刻画方式更加形式多样化。

第二节　下行风险厌恶测度

在对预防性储蓄问题的研究中, 在期望效用框架下, 如果个体具有凸的边际效用的效用函数, 则称该个体是风险谨慎的 (prudent), 即 $u'''(x) > 0$; 反之, 则称个体是风险不谨慎的 (imprudent)。为了刻画个体的预防性储蓄动机的强度, 金博尔[9](Kimball) 定义了绝对风险谨慎 (或者下行风险厌恶) 系数, 即 $-u'''(x)/u''(x)$。邱[10](Chiu) 基于选择理论对绝对风险谨慎系数提供了理论支撑, 并且指出他们对绝对风险谨慎系数的处理方法可以推广到更加高阶的风险厌恶程度。于是德尼和埃克豪特[11](Denuit & Eeckhoudt) 为高阶的绝对风险厌恶提供了更加一般的理论基础, 并且将有关绝对风险谨慎测度推广到更加高阶风险厌恶的情形。当莫迪卡和斯卡尔西尼[6] 在研究下行风险厌恶的强度时, 从更强的 Ross 更加风险厌恶出发, 他们论证了下行风险厌恶的强度可以由 $u'''(x)/u'(x)$ 来刻画。进一步地, 基南和斯诺[12,13](Keenan & Snow) 以及克拉伊尼克和埃克豪特[14](Crainich & Eeckhoudt) 也为 $u'''(x)/u'(x)$ 作为刻画下行风险厌恶的强度提供了有力的证据。此外, 他们还特别指出: 同样能刻画下行风险厌恶强度的两个指标 $-u'''(x)/u''(x)$ 和 $u'''(x)/u'(x)$, 它们之间不是竞争关系而是互补关系, 即 $u'''(x)/u'(x)$ 适合去刻画均衡价格的变化, 而 $u'''(x)/u''(x)$ 更加擅长去解释需求量或者供给量的变化。

特别地, 自描述个体三阶风险态度的这些术语相继被提出以来, 越来越多的研究将它们纳入不同的研究领域, 在不同背景下获得了下行风险厌恶强度的不同的刻画形式。我们在这里提供了五种有关个体下行风险厌恶强度的备选测度, 这些刻画都是在不同的研究背景下被正式提出, 在风险和不确定性下的决策领域都发挥了极其重要的作用和影响。在这里, 我们不再一一赘述各个测度的提出背景, 而是仅仅陈述这些测度的具体数学表达形式和含义。

(一)　风险谨慎测度

在研究个体的预防性储蓄问题时, 金博尔[9] 首次引入了风险谨慎的术语。具体而言, 若个体的效用函数 $u(x)$ 满足 $u'''(x) > 0$, 则称个体是风险谨慎的。故下行风险厌恶等价于风险谨慎。设个体的财富水平为 x, 给定个体的效用函数 $u(x)$, 分别称:

$$P(x) = -\frac{u'''(x)}{u''(x)} \quad \text{和} \quad xP(x) = -\frac{xu'''(x)}{u''(x)}$$

为个体的 (绝对) 风险谨慎测度和相对风险谨慎测度 [9]。

为了刻画预防性储蓄动机的强度, 金博尔在阿罗 [15] 和普拉特 [16] 的研究范式下 (记作 A–P), 定义了局部绝对谨慎系数 $P(x)$, 用来度量决策者的风险谨慎强度, 并且表明: 在消费和储蓄模型中, 当决策者面对具有零均值的风险引起的收入不确定问题时, 如果一个决策者的绝对谨慎系数越大, 那么决策者的预防性储蓄动机就越强, 为了平均其一生消费水平, 就会增加储蓄应对将来收入的不确定引起消费水平的降低。

(二) 下行风险厌恶测度

设个体的财富水平为 x, 给定个体的效用函数 $u(x)$, 分别称

$$D(x) = \frac{u'''(x)}{u'(x)} \quad \text{和} \quad xD(x) = \frac{xu'''(x)}{u'(x)}$$

为个体的 (绝对) 下行风险厌恶测度和相对下行风险厌恶测度 [6]。

相比较而言, 莫迪卡和斯卡尔西尼 [6] 在研究下行风险厌恶时, 基于罗斯 [17] 的研究范式, 从更强的 Ross 风险厌恶出发, 对于较小的风险, 他们证明了下行风险厌恶的强度可以由 $D(x)$ 来刻画。其缘由有两个: 一方面, 当一个决策者比另一个决策者具有更大的局部测度 $D(x)$ 时, 他就更乐意买更多的保险以应对具有更大偏度 (风险的三阶中心矩) 的风险; 另一方面, 如果 $D(x)$ 随着财富的增加而递减, 他们同样可以获得由戈利耶和普拉特 [18](Gollier & Pratt) 提出的风险易损性 (背景风险的引入使得决策者的风险厌恶程度更强) 的概念。

进一步地, 基南和斯诺 [12] 以及克拉伊尼克和埃克豪特 [14] 也为 $D(x)$ 作为刻画下行风险厌恶的强度提供了有力的证据。然而, 对于刻画下行风险厌恶强度的这两类指标, 都是在研究具体的经济问题的过程中被引入, 究竟哪一个更好呢? 为此, 他们给出了满意的回答: 同样能刻画下行风险厌恶强度的这两个指标 $P(x)$ 和 $D(x)$, 它们之间不是竞争而是互补关系, 即 $D(x)$ 适合去刻画均衡价格的变化, 而 $P(x)$ 更加擅长去解释需求量或者供给量的变化。

(三) 三阶风险厌恶测度

在上一章里, 我们通过个体效用函数的凹形程度来刻画其风险厌恶强度。个体 A 相比于个体 B 是更加风险厌恶的当且仅当个体 A 的效用函数比个

体 B 的更凹。具体而言, 若存在某个严格递增的凹函数 $\psi(x)$, 即 $\psi'(x) > 0$, $\psi''(x) < 0$, 使得 $u(x) = \psi(v(x))$, 我们称个体 A 的效用函数为个体 B 效用函数的凹变换。类似地, 为了刻画个体的下行风险厌恶的强度, 是否也存在相似的结论呢?

定义 6.2.1 个体 A 相比于个体 B 是更加下行风险厌恶的当且仅当存在 $\varphi(x)$ 且 $\varphi'''(x) \geqslant 0$, 使得 $u(x) = \varphi(v(x))$, 其中 $u(x)$ 和 $v(x)$ 分别是个体 A 和个体 B 的效用函数。

给定个体的效用函数 $u(x)$, 称

$$S(x) = d(x) - \frac{3}{2}r^2(x)$$

为个体的三阶风险厌恶测度或系数 [12], 其中 $R(x)$ 和 $D(x)$ 分别为个体的绝对风险厌恶系数和前面定义的下行风险厌恶测度。基于测度 $S(x)$, 在这里也获得了一个比较个体下行风险厌恶强度的充分而非必要条件。

定义 6.2.2 若个体 A 相比于个体 B 的下行风险厌恶系数更大, 即 $S_A(x) \geqslant S_B(x)$, 则存在 $\varphi(x)$ 且 $\varphi'''(x) \geqslant 0$, 使得 $u(x) = \varphi(v(x))$, 其中 $u(x)$ 和 $v(x)$ 分别是个体 A 和个体 B 的效用函数; $S_A(x)$ 和 $S_B(x)$ 分别是个体 A 和个体 B 的三阶风险厌恶测度。

(四) 递减的绝对风险厌恶测度

假设个体具有边际效用为正的效用函数, 即 $u'(x) > 0$。设个体在 x 处的绝对风险厌恶测度为:

$$R(x) = -\frac{u''(x)}{u'(x)},$$

两边关于财富水平 x 求导可得:

$$R'(x) = \frac{-u'''(x)u'(x) + [u''(x)]^2}{[u'(x)]^2} = \frac{-u'''(x)}{u'(x)} + \left(\frac{u''(x)}{u'(x)}\right)^2,$$

因 $R'(x)$ 是关于财富水平 x 函数, 故 $R'(x)$ 可认为是绝对风险厌恶测度的斜率 [19]。

定义 6.2.3 对任意的分布函数 $H(x)$ 使得 $\int_a^b H(x)\mathrm{d}x = 0$, $u'''(x) > 0$ 使得 $\int_a^b u'(x)H(x)\mathrm{d}x \geqslant 0$ 当且仅当 $R'(x) < 0$ 使得 $\int_a^b u'(x)H(x)\mathrm{d}x \geqslant 0$。

对任意的分布函数 $H(x)$ 使得 $\int_a^b H(x)\mathrm{d}x = 0$, 若取 $H(x) = G(x) - F(x)$, 则可得分布 $G(x)$ 和 $F(x)$ 具有相同的均值。因此对于任意保均值的风险转移, 尽管 $R'(x) < 0$ 只是 $u'''(x) > 0$ 的充分但非必要条件, 但是一致认为分布 $F(x)$ 比分布 $G(x)$ 好的个体, $R'(x) < 0$ 是 $u'''(x) > 0$ 的充分且必要条件。

定义 6.2.4 设分布 $F(x)$ 和 $G(x)$ 具有相同的均值, 对于一致认为分布 $F(x)$ 至少与分布 $G(x)$ 一样好的个体, $R'(x) < 0$ 当且仅当 分布 $F(x)$ 相比于分布 $G(x)$ 是下行风险增加的 [19]。

定义 6.2.5 个体 A 相比于个体 B 是更加下行风险厌恶的当且仅当 $R'_A(x) \geqslant R'_B(x)$, 其中 $R'_A(x)$ 和 $R'_B(x)$ 分别是个体 A 和个体 B 的绝对风险厌恶测度的斜率或导数。

(五) 风险谨防测度

假设个体的效用函数为 $u(x)$。令:

$$C(x) = \left(\frac{1}{R(x)}\right)' = -\frac{R'(x)}{R^2(x)},$$

其中:

$$R(x) = -\frac{u''(x)}{u'(x)}$$

为个体在 x 处的绝对风险厌恶测度; 相应地称 $C(x)$ 为个体在 x 处的风险谨防测度 [20], 同样被用来刻画个体的下行风险厌恶的强度。

定义 6.2.6 如果对任意的财富水平 x, 有 $C_A(x) \geqslant C_B(x)$, 则称个体 A 相对于个体 B 是更加风险谨防的, 其中 $C_A(x)$ 和 $C_B(x)$ 分别称为个体 A 和个体 B 的风险谨防测度。

从上面的定义可以看出, 若个体越是下行风险厌恶, 其相应的风险谨防测度也就越大。特别地, 在考虑最优投资决策问题时, 假设个体可选择的投资标的为无风险资产 (债券)、风险资产 (股票) 以及期权 (股票期权), 研究者发现: 若个体的风险谨防测度越大, 则个体就越有可能投资期权。需要强调的是, 上述有关下行风险厌恶强度的测度尽管并不完美, 或多或少地都存在一些遗憾, 甚至个别测度还存在自身的一些缺陷, 但并不妨碍我们理解和认识个体对下行风险厌恶的强度及其表现方式, 因为这些测度都是从不同视角对下行风险厌恶强度的理解和诠释。

第三节 下行风险厌恶强度的比较刻画

在风险厌恶程度的比较刻画中, 基于不同的分析视角, 不同类型的刻画手法被相继引入, 例如, 风险溢价、效用溢价、概率溢价和风险补偿等。在下行风险厌恶程度的比较刻画中, 通过继承和拓展一些经典的刻画方法, 以此构成了对下行风险厌恶程度的比较刻画内容。在这部分, 我们将详细介绍下行风险厌恶的比较刻画结果。为此, 我们假设随机变量 X 和 Y 的分布函数分别为 F 和 G, 分布 G 相比于分布 F 是下行风险增加的。设个体 A 和 B 的效用函数分别为 $u(x)$ 和 $v(x)$, 且均是三阶可微的函数, $u'(x) > 0, u''(x) < 0, u'''(x) > 0; v'(x) > 0, v''(x) < 0, v'''(x) > 0$。

对于下行风险增加的风险变化, 个体的风险溢价或者支付意愿可定义如下:

定义 6.3.1 假设 G 相对于 F 是下行风险增加的 (或称三阶风险增加), 若存在非负实数 π, 使得

$$\int_a^b u(x - \pi)\mathrm{d}F(x) = \int_a^b u(x)\mathrm{d}G(x)$$

恒成立, 则称 π 为个体 u 对下行风险厌恶的风险溢价 (支付意愿)。

风险溢价可理解为个体为了完全消除风险变化, 愿意支付的最大货币数量。从该定义可以看出, 风险溢价刻画了个体对下行风险增加的厌恶程度, 越是下行风险厌恶的个体, 其相应的风险溢价也就越大。为此, 下面的结果揭示了个体间下行风险厌恶的等价刻画。

定理 6.3.1 如果 $u(x)$ 和 $v(x)$ 都是递增且具有凸的导数的函数, 即 $u'(x) > 0, v'(x) > 0, u'''(x) > 0, v'''(x) > 0$, 则下面的命题等价:

(1) 个体 A 相对于个体 B 是三阶 Ross 更加风险厌恶的, 等价地, 存在 $\lambda > 0$ 使得

$$\frac{u'''(x)}{v'''(x)} \geqslant \lambda \geqslant \frac{u'(y)}{v'(y)}, \tag{6.3.1}$$

对所有的 $x, y \in [a, b]$;

(2) 存在 $\phi(x)$ 和 $\lambda > 0$, 使得 $u(x) = \lambda v(x) + \phi(x)$, 其中 $\phi(x): R \to R$, $\phi'(x) \leqslant 0$ 并且 $\phi'''(x) \geqslant 0$;

(3) 如果 G 相对于 F 是下行风险增加的, 则 $\pi_A \geqslant \pi_B$, 其中 π_A 和 π_B 分别为下行风险厌恶的个体 A 和 B 的风险溢价。

证明　(1) $\Longrightarrow$ (2)。定义 $\phi(x) = u(x) - \lambda v(x)$, 根据 $u(x)$ 和 $v(x)$ 的可微性, 有 $\phi'(x) = u'(x) - \lambda v'(x)$ 和 $\phi'''(x) = u'''(x) - \lambda v'''(x)$, 于是不等式 (6.3.1) 意味着 $\phi'(x) \leqslant 0$ 和 $\phi'''(x) \geqslant 0$, 从而得证。

(2) $\Longrightarrow$ (3)。假设 G 相对于 F 是下行风险增加的, 且 $\phi'''(x) \geqslant 0$, 因此就有 $E[\phi(X)] \geqslant E[\phi(Y)]$; 当 $\pi > 0$ 时, 因 $\phi'(x) \leqslant 0$, 则有 $E[\phi(X - \pi)] \geqslant E[\phi(X)]$, 于是有:

$$E[u(X - \pi_A)] = E[u(Y)] = \lambda E[v(Y)] + E[\phi(Y)]$$
$$\leqslant \lambda E[v(Y)] + E[\phi(X)] = \lambda E[v(X - \pi_B)] + E[\phi(X)]$$
$$\leqslant \lambda E[v(X - \pi_B)] + E[\phi(X - \pi_B)] = E[u(X - \pi_B)],$$

即 $E[u(X - \pi_A)] \leqslant E[u(X - \pi_B)]$, 从而 $\pi_A \geqslant \pi_B$。

(3) $\Longrightarrow$ (1)。设 $z > 0, y > x + 4z$ 且 $p \in (0, 1)$。假设随机变量 X 和 Y 具有共同的支撑, 即取值为:

$$\{x - z, x, x + z, x + 2z, x + 3z, x + 4z, y\},$$

其概率依次分别为:

$$\{0, p/2, 0, p/4, 0, p/4, 1 - p\} \text{ 和 } \{p/4, 0, p/4, 0, p/2, 0, 1 - p\},$$

我们可以验证, Y 的分布是 X 的分布经由保均值—方差扩散获得, 可见 Y 的分布相比于 X 的分布是下行风险增加的。

显然, 个体对下行风险增加的风险溢价 π 是关于 z 的函数, 即 $\pi = \pi(z)$。下面我们在恒等式 $E[u(X - \pi_A)] = E[u(Y)]$ 两边关于 z 分别求三次导数可得 $\pi'_A(0) = 0, \pi''_A(0) = 0$, 而

$$\pi'''_A(0) = \frac{\frac{9}{2} p u'''(x)}{p u'(x) + (1 - p) u'(y)},$$

于是, 即 $\pi(z)$ 在 $z = 0$ 处的马克劳林展式为:

$$\pi_A(z) = \pi_A(0) + \pi'_A(0)z + \pi''_A(0)z^2 + \pi'''_A(0)z^3 + o(z^3)$$

$$= \frac{\frac{9}{2}pu'''(x)}{pu'(x)+(1-p)u'(y)}z^3 + o(z^3).$$

同样, $\pi_B(z)$ 具有类似的马克劳林展开式, 从而要使 $\pi_B(z) \geqslant \pi_B(z)$, 则必有:

$$\frac{pu'''(x)}{pu'(x)+(1-p)u'(y)} \geqslant \frac{pv'''(x)}{pv'(x)+(1-p)v'(y)},$$

等价变形为:

$$\frac{u'''(x)}{v'''(x)} \geqslant \frac{pu'(x)+(1-p)u'(y)}{pv'(x)+(1-p)v'(y)},$$

对任意的 $x, y, p \in (0,1)$ 恒成立. 要使上面不等式成立, 则必有:

$$\frac{u'''(x)}{v'''(x)} \geqslant \frac{u'(y)}{v'(y)},$$

对任意的 x, y 成立, 即个体 A 相对于个体 B 是三阶 Ross 更加风险厌恶的.

该定理揭示了下行风险厌恶程度与因转移了风险所支付的风险溢价之间的等价关系. 个体 A 相对于个体 B 是下行风险厌恶的当且仅当完全消除了下行风险增加的风险, 个体 A 的风险溢价总是不小于个体 B 的风险溢价, 也就是说, 如果 G 相比于 F 是更加下行风险增加的, 个体 A 相比于 B 是更加下行风险厌恶的, 当且仅当个体 A 因完全消除任何下行风险增加的风险而支付的风险溢价是比个体 B 所要求的风险溢价大.

个体 A 相对于个体 B 是 n 阶 Ross 更加风险厌恶的, 当且仅当个体 A 的风险溢价 (支付意愿) 总是不小于个体 B 的风险溢价 (支付意愿). 总之, $u(x)$ 和 $v(x)$ 都是递增的函数且个体都是 n 阶风险厌恶的, 对于任何一个 n 阶风险增加的风险, 如果对个体 B 来说是不合意的, 那么对于比个体 B 更加 n 阶风险厌恶的个体 A 来说, 必然是更加不合意的.

类似于风险溢价, 风险补偿或接受意愿同样揭示了个体的下行风险厌恶的程度.

定义 6.3.2 假设 G 相对于 F 是下行风险增加的 (或称三阶风险增加), 若存在非负实数 m, 使得

$$\int_a^b u(x)\mathrm{d}F(x) = \int_a^b u(x+m)\mathrm{d}G(x)$$

恒成立, 则称 m 为个体 u 对下行风险厌恶的风险补偿 (接受意愿).

风险补偿可解释为个体为了承受下行风险增加的风险变化, 愿意接受的最小货币数量。从该定义可以看出, 风险补偿同样刻画了个体对下行风险增加的厌恶程度, 越是下行风险厌恶的个体, 其相应的风险补偿 (接受意愿) 也就越大。为此, 定理 6.3.2 揭示了个体间下行风险厌恶的等价刻画。因该定理的证明类似于定理 6.3.1 的证明, 故这里略去证明。

定理6.3.2 　如果 $u(x)$ 和 $v(x)$ 都是递增且具有凸的导数的函数, 即 $u'(x) > 0, v'(x) > 0, u'''(x) > 0, v'''(x) > 0$, 则下面的命题等价:

(1) 个体 A 相对于个体 B 是三阶 Ross 更加风险厌恶的, 等价地, 存在 $\lambda > 0$ 使得

$$\frac{u'''(x)}{v'''(x)} \geqslant \lambda \geqslant \frac{u'(y)}{v'(y)},$$

对所有的 $x, y \in [a, b]$;

(2) 存在 $\phi(x)$ 和 $\lambda > 0$, 使得 $u(x) = \lambda v(x) + \phi(x)$, 其中 $\phi(x) : R \to R$, $\phi'(x) \leqslant 0$ 并且 $\phi'''(x) \geqslant 0$;

(3) 如果 G 相对于 F 是下行风险增加的, 则 $m_A \geqslant m_B$, 其中 m_A 和 m_B 分别为下行风险厌恶的个体 A 和 B 的风险补偿。

该定理刻画了下行风险厌恶与因承受了下行风险增加所得到的风险补偿之间的等价关系。个体 A 相对于个体 B 是下行风险厌恶的当且仅当因承受了下行风险增加的风险, 个体 A 的风险补偿总是不小于个体 B 的风险补偿, 也就是说, 如果 G 相比于 F 是更加下行风险增加的, 个体 A 相比于 B 是更加下行风险厌恶的, 当且仅当个体 A 因承受任何下行风险增加的风险而所要求的风险补偿是比个体 B 所要求的风险补偿大。

第四节　高阶风险厌恶

给定初始的财富水平 $x \in [a, b]$, 设个体 A 和个体 B 的效用函数分别为 $u(x)$ 和 $v(x)$, 假设它们均是无限可微的连续函数。记 $u'(x), u''(x), u'''(x)$ 分别为效用函数 $u(x)$ 的 1 阶、2 阶、3 阶导数;记 $u^{(n)}(x)$ 为效用函数 $u(x)$ 的 n 阶导数。假设定义在 $[a, b]$ 上的任意两个随机变量 X 和 Y, $F(x)$、$G(x)$ 分别表示两个随机变量的累积分布函数, 相应地, $f(x)$、$g(x)$ 分别表示两个随机变量的概率密度函数。进一步地, 不妨假设随机变量 X 比 Y 具有更小风险, 或者

说 $F(x)$ 比 $G(x)$ 具有更小风险。令

$$F(a) = G(a) = 0, \ F(b) = G(b) = 1,$$

记

$$F^{[1]}(x) = F(x), \ G^{[1]}(x) = G(x),$$

$$F^{[k]}(x) = \int_a^x F^{[k-1]}(y)\mathrm{d}y, \quad G^{[k]}(x) = \int_a^x G^{[k-1]}(y)\mathrm{d}y,$$

对所有的 $k = 2, 3, \dots, n$。

(一) n 阶风险厌恶

通过前面各章的介绍, 我们发现: 若个体的效用函数 $u(x)$ 在相应区间上无限可微, 则其效用函数各阶导数的符号刻画了其相应的风险态度。为了比较个体对高阶风险的偏好关系, 高阶的风险厌恶的概念被引入研究 [2]。

定义 6.4.1 一个决策者 (或个体) 是 n 阶风险厌恶的当且仅当其相应的效用函数 $u(x)$ 满足:

$$(-1)^n u^{(n)}(x) < 0, \quad x \in [a, b], \quad n \geqslant 2.$$

该定义建立了个体的高阶风险厌恶行为与其效用函数导数的符号之间的联系。特别地, 当 $n = 2$ 时, $u^{(2)}(x) < 0$, 称个体为二阶风险厌恶, 即我们所说的风险厌恶; 当 $n = 3$ 时, $u^{(3)}(x) > 0$, 称个体为三阶风险厌恶, 即我们所说的风险谨慎; 当 $n = 4$ 时, $u^{(4)}(x) < 0$, 称个体为四阶风险厌恶, 即我们所说的风险节制; 当 $n = 5$ 时, $u^{(5)}(x) > 0$, 称个体为五阶风险厌恶, 即我们所说的风险急躁。

一旦有了高阶风险厌恶的概念, 相应地对高阶风险变化的比较准则自然被建立。定理 6.4.1 揭示了高阶风险变化与高阶风险厌恶者之间的联系 [2]。

定理 6.4.1 分布 $G(x)$ 相对于分布 $F(x)$ 是更加 n 阶风险的当且仅当任何一个 n 阶风险厌恶的个体均认为分布 $F(x)$ 好于分布 $G(x)$。

证明 反复使用分部积分法可得下面的恒等式:

$$\int_a^b u(x)\mathrm{d}[F(x) - G(x)] = \int_a^b (-1)^{n-1} u^{(n)}(x)(G^{[n]}(x) - F^{[n]}(x))\mathrm{d}x.$$

若分布 $G(x)$ 相对于分布 $F(x)$ 是更加 n 阶风险的, 就有 $G^{[n]}(x) \geqslant F^{[n]}(x), x \in [a,b]$。因此, 若个体是 n 阶风险厌恶的, 即 $(-1)^{n-1}u^{(n)}(x) > 0$, 从而有:

$$\int_a^b u(x)\mathrm{d}F(x) \geqslant \int_a^b u(x)\mathrm{d}G(x).$$

反之亦成立。

在 A–P 更加风险厌恶的刻画下, 个体 A 相比于个体 B 是更加风险厌恶的, 当且仅当对任意的财富水平 x 有:

$$-\frac{u''(x)}{u'(x)} \geqslant -\frac{v''(x)}{v'(x)}$$

恒成立。同样为了量化个体对高阶风险的厌恶程度, A–P 更加风险厌恶的刻画被推广到了高阶的情形 [3]。

定义 6.4.2 个体 A 相比于个体 B 是 n 阶 A–P 更加风险厌恶的, 如果

$$-\frac{u^{(n)}(x)}{u^{(n-1)}(x)} \geqslant -\frac{v^{(n)}(x)}{v^{(n-1)}(x)},$$

对任意的 $x \in [a,b]$ 均成立。

特别地, 当 $n = 2$ 时, 2 阶 A–P 更加风险厌恶就是我们所说的 A–P 更加风险厌恶 [3]。

(二) n 阶 Ross 更加风险厌恶

近年来, 莫迪卡和斯卡尔西尼 [6] 在研究下行风险厌恶的强度时, 从更强的 Ross 更加风险厌恶出发, 提出了下行风险厌恶程度的比较刻画。而金大鹏和尼尔森 [3] 将 Ross 更加风险厌恶的概念推广到 n 阶 Ross 更加风险厌恶的情形。

定义 6.4.3 个体 A 相比于个体 B 是 n 阶 Ross 更加风险厌恶的, 如果

$$(-1)^{n-1}\frac{u^{(n)}(x)}{u'(y)} \geqslant (-1)^{n-1}\frac{v^{(n)}(x)}{v'(y)},$$

对任意的 $x, y \in [a,b]$ 均成立。

特别地, 当 $n = 2$ 时, 2 阶 Ross 更加风险厌恶就是 Ross 更加风险厌恶; 当 $n = 3$ 时, 3 阶 Ross 更加风险厌恶就是更加下行风险厌恶。

(三) n/m 阶 Ross 更加风险厌恶

两种变化之间的替代率是经济学家衡量个体对那些变化偏好强度的必要方法, 正如苹果对橘子的替代率给了个体对这两种物品的相对价值。我们知道, A–P 绝对风险厌恶测度表明了以一定的比率非随机的财富的减少能够被用来替代多少相应风险的引入 [7]。

定义 6.4.4 设 $m, n \in N^+, n > m \geqslant 1$。假设个体是 m 阶风险厌恶的, 分布 $G(x)$ 相对于分布 $F(x)$ 是更加 n 阶风险的, 而分布 $H(x)$ 相对于分布 $F(x)$ 是更加 m 阶风险的, 称

$$T = T(F(x), G(x), H(x)) = \frac{\int_a^b u(x)\mathrm{d}[F(x) - G(x)]}{\int_a^b u(x)\mathrm{d}[F(x) - H(x)]} \tag{6.4.1}$$

为个体在 n 阶风险增加和 m 阶风险增加之间的替代率 (或权衡率)。

从定义 6.4.4 中可以看出, 两种风险增加之间的替代率 T 是个体在这两种风险变化之间期望效用的变化之比。因此, T 量化了 m 阶风险厌恶的个体为了避免 n 阶风险增加的风险, 愿意承担多少 m 阶风险增加的风险。因此, 这里的风险替代率 T, 刻画了个体对 n 阶风险增加的风险的支付意愿, 只不过其代价为接受 m 阶风险增加的风险。显然, 若 $T > 0$, 意味着个体是 n 阶风险厌恶的; 反之就是 n 阶风险喜好的。

将式 (6.4.1) 等价变形, 可得:

$$\int_a^b u(x)\mathrm{d}G(x) = \int_a^b u(x)\mathrm{d}[(1 - T)F(x) + TH(x)], \ T \in (0, 1).$$

由于分布 $G(x)$ 相对于分布 $F(x)$ 是更加 n 阶风险的, 而分布 $H(x)$ 相对于分布 $F(x)$ 是更加 m 阶风险的, 从而分布 $(1 - T)F(x) + TH(x)$ 相对于分布 $F(x)$ 是更加 m 阶风险增加的, 而相对于分布 $H(x)$ 是更加 m 阶风险减少的。因此, T 也可以被解释为: 个体为了避免从 F 变化到 G 的 n 阶风险增加的风险, 个体愿意赋予在比风险 F 更加 m 阶风险增加的风险 H 上的权重。

定义 6.4.5 对任意的 $x, y \in [a, b]$, 如果

$$\frac{(-1)^{n-1}u^{(n)}(x)}{(-1)^{m-1}u^{(m)}(y)} \geqslant \frac{(-1)^{n-1}v^{(n)}(x)}{(-1)^{m-1}v^{(m)}(y)},$$

或等价地, 存在 $\lambda > 0$, 使得:

$$\frac{u^{(n)}(x)}{v^{(n)}(x)} \geqslant \lambda \geqslant \frac{u^{(m)}(y)}{v^{(m)}(y)},$$

则称个体 A 相对于个体 B 是 n/m 阶 Ross 更加风险厌恶的。

特别地, 当 $n = 2, m = 1$ 时, 2/1 阶 Ross 更加风险厌恶就是 Ross 更加风险厌恶; 当 $n = 3, m = 1$ 时, 3/1 阶 Ross 更加风险厌恶就是更加下行风险厌恶; 当给定任意的 $n \geqslant 3$ 且 $m = 1$ 时, $n/1$ 阶 Ross 更加风险厌恶就是 n 阶 Ross 更加风险厌恶, 可见 n/m 阶 Ross 更加风险厌恶是高阶 Ross 更加风险厌恶的推广。

(四) 混合风险厌恶

从前面有关风险态度的介绍中, 在期望效用分析框架下, 我们知道个体的效用函数的导数的符号刻画了其各阶的风险态度。若个体的效用函数 $u(x)$ 在相应区间上无限可微, 则个体的二阶风险态度由其效用函数的二阶导数的符号决定, 即 $u''(x) < (>)0$ 意味着个体是风险厌恶 (喜好) 的; 个体的三阶风险态度由其效用函数的三阶导数的符号决定, 即 $u'''(x) > (<)0$ 意味着个体是风险谨慎或下行风险厌恶 (不谨慎或下行风险喜好) 的; 个体的四阶风险态度由其效用函数的四阶导数的符号决定, 即 $u''''(x) < (>)0$ 意味着个体是风险节制或外部风险厌恶 (不节制或外部风险喜好) 的; 依此类推, 个体的 n 阶风险态度由其效用函数的 n 阶导数的符号决定, 即:

$$(-1)^{n-1}u^{(n)}(x) > (<) 0, \ n \geqslant 2,$$

意味着个体是 n 阶风险厌恶 (风险喜好) 的。

一个非常有趣的事实是, 在金融、管理以及经济学等研究领域, 我们普遍使用的效用函数, 其导数的符号总是正负交替出现。我们把效用函数具有的这种属性, 称之为个体是混合风险厌恶的 [21], 即 $(-1)^{n+1}u^{(n)}(x) > 0, n = 1, 2, \cdots\cdots$ 具体来说, 一个混合风险厌恶的个体, 其效用函数的奇数阶导数为正, 而偶数阶导数为负, 即:

$$u'(x) > 0, u^{(2k+1)}(x) > 0, u^{(2k)}(x) < 0, \ k = 1, 2, \cdots\cdots$$

类似于混合风险厌恶的刻画, 部分个体也存在一种混合风险喜好的偏好行为。若个体的效用函数的任意阶导数均为正, 即 $u^{(n)}(x) > 0, n = 1, 2, \dots,$

则称个体为混合风险喜好的。由此可见，混合风险喜好者和混合风险厌恶者在奇数阶的风险态度上是完全一致的，但是在偶数阶的风险态度上却存在分歧。就我们比较熟悉的高阶风险态度而言，混合风险厌恶者是风险厌恶的、风险谨慎的、风险节制的以及风险急躁的，相应的效用函数分别满足条件：

$$u''(x) < 0, u'''(x) > 0, u''''(x) < 0 \text{ 和 } u^{(5)}(x) > 0$$

而混合风险喜好者是风险喜好的、风险谨慎的、风险不节制的以及风险急躁的，相应的效用函数分别满足条件：

$$u''(x) > 0, u'''(x) > 0, u''''(x) > 0 \text{ 和 } u^{(5)}(x) > 0.$$

第五节 高阶风险厌恶的强度

通过使用比较静态分析的方法，金大鹏和尼尔森 [3] 提供了量化 n 阶风险态度的另一组备选的绝对指标，即在 Ross 更加风险厌恶的意义下，对 n 阶风险态度的一个绝对量化指标为：

$$(-1)^n u^{(n+1)}(x)/u'(x),$$

这里 x 为个体的财富水平。特别地，李静远 [4] 以及德尼和埃克豪特 [5] 都对这一绝对指标提供了相应的等价刻画和经济解释。最近，刘立群和梅耶尔 [7] 基于两种风险变化的替代率，引入了 n/m 阶 Ross 更加风险厌恶的刻画，从而推广了有关高阶 Ross 更加风险厌恶的比较刻画。

尽管刻画绝对和相对高阶风险厌恶的这两类指标都是有意义的，但德尼和埃克豪特 [11] 认为，刻画高阶风险厌恶绝对指标 $-u^{(n+1)}(x)/u^{(n)}(x)$ 的最大优势在于它与能够更好地解释经济含义的相对指标 $-xu^{(n+1)}(x)/u^{(n)}(x)$ 具有紧密的联系。尤其，当我们去处理高阶的风险态度时，更有可能用相对指标 $-xu^{(n+1)}(x)/u^{(n)}(x)$ 去解释和分析一些风险选择问题，这是因为：在一些保险、储蓄以及投资组合的选择问题和市场均衡模型中，比较静态结果都往往依赖于高阶的风险态度的相对指标的数值与基准值的比较。

绝对风险厌恶测度度量了个体对风险的厌恶程度大小，尤其在一些比较静态分析中，绝对风险厌恶测度都扮演了一些决策结果的充分且必要条件。尤其下行风险厌恶强度的测度 $-u'''(x)/u''(x)$ 和 $u'''(x)/u'(x)$ 被研究者广泛接受, 并以此为研究主线, 被推广到刻画高阶风险厌恶的强度。根据不同的研究主线, 高阶风险厌恶强度的测度分别被推广而来。从经典的 A–P 风险厌恶测度出发, 即 $-u''(x)/u'(x)$, 下行风险厌恶 (也称三阶风险厌恶) 测度被定义为 $-u'''(x)/u''(x)$, 以此为主线, n 风险厌恶强度的测度被推广为如下测度 [3]。

定义 6.5.1 假设个体是 m 阶风险厌恶的, 其效用函数为 $u(x)$, 称

$$L(x) = -\frac{u^{(n)}(x)}{u^{(n-1)}(x)}$$

为个体在 x 处的 n 阶 (绝对) A–P 更加风险厌恶测度或系数, 相应地称 $xL(x)$ 为个体在 x 处的 n 阶相对 A–P 更加风险厌恶测度或系数。

从 Ross 更加风险厌恶出发, 下行风险厌恶的测度被定义为 $u'''(x)/u'(x)$, 以此为主线, n 阶 Ross 更加风险厌恶强度的测度被推广为如下测度 [3]。

定义 6.5.2 假设个体是 n 阶风险厌恶的, 其效用函数为 $u(x)$, 称

$$A(x) = (-1)^{n-1}\frac{u^{(n)}(x)}{u'(x)}$$

为个体在 x 处的 n 阶 (绝对) Ross 更加风险厌恶测度或系数, 相应地称 $xA(x)$ 为个体在 x 处的 n 阶相对 Ross 更加风险厌恶测度或系数。

由第四节定义的 n/m 阶 Ross 更加风险厌恶的定义出发, m 阶风险厌恶个体的 n 风险厌恶强度的测度被推广为如下测度 [7]。

定义 6.5.3 假设个体是 m 阶风险厌恶的, 其效用函数为 $u(x)$, 称

$$K(x) = \frac{(-1)^{n-1}u^{(n)}(x)}{(-1)^{m-1}u^{(m)}(x)}$$

为 m 阶风险厌恶个体在 x 处的 n 阶 (绝对) Ross 更加风险厌恶测度或系数, 相应地称 $xK(x)$ 为 m 阶风险厌恶个体在 x 处的 n 阶相对 Ross 更加风险厌恶测度或系数。

显然, m 阶风险厌恶个体的 n (绝对) 阶风险厌恶测度推广了上面两种 n 阶 (绝对) 风险厌恶测度, 即当 $m=1$ 时, $K(x) = A(x)$; 当 $m=n-1$ 时, $K(x) = L(x)$。当 $n > m \geqslant 1$ 时, 针对高阶风险厌恶强度的刻画, $K(x)$ 更具广泛性。

第六节　高阶 Ross 更加风险厌恶强度的比较刻画

(一)　n 阶 Ross 更加风险厌恶的比较刻画

现有的大量的文献都基于不同风险变化下的风险溢价和风险补偿 (支付意愿和接受意愿) 刻画了个体对高阶风险厌恶的程度。经济学背后的直觉告诉我们: 为了刻画个体对高阶的风险变化的厌恶程度, 我们也可以通过对风险厌恶程度不同的个体给予一定数量的货币补偿, 使得让个体完全接受一个风险增加的风险。类似地, 风险溢价同样量化了个体对风险的厌恶程度。具体而言, 为了完全地消除风险, 个体需支付一定的货币数量, 使得个体的福利在有无风险变化时无差异, 而个体愿意支付的最大的货币数量被称为风险溢价。直观上, 个体越是厌恶风险, 相应的风险溢价也就越大 [22]。

定理 6.6.1　如果 $u(x)$ 和 $v(x)$ 都是递增的函数且个体都是 n 阶风险厌恶的, 则下面的三个命题等价:

(1) 个体 A 相对于个体 B 是 n 阶 Ross 更加风险厌恶的, 等价地, 存在 $\lambda > 0$ 使得

$$\frac{u^{(n)}(x)}{v^{(n)}(x)} \geqslant \lambda \geqslant \frac{u'(y)}{v'(y)},$$

对所有的 $x, y \in [a, b]$;

(2) 存在 $\phi(x)$ 和 $\lambda > 0$, 使得 $u(x) = \lambda v(x) + \phi(x)$, 其中 $\phi(x) : R \to R, \phi'(x) \leqslant 0$ 并且 $(-1)^{n-1}\phi^{(n)}(x) \geqslant 0, n \geqslant 2$;

(3) 如果 G 相对于 F 是 n 阶风险增加的, 则 $m_A \geqslant m_B$, 其中风险补偿 m_A 和 m_B 分别由下面的方程确定:

$$\int_a^b u(x)\mathrm{d}F(x) = \int_a^b u(x + m_A)\mathrm{d}G(x) \text{ 和}$$

$$\int_a^b v(x)\mathrm{d}F(x) = \int_a^b v(x + m_B)\mathrm{d}G(x).$$

证明　(1)$\Longrightarrow$(2). 注意到下面两个不等式是等价的:

$$\frac{u^{(n)}(x)}{v^{(n)}(x)} \geqslant \lambda \geqslant \frac{u'(y)}{v'(y)} \iff \frac{(-1)^{n-1}u^{(n)}(x)}{(-1)^{n-1}v^{(n)}(x)} \geqslant \lambda \geqslant \frac{u'(y)}{v'(y)}, \tag{6.6.1}$$

定义 $\phi(x) = u(x) - \lambda v(x)$，根据 $u(x)$ 和 $v(x)$ 的可微性，有：

$$\phi'(x) = u'(x) - \lambda v'(x) \text{ 和 } \phi^{(n)}(x) = u^{(n)}(x) - \lambda v^{(n)}(x),$$

于是不等式 (6.6.1) 意味着：

$$\phi'(x) \leqslant 0 \text{ 和 } (-1)^{n-1}\phi^{(n)}(x) \geqslant 0.$$

(2)$\Longrightarrow$ (3). 根据定理，我们就有：

$$(-1)^{n-1}\phi^{(n)}(x) \geqslant 0 \Longrightarrow \int_a^b \phi(z)\mathrm{d}G(z) \leqslant \int_a^b \phi(z)\mathrm{d}F(z),$$

根据 $\phi'(x) \leqslant 0 \Longrightarrow \phi(z + m_B) \leqslant \phi(z)$，就得到：

$$\begin{aligned}
\int_a^b u(z + m_A)\mathrm{d}G(z) &= \int_a^b u(z)\mathrm{d}F(z) \\
&= \int_a^b [\lambda v(z) + \phi(z)]\mathrm{d}F(z) \\
&= \lambda \int_a^b v(z)\mathrm{d}F(z) + \int_a^b \phi(z)\mathrm{d}F(z) \\
&\geqslant \lambda \int_a^b v(z + m_B)\mathrm{d}G(z) + \int_a^b \phi(z + m_B)\mathrm{d}G(z) \\
&= \int_a^b [\lambda v(z + m_B) + \phi(z + m_B)]\mathrm{d}G(z) \\
&= \int_a^b u(z + m_B)\mathrm{d}G(z).
\end{aligned}$$

从而，我们获得了下面的不等式：

$$\int_a^b u(z + m_A)\mathrm{d}G(z) \geqslant \int_a^b u(z + m_B)\mathrm{d}G(z),$$

由于 $u(x)$ 的单调性，从而 $m_A \geqslant m_B$。

(3) $\Longrightarrow$ (1). 用反证法来证明。假设个体 A 相对于 B 不是 n 阶 Ross 更加风险厌恶的，即：

$$\frac{u^{(n)}(x)}{v^{(n)}(x)} < \frac{u'(y)}{v'(y)}, \qquad \forall x, y \in [c, d] \subseteq [a, b], \tag{6.6.2}$$

在个体 A 和 B 都是 n 阶风险厌恶的假设下, 不等式 (6.6.2) 意味着:

$$\frac{(-1)^{n-1}u^{(n)}(x)}{(-1)^{n-1}v^{(n)}(x)} < \frac{u'(y)}{v'(y)} \iff \frac{u'(y)}{(-1)^{n-1}u^{(n)}(x)} > \frac{v'(y)}{(-1)^{n-1}v^{(n)}(x)},$$

对所有的 $x,y \in [c,d] \subseteq [a,b]$。

假设 $\tilde{G}$ 是某一个只在区间 $[c,d]$ 上取值的随机变量的分布函数, 于是就有:

$$\frac{\int_a^b u'(z)\mathrm{d}\tilde{G}(z)}{(-1)^{n-1}u^{(n)}(x)} > \frac{\int_a^b v'(z)\mathrm{d}\tilde{G}(z)}{(-1)^{n-1}v^{(n)}(x)}.$$

假设 $\tilde{H}$ 是一个非负的函数, 其在区间 $[c,d]$ 上是正值, 其他区间上为 0, 从而:

$$\frac{\int_a^b (-1)^{n-1}u^{(n)}(z)\tilde{H}(z)\mathrm{d}z}{\int_a^b u'(z)\mathrm{d}\tilde{G}(z)} < \frac{\int_a^b (-1)^{n-1}v^{(n)}(z)\tilde{H}(z)\mathrm{d}z}{\int_a^b v'(z)\mathrm{d}\tilde{G}(z)}. \tag{6.6.3}$$

特别地, 下面定义:

$$H(z,t) = (1-t)G(z) + tF(z), \; t \in (0,1),$$

从而, $H(z,t)$ 也是某一个随机变量的分布函数, 根据构造, $H(z,t)$ 相对于 $F(z)$ 是 n 阶风险增加的; 反过来, $G(z)$ 相对于 $H(z,t)$ 又是 n 阶风险增加的。假设将 $m_A(t)$ 和 $m_B(t)$ 看作当风险从 $H(z,t)$ 变化到 $G(z)$ 时分别给个体 A 和 B 的风险补偿 (命题 (3) 意味着 $m_A(t) \geqslant m_B(t)$), 从而就有:

$$\int_a^b u(z + m_A(t))\mathrm{d}G(z)$$

$$= \int_a^b u(z)\mathrm{d}H(z,t)$$

$$= \int_a^b u(z)\mathrm{d}[(1-t)G(z) + tF(z)]$$

$$= \int_a^b u(z)\mathrm{d}G(z) - t\int_a^b u(z)\mathrm{d}[G(z) - F(z)]$$

$$= \int_a^b u(z)\mathrm{d}G(z) + t\int_a^b (-1)^{n-1}u^{(n)}(z)[G^{[n]}(z) - F^{[n]}(z)]\mathrm{d}z.$$

两边关于 t 求导, 可得:

$$\frac{\mathrm{d}\,m_A(t)}{\mathrm{d}t} = \frac{\displaystyle\int_a^b (-1)^{n-1} u^{(n)}(z)[G^{[n]}(z) - F^{[n]}(z)]\mathrm{d}z}{\displaystyle\int_a^b u'(z + m_u(t))\mathrm{d}G(z)},$$

当 $t = 0$ 时, $m_u(0) = 0$, 就有:

$$\left.\frac{\mathrm{d}\,m_A(t)}{\mathrm{d}t}\right|_{t=0} = \frac{\displaystyle\int_a^b (-1)^{n-1} u^{(n)}(z)[G^{[n]}(z) - F^{[n]}(z)]\mathrm{d}z}{\displaystyle\int_a^b u'(z)\mathrm{d}G(z)}.$$

同样地, 对于个体 B 而言, 我们有:

$$\frac{\mathrm{d}\,m_B(t)}{\mathrm{d}t} = \frac{\displaystyle\int_a^b (-1)^{n-1} v^{(n)}(z)[G^{[n]}(z) - F^{[n]}(z)]\mathrm{d}z}{\displaystyle\int_a^b v'(z + m_B(t))\mathrm{d}G(z)},$$

并且由 $m_v(0) = 0$, 可得:

$$\left.\frac{\mathrm{d}\,m_B(t)}{\mathrm{d}t}\right|_{t=0} = \frac{\displaystyle\int_a^b (-1)^{n-1} v^{(n)}(z)[G^{[n]}(z) - F^{[n]}(z)]\mathrm{d}z}{\displaystyle\int_a^b v'(z)\mathrm{d}G(z)}.$$

分别将 $m_A(t)$ 和 $m_B(t)$ 在 $t = 0$ 处做泰勒展式, 就有:

$$m_A(t) = \frac{\displaystyle\int_a^b (-1)^{n-1} u^{(n)}(z)[G^{[n]}(z) - F^{[n]}(z)]\mathrm{d}z}{\displaystyle\int_a^b u'(z)\mathrm{d}G(z)}\, t + o(t),$$

和

$$m_B(t) = \frac{\displaystyle\int_a^b (-1)^{n-1} v^{(n)}(z)[G^{[n]}(z) - F^{[n]}(z)]\mathrm{d}z}{\displaystyle\int_a^b v'(z)\mathrm{d}G(z)}\, t + o(t).$$

于是, 在不等式 (6.6.3) 中, 取 $\tilde{H}(x) = G^{[n]}(x) - F^{[n]}(x)$ 和 $\tilde{G}(x) = G(x)$, 我们可以看出, 当 $t \to 0^+$, 就有 $m_A(t) < m_B(t)$, 对 $F(x)$ 和 $G(x)$ 使得 $\tilde{G}(x)$ 和 $\tilde{H}(x)$ 都是正数, 对所有的 $x \in [c,d]$, 否则都为 0。显然与已知条件 $m_A(t) \geqslant m_B(t)$ 矛盾。从而得证。

该定理证明了 n 阶 Ross 更加风险厌恶与因承受了 n 阶风险增加所得到的风险补偿之间的等价关系, 也就是说, 个体 A 相对于个体 B 是 n 阶 Ross 更加风险厌恶的当且仅当因承受了 n 阶风险增加的风险, 个体 A 的风险补偿总是不小于个体 B 的风险补偿。

特别需要说明的是, 这里的定理包含了现有文献中的一些结果。具体地, 当 $n = 2$ 时, 即 G 相比于 F 是 2 阶风险增加的, 或者说, G 是 F 的一个保均值风险增加, 个体 A 相比于个体 B 是 2 阶 Ross 更加风险厌恶的, 当且仅当个体 A 因承受保均值风险增加的风险而所要求的风险补偿是比个体 B 所要求的风险补偿大。

当 $n = 3$ 时, 即 G 相比于 F 是更加 3 阶风险增加的, 或者说, G 相比于 F 是更加下行风险增加的, 个体 A 相比于 B 是 3 阶 Ross 更加风险厌恶的, 当且仅当个体 A 因承受任何下行风险增加的风险而所要求的风险补偿是比个体 B 所要求的风险补偿大。

当 $n = 4$ 时, 即 G 相比于 F 是更加 4 阶风险增加的, 或者说, G 相比于 F 是更加外部风险增加的, 个体 A 相比于 B 是 4 阶 Ross 更加风险厌恶的, 当且仅当个体 A 因承受任何外部风险所要求的风险补偿是比个体 B 所要求的风险补偿大。

我们很自然地得到如下结论: 如果 A 和 B 都是递增的而且都是 n 阶风险厌恶的, 个体 A 相对于 B 是 n 阶 Ross 更加风险厌恶的, 当且仅当个体 A 的风险补偿 (接受意愿) 总是不小于 B 的风险补偿 (接受意愿)。总之, $u(x)$ 和 $v(x)$ 都是递增的函数且个体都是 n 阶风险厌恶的, 对于任何一个 n 阶风险增加的风险, 如果对个体 B 来说是不合意的, 那么对于比个体 B 更加 n 阶风险厌恶的个体 A 来说, 必然是更加不合意的。

类似于风险补偿对高阶风险厌恶程度刻画的证明方法, 这里不加证明地给出下面的定理 [23]。

定理 6.6.2 如果 $u(x)$ 和 $v(x)$ 都是递增的函数且个体都是 n 阶风险厌恶的, 则下面的三个命题等价:

(1) 个体 A 相对于个体 B 是 n 阶 Ross 更加风险厌恶的;

(2) 存在 $\phi(x)$ 和 $\lambda > 0$, 使得 $u(x) = \lambda v(x) + \phi(x)$, 其中 $\phi(x) : R \rightarrow R, \phi'(x) \leqslant 0$ 并且 $(-1)^{n-1}\phi^{(n)}(x) \geqslant 0, n \geqslant 2$;

(3) 如果 G 相对于 F 是 n 阶风险增加的, 则 $\pi_A \geqslant \pi_B$, 其中风险溢价 π_A 和 π_B 分别由下面的方程确定:

$$\int_a^b u(x - \pi_A)\mathrm{d}F(x) = \int_a^b u(x)\mathrm{d}G(x) \text{ 和 } \int_a^b v(x - \pi_B)\mathrm{d}F(x) = \int_a^b v(x)\mathrm{d}G(x).$$

因该定理的证明方法类似于上述定理的证明, 故这里略去证明。同样地, 该定理表明了: 如果 $u(x)$ 和 $v(x)$ 都是递增的函数且个体都是 n 阶风险厌恶的, 个体 A 相对于个体 B 是 n 阶 Ross 更加风险厌恶的, 当且仅当个体 A 的风险溢价 (支付意愿) 总是不小于个体 B 的风险溢价 (支付意愿)。总之, $u(x)$ 和 $v(x)$ 都是递增的函数且个体都是 n 阶风险厌恶的, 对于任何一个 n 阶风险增加的风险, 如果对个体 B 来说是不合意的, 那么对于比个体 B 更加 n 阶风险厌恶的个体 A 来说, 必然是更加不合意的。

特别地, 该定理同样包含了现有文献中的一些结果。具体地, 当 $n = 2$ 时, 即 G 相比于 F 是 2 阶风险增加的, 或者说, G 是 F 的一个保均值风险增加, 个体 A 相比于个体 B 是 2 阶 Ross 更加风险厌恶的, 当且仅当个体 A 对保均值风险增加的风险溢价总是比个体 B 的风险溢价大。

当 $n = 3$ 时, 即 G 相比于 F 是更加 3 阶风险增加的, 或者说, G 相比于 F 是更加下行风险增加的, 个体 A 相比于 B 是 3 阶 Ross 更加风险厌恶的, 当且仅当个体 A 对下行风险增加的风险溢价总是比个体 B 的风险溢价大。

当 $n = 4$ 时, 即 G 相比于 F 是更加 4 阶风险增加的, 或者说, G 相比于 F 是更加外部风险增加的, 个体 A 相比于 B 是 4 阶 Ross 更加风险厌恶的, 当且仅当个体 A 对保均值风险增加的风险溢价总是比个体 B 的风险溢价大。

我们很自然地得到如下结论: 如果 A 和 B 都是递增的而且都是 n 阶风险厌恶的, 个体 A 相对于 B 是 n 阶 Ross 更加风险厌恶的, 当且仅当个体 A 的风险溢价 (支付意愿) 总是不小于 B 的风险溢价 (支付意愿)。总之, $u(x)$ 和 $v(x)$ 都是递增的函数且个体都是 n 阶风险厌恶的, 对于任何一个 n 阶风险增加的风险, 如果对个体 B 来说是不合意的, 那么对于比个体 B 更加 n 阶风险厌恶的个体 A 来说, 必然是更加不合意的。

在对经济环境中的风险变化的刻画中, 将风险描述成以 n 阶风险增加的方式变化过于苛刻, 这是因为: 一个分布 n 阶风险增加, 转化成另外一个分布, 要求这两个分布就具有相同的前 $n-1$ 阶矩, 从而使得能够用来比较的分布太少, 在实际应用中具有很大的局限性。因而, 通过适当的释放一些约束条件, 使得满足约束条件的分布集合更大, 更加接近现实经济环境中的更多情形, 更具有一般性, 这是至关重要的。相应地, 我们也获得了如下的结果 [22]。

定理 6.6.3 假设 $n \geqslant 2, 1 \leqslant l \leqslant n-1$。如果个体 A 和个体 B 都是 k 阶风险厌恶的, 其效用函数都是递增的函数, $k = l+1, \ldots, n$, 则下面的三个命题等价:

(1) 个体 A 相对于个体 B 是 k 阶 Ross 更加风险厌恶的, $k = l+1, \ldots, n$, 等价地, 存在 $\lambda_k > 0$ 使得:

$$\frac{u^{(k)}(x)}{v^{(k)}(x)} \geqslant \lambda_k \geqslant \frac{u'(y)}{v'(y)},$$

$k = l+1, \ldots, n$, 对所有的 $x, y \in [a, b]$。

(2) 存在 $\phi(x)$ 和 $\lambda > 0$, 使得 $u(x) = \lambda v(x) + \phi(x)$, 其中 $\phi(x) : R \to R, \phi'(x) \leqslant 0$ 并且有:

$$(-1)^{k-1}\phi^{(k)}(x) \geqslant 0, k = l+1, \ldots, n.$$

(3) 如果 F 是 n 阶保前 l 阶矩随机占优于 G, 则 $m_A \geqslant m_B$, 其中风险补偿 m_A 和 m_B 分别由下面的方程确定:

$$\int_a^b u(x)\mathrm{d}F(x) = \int_a^b u(x+m_A)\mathrm{d}G(x) \text{ 和 } \int_a^b v(x)\mathrm{d}F(x) = \int_a^b v(x+m_B)\mathrm{d}G(x).$$

证明 (1)$\Longrightarrow$(2). 已知存在 $\lambda_k > 0$ 使得:

$$\frac{u^{(k)}(x)}{v^{(k)}(x)} \geqslant \lambda_k \geqslant \frac{u'(y)}{v'(y)},$$

$k = l+1, \ldots, n$, 对所有的 $x, y \in [a, b]$。令 $\lambda = \min\limits_{l+1 \leqslant k \leqslant n} \{\lambda_k\}$。从而, 对所有的 $k = l+1, \ldots, n$, 就有:

$$\frac{u^{(k)}(x)}{v^{(k)}(x)} \geqslant \lambda \geqslant \frac{u'(y)}{v'(y)}, \tag{6.6.4}$$

定义 $\phi(x) = u(x) - \lambda v(x)$，由 $u(x)$ 和 $v(x)$ 的可微性，$\phi'(x) = u'(x) - \lambda v'(x)$ 和 $\phi^{(k)}(x) = u^{(k)}(x) - \lambda v^{(k)}(x)$。于是，由不等式 (6.6.4) 可知，$\phi'(x) \leqslant 0$，$(-1)^{k-1}\phi^{(k)}(x) \geqslant 0$，对所有的 $x \in [a,b]$ 和 $k = l+1, \ldots, n$ 均成立。

(2)$\Longrightarrow$(3)。假设 F 是 n 阶保前 l 阶矩随机占优于 G。根据风险补偿的定义，

$$
\begin{aligned}
\int_a^b u(z + m_A)\mathrm{d}G(z) &= \int_a^b u(z)\mathrm{d}F(z) \\
&= \int_a^b [\lambda v(z) + \phi(z)]\mathrm{d}F(z) \\
&\geqslant \lambda \int_a^b v(z)\mathrm{d}F(z) + \int_a^b \phi(z)\mathrm{d}G(z) \\
&\geqslant \lambda \int_a^b v(z + m_B)\mathrm{d}G(z) + \int_a^b \phi(z + m_B)\mathrm{d}G(z) \\
&= \int_a^b u(z + m_B)\mathrm{d}G(z),
\end{aligned}
$$

其中，第一个不等式成立是因为 $\phi(x)$ 是 k 阶风险厌恶的，对 $k = l+1, \ldots, n$；第二个不等式成立是因为 $\phi'(x) < 0$。于是，我们就证明了 $m_A \geqslant m_B$。

(3)$\Longrightarrow$(1). $m_A \geqslant m_B$，对所有的分布 G 和 F，使得 F 是 n 阶保前 l 阶矩随机占优于 G，等价于 $m_A \geqslant m_B$，对所有的分布 F 和 G，使得 G 相对于 F 是 k 阶风险增加的，对所有的 $k = l+1, \ldots, n$ (根据保前 l 阶矩随机占优和风险增加各自的定义即可获得两者的等价关系)。从而，对于每一个 k，$k \in \{l+1, \ldots, n\}$，由定理 6.6.1 可知：$m_A \geqslant m_B$，对所有的分布 G 和 F，使得 G 相对于 F 是 k 阶风险增加的，等价于个体 A 相对于个体 B 是 k 阶 Ross 更加风险厌恶的。从而得证。

该定理表明：对于一个保前 l 阶矩随机占优的风险变化，个体 A 相对于个体 B 是 k 阶 Ross 更加风险厌恶的，$k = l+1, \ldots, n$，当且仅当个体 A 的风险补偿总是不小于个体 B 的风险补偿。下面的定理基于风险溢价同样刻画了高阶 Ross 更加风险厌恶的程度 [22]。

定理 6.6.4　假设 $n \geqslant 2, 1 \leqslant l \leqslant n-1$。如果 $u(x)$ 和 $v(x)$ 都是递增的函数且个体都是 k 阶风险厌恶的，$k = l+1, \ldots, n$，则下面的三个命题等价：

(1) 个体 A 相对于个体 B 是 k 阶 Ross 更加风险厌恶的，$k = l+1, \ldots, n$；

(2) 存在 $\phi(x)$ 和 $\lambda > 0$, 使得 $u(x) = \lambda v(x) + \phi(x)$, 其中 $\phi(x) : R \to R, \phi'(x) \leqslant 0$ 并且有:

$$(-1)^{k-1}\phi^{(k)}(x) \geqslant 0, k = l+1, \ldots, n;$$

(3) 如果 F 是 n 阶保前 l 阶矩随机占优于 G, 则 $\pi_A \geqslant \pi_B$, 其中风险溢价 π_A 和 π_B 分别由下面的方程确定:

$$\int_a^b u(x-\pi_A)\mathrm{d}F(x) = \int_a^b u(x)\mathrm{d}G(x) \text{ 和 } \int_a^b v(x-\pi_B)\mathrm{d}F(x) = \int_a^b v(x)\mathrm{d}G(x).$$

因该定理的证明方法类似于上述定理的证明, 故这里略去证明。综上所述, 我们很自然地得到如下结论: $u(x)$ 和 $v(x)$ 都是递增的函数且个体都是 k 阶风险厌恶的, 个体 A 相对于个体 B 是 k 阶 Ross 更加风险厌恶的, $k = l+1, \ldots, n$, 当且仅当个体 A 的风险补偿 (接受意愿) 总是不小于个体 B 的风险补偿 (接受意愿), 当且仅当个体 A 的风险溢价 (支付意愿) 总是不小于个体 B 的风险溢价 (支付意愿)。总之, 个体 A 相对于个体 B 是 k 阶 Ross 更加风险厌恶的, $k = l+1, \ldots, n$, 对于任何一个保前 l 阶矩随机占优的风险变化, 如果对个体 B 来说是不合意的, 则对个体 A 来说必然是更加不合意的。

(二) n/m 阶 Ross 更加风险厌恶的比较刻画

对于个体 A 和 B, 用 T_A 和 T_B 分别表示他们在 n 阶风险增加和 m 阶风险增加之间的替代率, T_A 和 T_B 分别可由下面的方程唯一确定:

$$\int_a^b u(x)\mathrm{d}G(x) = \int_a^b u(x)\mathrm{d}[(1-T_A)F(x) + T_A H(x)] \qquad (6.6.5)$$

和

$$\int_a^b v(x)\mathrm{d}G(x) = \int_a^b v(x)\mathrm{d}[(1-T_B)F(x) + T_B H(x)]. \qquad (6.6.6)$$

记 $K_A(x)$ 和 $K_B(x)$ 分别为其 n (绝对) 阶风险厌恶测度, 则存在下面的比较静态结果 [7]。

定理 6.6.5 假设个体 A 和 B 都是 m 阶风险厌恶的, 若 $K_A(x) > K_B(x)$, 则存在 δ, 使得 $T_A > T_B$, 对所有定义在 $[x - \delta, x + \delta]$ 上的 $F(x)$、

$G(x)$ 和 $H(x)$ 均成立, 其中分布 $G(x)$ 相对于分布 $F(x)$ 是更加 n 阶风险的, 而分布 $H(x)$ 相对于分布 $F(x)$ 是更加 m 阶风险的; T_A 和 T_B 分别由方程 (6.6.5) 和方程 (6.6.6) 唯一确定。

证明　已知个体 A 和 B 都是 m 阶风险厌恶的, 有:

$$(-1)^{m-1}u^{(m)}(x) > 0, \qquad (-1)^{m-1}v^{(m)}(x) > 0.$$

若 $K_A(x) > K_B(x)$, 则有

$$\frac{(-1)^{n-1}u^{(n)}(x)}{(-1)^{m-1}u^{(m)}(x)} > \frac{(-1)^{n-1}v^{(n)}(x)}{(-1)^{m-1}v^{(m)}(x)}$$

成立。根据个体 A 和 B 是否是 n 阶风险厌恶的, 上述不等式可在三种情形下成立:

(1) $(-1)^{n-1}u^{(n)}(x) > 0, (-1)^{n-1}v^{(n)}(x) > 0$;

(2) $(-1)^{n-1}u^{(n)}(x) > 0, (-1)^{n-1}v^{(n)}(x) < 0$;

(3) $(-1)^{n-1}u^{(n)}(x) < 0, (-1)^{n-1}v^{(n)}(x) < 0$;

我们这里只证情形 (3), 其余两种情形证明类似。若

$$(-1)^{n-1}u^{(n)}(x) < 0, (-1)^{n-1}v^{(n)}(x) < 0,$$

因 $K_A(x) > K_B(x)$, 从而存在 $\lambda > 0$, 使得

$$\frac{(-1)^{n-1}u^{(n)}(x)}{(-1)^{n-1}v^{(n)}(x)} < \lambda < \frac{(-1)^{m-1}u^{(m)}(x)}{(-1)^{m-1}v^{(m)}(x)}, \tag{6.6.7}$$

由连续性可知, 存在 $\delta > 0$, 对任意的 $y, z \in [x-\delta, x+\delta]$, 使得不等式 (6.6.7) 成立, 等价地, $0 > (-1)^{n-1}u^{(n)}(z) > \lambda(-1)^{n-1}v^{(n)}(z)$ 且 $(-1)^{m-1}u^{(m)}(y) > \lambda(-1)^{m-1}v^{(m)}(y) > 0$。

因分布 $G(x)$ 相对于分布 $F(x)$ 是更加 n 阶风险的, 从而就有:

$$G^{[n]}(z) \geqslant F^{[n]}(z), z \in [x - \delta, x + \delta],$$

且存在某个 z, 使得不等式严格成立; 而分布 $H(x)$ 相对于分布 $F(x)$ 是更加 m 阶风险的; 从而就有:

$$H^{[n]}(y) \geqslant F^{[n]}(y), y \in [x - \delta, x + \delta],$$

且存在某个 y, 使得不等式严格成立, 于是:

$$0 > \int_{x-\delta}^{x+\delta} (-1)^{n-1} u^{(n)} [G^{[n]}(z) - F^{[n]}] \mathrm{d}z$$

$$> \lambda \int_{x-\delta}^{x+\delta} (-1)^{n-1} v^{(n)} [G^{[n]}(z) - F^{[n]}] \mathrm{d}z,$$

$$\int_{x-\delta}^{x+\delta} (-1)^{m-1} u^{(m)} [H^{[n]}(y) - F^{[n]}] \mathrm{d}y$$

$$> \lambda \int_{x-\delta}^{x+\delta} (-1)^{m-1} v^{(m)} [H^{[n]}(y) - F^{[n]}] \mathrm{d}y > 0,$$

简单整理可得:

$$\frac{\int_{x-\delta}^{x+\delta} (-1)^{n-1} u^{(n)} [G^{[n]}(z) - F^{[n]}] \mathrm{d}z}{\int_{x-\delta}^{x+\delta} (-1)^{m-1} u^{(m)} [H^{[n]}(y) - F^{[n]}] \mathrm{d}y} > \frac{\int_{x-\delta}^{x+\delta} (-1)^{n-1} v^{(n)} [G^{[n]}(z) - F^{[n]}] \mathrm{d}z}{\int_{x-\delta}^{x+\delta} (-1)^{m-1} v^{(m)} [H^{[n]}(y) - F^{[n]}] \mathrm{d}y},$$

即 $T_A > T_B$。

在 n/m 阶 Ross 更加风险厌恶的意义下, 下面的定理推广和扩展了之前的所有有关更加风险厌恶程度的比较刻画结果, 使得 n 阶 Ross 更加风险厌恶程度的刻画成为其特例, 从而进一步丰富了高阶风险厌恶程度的比较刻画内容。

定理 6.6.6 假设个体 A 和 B 既是 n 阶风险厌恶的又是 m 阶风险厌恶的, 则下面的三个命题等价:

(1) 个体 A 相对于个体 B 是 n/m 阶 Ross 更加风险厌恶的, 等价地, 存在 $\lambda > 0$ 使得:

$$\frac{u^{(n)}(x)}{v^{(n)}(x)} \geqslant \lambda \geqslant \frac{u^{(m)}(y)}{v^{(m)}(y)},$$

对所有的 $x, y \in [a, b]$;

(2) 存在 $\phi(x)$ 和 $\lambda > 0$, 使得 $u(x) = \lambda v(x) + \phi(x)$, 其中:

$$\phi(x) : [a, b] \to R, (-1)^{(m-1)} \phi^{(m-1)}(x) \leqslant 0$$

并且 $(-1)^{n-1} \phi^{(n)}(x) \geqslant 0$;

(3) $T_A \geqslant T_B$, 其中 T_A 和 T_B 分别由方程 (6.6.5) 和方程 (6.6.6) 唯一确定。

证明　(1)$\Longrightarrow$(2). 设 $\phi(x) = u(x) - \lambda v(x)$，有：

$$(-1)^{(m-1)}\phi^{(m)}(x) = (-1)^{(m-1)}u^{(m)}(x) - \lambda(-1)^{(m-1)}v^{(m)}(x) \leqslant 0,$$

$$(-1)^{(n-1)}\phi^{(n)}(x) = (-1)^{(n-1)}u^{(n)}(x) - \lambda(-1)^{(n-1)}v^{(n)}(x) \geqslant 0.$$

(2)$\Longrightarrow$(3).

$$\int_a^b u(x)\mathrm{d}[(1-T_A)F(x) + T_A H(x)]$$

$$= \int_a^b u(x)\mathrm{d}G(x) = \int_a^b [\lambda v(x) + \phi(x)]\mathrm{d}G(x)$$

$$= \int_a^b \lambda v(x)\mathrm{d}G(x) + \int_a^b \phi(x)\mathrm{d}G(x) \leqslant \int_a^b \lambda v(x)\mathrm{d}G(x) + \int_a^b \phi(x)\mathrm{d}F(x)$$

$$\leqslant \int_a^b \lambda v(x)\mathrm{d}[(1-T_B)F(x) + T_B H(x)] + \int_a^b \phi(x)\mathrm{d}[(1-T_B)F(x) + T_B H(x)]$$

$$= \int_a^b u(x)\mathrm{d}[(1-T_B)F(x) + T_B H(x)],$$

故 $T_A \geqslant T_B$，由此可证。

(3)$\Longrightarrow$(1)。已知 $T_A \geqslant T_B$，根据定义有：

$$\frac{\displaystyle\int_a^b u(x)\mathrm{d}[F(x) - G(x)]}{\displaystyle\int_a^b u(x)\mathrm{d}[F(x) - H(x)]} \geqslant \frac{\displaystyle\int_a^b v(x)\mathrm{d}[F(x) - G(x)]}{\displaystyle\int_a^b v(x)\mathrm{d}[F(x) - H(x)]}.$$

对任意的分布 $F(x), G(x)$ 和 $H(x)$，其中分布 $G(x)$ 相对于分布 $F(x)$ 是更加 n 阶风险的，而分布 $H(x)$ 相对于分布 $F(x)$ 是更加 m 阶风险的。根据不等式 (6.6.7)，可得：

$$\frac{\displaystyle\int_a^b (-1)^{n-1}u^{(n)}(x)(G^{[n]}(x) - F^{[n]}(x))\mathrm{d}x}{\displaystyle\int_a^b (-1)^{m-1}u^{(m)}(x)(H^{[m]}(x) - F^{[m]}(x))\mathrm{d}x}$$

$$\geqslant \frac{\displaystyle\int_a^b (-1)^{n-1}v^{(n)}(x)(G^{[n]}(x) - F^{[n]}(x))\mathrm{d}x}{\displaystyle\int_a^b (-1)^{m-1}v^{(m)}(x)(H^{[m]}(x) - F^{[m]}(x))\mathrm{d}x}.$$

我们用反证法证明。假设已知 $T_A \geqslant T_B$, 而个体 A 相对于个体 B 不是 n/m 阶 Ross 更加风险厌恶的, 等价地, 存在 $\theta > 0$, 有 $x, u \in [a, b]$ 使得:

$$\frac{u^{(n)}(x)}{v^{(n)}(x)} < \theta < \frac{u^{(m)}(y)}{v^{(m)}(y)}, \tag{6.6.8}$$

再根据效用函数的连续性, 可知必存在包含点 x 和 y 的子区间, 当 $x \in [a_1, b_1] \subset [a, b]$ 和 $y \in [a_2, b_2] \subset [a, b]$, 使得不等式 (6.6.8) 成立。

下面我们再来构造满足条件的分布 $F(x), G(x)$ 和 $H(x)$。选择合适的分布, 使得:

$$\begin{cases} G^{[n]}(x) - F^{[n]}(x) > 0, x \in [a_1, b_1]; \\ G^{[n]}(x) - F^{[n]}(x) = 0, x \notin [a_1, b_1]; \end{cases} \quad \begin{cases} H^{[m]}(x) - F^{[m]}(x) > 0, x \in [a_2, b_2]; \\ H^{[m]}(x) - F^{[m]}(x) = 0, x \notin [a_2, b_2]. \end{cases}$$

由上述构造的分布和不等式 (6.6.8) 可得:

$$\int_a^b (-1)^{n-1} u^{(n)}(x)(G^{[n]}(x) - F^{[n]}(x))\mathrm{d}x$$

$$< \theta \int_a^b (-1)^{n-1} v^{(n)}(x)(G^{[n]}(x) - F^{[n]}(x))\mathrm{d}x,$$

$$\int_a^b (-1)^{m-1} u^{(m)}(x)(H^{[m]}(x) - F^{[m]}(x))\mathrm{d}x$$

$$> \theta \int_a^b (-1)^{m-1} v^{(m)}(x)(H^{[m]}(x) - F^{[m]}(x))\mathrm{d}x.$$

显然, 上面的不等式与已知矛盾, 从而得证。

第七节 高阶风险厌恶强度的成本比较刻画

考虑一个现实问题: 假如两个个体或决策者具有相同的初始收益概率分布, 如果允许个体投资或实施努力活动, 其努力活动的成本以相应的效用损失为代价, 使得他们的收益概率分布向相对较小的风险的收益概率分布转移, 那么究竟哪一个个体愿意投资或实施更多的努力水平呢? 直觉表明: 为了提高收益概率分布, 更加风险厌恶的个体更愿意投资或实施更多的努力活动来改善境况。

(一)　高阶 A–P 更加风险厌恶的成本比较刻画

假设个体的初始收益分布为 $F(x)$, 分布 $F(x)$ 是分布 $G(x)$ 的一个保均值扩散, 为了将收益概率分布从 $F(x)$ 提升或改善为:

$$H(x,t) = (1-t)F(x) + tG(t), t \in [0,1],$$

个体所付出的努力成本用效用来度量, 其效用损失用 $c(t)$ 来表示, 其中 $c(t)$ 为递增的凸函数, 即 $c'(t) > 0, c''(t) > 0, t \in [0,1]$。

于是, 个体 A 的期望效用最大化问题为:

$$\overline{U}(t) = \int_0^M u(x)\mathrm{d}H(x,t) - c(t).$$

显然有 $\overline{U}''(t) \leqslant 0$, 从而该优化问题的最优解存在, 一阶条件为:

$$\int_0^M u(x)\mathrm{d}[G(x) - F(x)] = c'(t).$$

如果分布 F 是分布 G 的一个保均值扩散, 也就是说, 这两个分布具有相同的均值并且存在 $x_0 \in (0, M)$, 使得当 $x \in [0, x_0]$ 时, $F(x) \geqslant G(x)$; 当 $x \in [x_0, M]$ 时, $F(x) \leqslant G(x)$。假设个体 A 和 B 的最优努力水平分别为 t_A^* 和 t_B^*, 个体 A 相比于个体 B 是 A–P 更加风险厌恶的当且仅当 $t_A^* \geqslant t_B^*$, 即个体投资的努力水平与其风险偏好行为存在一致的比较静态结果。

事实上, 不妨假设 $u'(x_0) = v'(x_0) > 0$, 于是运用分部积分可得:

$$\frac{c'(t_A^*)}{u'(x_0)} - \frac{c'(t_B^*)}{v'(x_0)} = \frac{\int_0^M u(x)\mathrm{d}[G(x) - F(x)]}{u'(x_0)} - \frac{\int_0^M v(x)\mathrm{d}[G(x) - F(x)]}{v'(x_0)}$$

$$= -\int_0^M \left[\frac{u'(x)}{u'(x_0)} - \frac{v'(x)}{v'(x_0)} \right] [G(x) - F(x)]\mathrm{d}x.$$

我们知道, 若个体 A 相比于个体 B 是 A–P 更加风险厌恶的当且仅当 $u'(x)/u'(y) \leqslant v'(x)/v'(y)$, 对任意的 $y < x$ 均成立。因此, 当 $x < x_0$ 时, $u'(x)/u'(x_0) - v'(x)/v'(x_0) \geqslant 0$, 而 $G(x) - F(x) \leqslant 0$; 当 $x > x_0$ 时, $u'(x)/u'(x_0) - v'(x)/v'(x_0) \leqslant 0$, 而 $G(x) - F(x) \geqslant 0$。因此, 综上所述, 当 $x \in [0, M]$ 时, 总有 $c'(t_A^*)/u'(x_0) - c'(t_B^*)/v'(x_0) \geqslant 0$ 因 $u'(x_0) = v'(x_0)$, 而 $c(t)$ 为凸函数, 从而可得 $t_A^* \geqslant t_B^*$。

对于收益分布的二阶风险增加的风险变化，即收益分布的保均值扩散，在 A–P 更加风险厌恶的意义下，越是风险厌恶的个体，其投资或实施的努力水平越大。假设收益分布的风险变化为高阶风险增加，在高阶的 A–P 更加风险厌恶的意义下，是否仍然意味着越是风险厌恶的个体，其投资或实施的努力水平也就越高呢？换句话说，上面获得的结果，能否推广到高阶的风险变化且个体是高阶 A–P 更加风险厌恶的情形？下面的结果给出了肯定的回答。

定理 6.7.1 设

$$t_A^* = \text{argMax} \int_0^M u(x)\mathrm{d}H(x,t) - c(t), \ t_B^* = \text{argMax} \int_0^M v(x)\mathrm{d}H(x,t) - c(t),$$

其中个体 A 和 B 分别是 n 和 $n-1$ 阶风险厌恶者，对任何不同于分布 G 且由 G 经过简单的 n 阶风险增加得到的 F，则 $t_A^* \geqslant t_B^*$ 当且仅当个体 A 相比于个体 B 是更加 n 阶 A–P 风险厌恶的。

证明 (1) 充分性。根据个体效用函数的性质，适当选取个体 A 和 B 的效用函数，使得：

$$u^{(n-1)}(x_0) = v^{(n-1)}(x_0)$$

个体 A 和 B 的最优化问题的一阶条件分别为

$$\int_0^M u(x)\mathrm{d}[G(x) - F(x)] = c'(t_A^*)$$

和

$$\int_0^M v(x)\mathrm{d}[G(x) - F(x)] = c'(t_B^*).$$

因而有：

$$c'(t_A^*) - c'(t_B^*) = \int_0^M [u(x) - v(x)]\mathrm{d}[G(x) - F(x)].$$

令 $T = (-1)^n [c'(t_A^*) - c'(t_B^*)]/u^{(n-1)}(x_0)$，因而有：

$$T = (-1)^n \int_0^M \frac{u(x) - v(x)}{u^{(n-1)}(x_0)}\mathrm{d}[G(x) - F(x)],$$

反复使用分部积分法，最后化为：

$$T = \int_0^M \left[\frac{u^{(n-1)}(x)}{u^{(n-1)}(x_0)} - \frac{v^{(n-1)}(x)}{v^{(n-1)}(x_0)} \right] \mathrm{d}[F^{[n-1]}(x) - G^{[n-1]}(x)].$$

这里使用恒等式:

$$\frac{u^{(n)}(x)}{u^{(n-1)}(x)} = \frac{\mathrm{d}}{\mathrm{d}x} \log u^{(n-1)}(x),$$

因此, 若

$$\frac{u^{(n)}(x)}{u^{(n-1)}(x)} \leqslant \frac{v^{(n)}(x)}{v^{(n-1)}(x)},$$

可化为:

$$\frac{\mathrm{d}}{\mathrm{d}x} \log u^{(n-1)}(x) \leqslant \frac{\mathrm{d}}{\mathrm{d}x} \log v^{(n-1)}(x),$$

两边积分可得:

$$\int_{x_0}^{x} \frac{\mathrm{d}}{\mathrm{d}x} \log u^{(n-1)}(x) \leqslant \int_{x_0}^{x} \frac{\mathrm{d}}{\mathrm{d}x} \log v^{(n-1)}(x),$$

从而对所有的 $x \geqslant x_0$ 就有:

$$\frac{u^{(n-1)}(x)}{u^{(n-1)}(x_0)} \leqslant \frac{v^{(n-1)}(x)}{v^{(n-1)}(x_0)},$$

同理, 对所有的 $x \leqslant x_0$, 就有:

$$\frac{u^{(n-1)}(x)}{u^{(n-1)}(x_0)} \geqslant \frac{v^{(n-1)}(x)}{v^{(n-1)}(x_0)},$$

再加上分布 F 相比于分布 G 是 n 阶风险增加的当且仅当存在 $x_0 \in [0, M]$, 使得 $F^{[n-1]}$ 和 $G^{[n-1]}$ 仅仅穿过一次。综上所述, $T = (-1)^n [c'(t_A^*) - c'(t_B^*)]/ u^{(n-1)}(x_0) > 0$, 从而由成本函数的凸性可得 $t_A^* \geqslant t_B^*$。

(2) 必要性。用反证法来证明。已知 $t_A^* \geqslant t_B^*$, 假设存在 $x \in [0, M]$, 使得:

$$-\frac{u^{(n)}(x)}{u^{(n-1)}(x)} < -\frac{v^{(n)}(x)}{v^{(n-1)}(x)}.$$

由于效用函数都是无限可微的函数, 一定存在 x 的某个领域 Z, 使得上述不等式成立。接下来再选择合适的分布函数 F 和 G 是单穿 (曲线仅仅在 x_0 处相互穿过一次) 的函数, 且分布 F 相比于 G 是 n 阶风险增加的。从而就有, 对任意的 $z \in Z$, 若 $z < x_0$, 则:

$$\frac{u^{(n)}(z)}{u^{(n-1)}(x_0)} < \frac{v^{(n)}(z)}{v^{(n-1)}(x_0)},$$

并且

$$F^{[n-1]}(x) > G^{[n-1]}(x)$$

若 $z > x$, 则

$$\frac{u^{(n)}(z)}{u^{(n-1)}(x_0)} > \frac{v^{(n)}(z)}{v^{(n-1)}(x_0)}$$

并且

$$F^{[n-1]}(x) < G^{[n-1]}(x).$$

综上所述, 对任意的 $z \in Z$, $T = (-1)^n[c'(t_A^*) - c'(t_B^*)]/u^{(n-1)}(x_0) < 0$, 从而由成本函数的凸性可得 $t_A^* < t_B^*$, 与已知条件矛盾, 从而得证.

对于高阶风险增加的风险变化, 个体通过投资或实施努力活动, 进而改善其面临的风险境况. 当收益分布面临一个 n 阶风险增加的风险变化时, 在 n 阶 A–P 更加风险厌恶的刻画下, 一个 n 阶且 $n-1$ 阶风险厌恶者总是愿意投资更多的努力活动, 即个体 A 相比于个体 B 是 n 阶 A–P 更加风险厌恶的当且仅当 $t_A^* \geqslant t_B^*$。

(二) 高阶 Ross 更加风险厌恶的成本比较刻画

同样地, 假如两个个体或决策者具有相同的初始收益概率分布, 如果允许个体投资或实施努力活动, 但其努力活动的成本以相应的财富支出为代价, 使得他们的收益概率分布向相对较小的风险的收益概率分布转移, 那么究竟哪一个个体更愿意投资或实施努力水平呢?

假设个体 A 初始的收益概率分布为 $F(x), x \in [0, M]$; 相比于分布 F, 假设个体都更偏好于另一个分布 $G(x), x \in [0, M]$; 给定任意的 $t \in [0,1]$, 可构造混合分布 $H(x,t) = (1-t)F(x) + tG(x)$, 从而对于个体而言, 该混合分布 $H(x)$ 相比于分布 $F(x)$ 变好而相比于分布 $G(x)$ 变差. 也就是说, 对于给定的上述分布 $F(x), G(x)$ 和 $H(x)$, 个体的偏好关系顺序为: $G(x) \succeq H(x) \succeq F(x)$. 如果个体想改善其收益概率分布, 就需要付出一定的货币成本.

假设个体为了将收益概率分布从 $F(x)$ 提升为 $H(x,t)$, 所支付的货币成本函数为 $c(t), c(0) = 0, c(1) = M, c'(t) > 0, t \in [0,1]$. 于是个体 A 的期望效用最大化问题为:

$$U(t) = \int_0^M u(x - c(t)) \mathrm{d}H(x,t).$$

为了改善其收益分布, 在高阶风险增加的风险变化下, 个体是否愿意投资或实施努力活动呢? 实际上, 对于高阶风险厌恶的个体, 总是乐意投资努力活动, 以便改善其收益境况。

定理 6.7.2　设

$$t^* = \mathrm{argMax} \int_0^M u(x - c(t))\mathrm{d}H(x,t),$$

对任何比分布 G 更加 n 阶风险的分布 F, 则 $t^* > 0$ 当且仅当个体是 n 阶风险厌恶者。

证明　反复使用分部积分法, 从而该最优化问题的一阶条件为:

$$(-1)^{n-1} \frac{\int_0^M u^{(n)}(x - c(t))[F^{[n]}(x) - G^{[n]}(x)]\mathrm{d}x}{\int_0^M u'(x - c(t))\mathrm{d}H(x,t)} = c'(t).$$

由于 F 比 G 更加 n 阶风险, 从而有 $F^{[n]}(x) \geqslant G^{[n]}(x)$; 假设 $c(0) = 0, c'(t) > 0, t \in [0,1]$, 于是 $(-1)^{n-1}u^{(n)}(x) > 0$ 当且仅当 $t > 0$, 即 $t^* > 0$ 当且仅当个体是 n 阶风险厌恶者。从而得证。

当 F 比 G 有更加 n 阶风险时, 该定理确定了 n 阶风险厌恶与 t 的选择值之间的关系。对于 $n = 2$, 该定理意味着对于任何分布函数 F, F 是 G 的保均值风险增加, $t^* > 0$ 当且仅当个体是风险厌恶者, 即风险厌恶的个体总是愿意投资或实施努力活动, 以便改善其收益概率分布。

对 $n = 3$, 分布 F 比 G 具有更加三阶风险意味着分布 F 具有比 G 更加下行风险, 相应地把三阶风险厌恶定义成下行风险厌恶。因此, 从该定理可知, 对于任何具有比 G 更加下行风险的分布函数 F 来说, $t^* > 0$ 当且仅当个体是下行风险厌恶的, 即下行风险厌恶的个体总是愿意投资或实施努力活动, 以便改善其收益概率分布。

更一般地, $t^* > 0$ 当且仅当个体是 n 阶风险厌恶者, 意味着 n 阶风险厌恶的个体总是愿意投资或实施努力活动, 以便改善其收益境况。

对于收益分布的保均值扩散的风险变化, 个体 A 相比于个体 B 是 Ross 更加风险厌恶的当且仅当 $t_A^* \geqslant t_B^*$, 即在 Ross 更加风险厌恶的刻画下, 更加风险厌恶的个体总是投资更多的努力活动。事实上, 为了求解上面的最优化问题, 我们需要假设个体 A 的效用函数 $u(x)$ 二次可微, 且是严格递增的凹函数,

即 $u'(x) > 0, u''(x) < 0$。于是满足最优解 t_A^* 的一阶条件为:

$$\int_0^M u(x - c(t_A^*))\mathrm{d}[G(x) - F(x)] - \int_0^M u'(x - c(t_A^*))c'(t_A^*)\mathrm{d}H(x, t_A^*) = 0,$$

即:

$$\int_0^M u(x - c(t_A^*))\mathrm{d}[G(x) - F(x)] = \int_0^M u'(x - c(t_A^*))c'(t_A^*)\mathrm{d}H(x, t_A^*).$$

上式左边关于 x 分部积分两次可得:

$$\int_0^M u(x - c(t_A^*))\mathrm{d}[G(x) - F(x)]$$

$$= -\int_0^M u'(x - c(t_A^*))[G(x) - F(x)]\mathrm{d}x$$

$$= -\int_0^M u''(x - c(t_A^*)) \int_0^x [F(y) - G(y)]\mathrm{d}y\mathrm{d}x,$$

上面两式联立起来可化为:

$$-\frac{\displaystyle\int_0^M u''(x - c(t_A^*)) \int_0^x [F(y) - G(y)]\mathrm{d}y\mathrm{d}x}{\displaystyle\int_0^M u'(x - c(t_A^*))\mathrm{d}H(x, t_A^*)} - c'(t_A^*) = 0.$$

假如另一个个体 B 的效用函数为 $v(x)$,且与个体 A 的效用函数 $u(x)$ 具有相同的假设。因个体 A 相比于个体 B 是 Ross 更加风险厌恶的, 对任意的 $y, z \in [-M, M]$, 就有:

$$-\frac{u''(y)}{u'(z)} \geqslant -\frac{v''(y)}{v'(z)}.$$

进一步地, 先对上述不等式取导数, 再关于 z 两边求积分可得:

$$-\frac{u''(y)}{\displaystyle\int_0^M u'(z)\mathrm{d}H(z)} \geqslant -\frac{v''(y)}{\displaystyle\int_0^M v'(z)\mathrm{d}H(z)},$$

对任意的 $y \in [-M, M]$ 均成立。

个体 B 为了改善其收益概率分布, 假设其支付的最优成本为 t_B^*, 从而个体 B 的最优化问题的一阶条件简化为:

$$-\frac{\int_0^M v''(x - c(t_B^*)) \int_0^x [F(y) - G(y)] \mathrm{d}y \mathrm{d}x}{\int_0^M v'(x - c(t_B^*)) \mathrm{d}H(x, t_B^*)} - c'(t_B^*) = 0.$$

将个体 A 的最优支出成本 t_A^* 代入个体 B 的一阶条件可得:

$$-\frac{\int_0^M v''(x - c(t_A^*)) \int_0^x [F(y) - G(y)] \mathrm{d}y \mathrm{d}x}{\int_0^M v'(x - c(t_A^*)) \mathrm{d}H(x, t_A^*)} - c'(t_A^*) \leqslant 0.$$

可见, 当分布 $G(x)$ 是分布 $F(x)$ 的一个保均值风险减少时, 即:

$$\int_0^x [F(y) - G(y)] \mathrm{d}y > 0,$$

对任意的 $x \in [0, M]$, 若个体 A 相比于个体 B 是 Ross 更加风险厌恶的, 则个体 A 的最优支出成本 t_A^* 不小于个体 B 的最优支出成本 t_B^*, 即 $t_A^* \geqslant t_B^*$。

对于高阶风险变化的收益分布, 在 n 阶 Ross 更加风险厌恶的意义下, 为了改善其收益概率分布, 个体通过投资或实施努力活动, 是否仍然存在与个体的风险偏好相一致的比较静态结果呢? 下面的定理揭示了它们之间的关系。

定理 6.7.3　设个体 A 和 B 都是 n 阶风险厌恶的, 令

$$t_A^* = \mathrm{argMax} \int_0^M u(x - c(t)) \mathrm{d}H(x, t),$$

$$t_B^* = \mathrm{argMax} \int_0^M v(x - c(t)) \mathrm{d}H(x, t).$$

若分布 G 相比于分布 F 是更加 n 阶风险的, 则 $t_A^* \geqslant t_B^*$ 当且仅当 A 相比于 B 是 n 阶 Ross 更加风险厌恶的。

证明　(1) 充分性。个体 A 和 B 的最优化问题的一阶条件分别为:

$$(-1)^{n-1} \frac{\int_0^M u^{(n)}(x - c(t_A^*)) [F^{[n]}(x) - G^{[n]}(x)] \mathrm{d}x}{\int_0^M u'(x - c(t_A^*)) \mathrm{d}H(x, t_A^*)} - c'(t_A^*) = 0$$

和

$$(-1)^{n-1} \frac{\displaystyle\int_0^M v^{(n)}(x - c(t_B^*))[F^{[n]}(x) - G^{[n]}(x)]\mathrm{d}x}{\displaystyle\int_0^M v'(x - c(t_B^*))\mathrm{d}H(x, t_B^*)} - c'(t_B^*) = 0.$$

不妨假设存在 y_A, 使得:

$$u'(y_A) = \int_0^M u'(x - c(t_A^*))\mathrm{d}H(x, t_A^*);$$

同样存在 y_B, 使得:

$$v'(y_B) = \int_0^M v'(x - c(t_B^*))\mathrm{d}H(x, t_B^*).$$

因此有: $c'(t_A^*) - c'(t_B^*) = \int_0^M \left[\frac{(-1)^{n-1}u^{(n)}(x - c(t_A^*))}{u'(y_A)} - \frac{(-1)^{n-1}v^{(n)}(x - c(t_B^*))}{v'(y_B)} \right]$
$[F^{[n]}(x) - G^{[n]}(x)]\mathrm{d}x$。

由于对所有的 $x \in [-M, M]$, 有:

$$(-1)^{n-1}\frac{u^{(n)}(x)}{u'(y_A)} \geqslant (-1)^{n-1}\frac{v^{(n)}(x)}{v'(y_B)}$$

而且对任意的 $x \in [0, M]$, 有 $F^{[n]}(x) \geqslant G^{[n]}(x)$, 从而可得 $c'(t_A^*) \geqslant c'(t_B^*)$, 而 $c(x)$ 为凸函数, 从而就有 $t_A^* \geqslant t_B^*$。

(2) 必要性。用反证法来证明。已知 $t_A^* \geqslant t_B^*$, 假设存在 $y, z \in [-M, M]$, 使得:

$$(-1)^{n-1}\frac{u^{(n)}(z)}{u'(y)} < (-1)^{n-1}\frac{v^{(n)}(z)}{v'(y)}.$$

构造两个新的分布 $\overline{F}$ 和 $\overline{G}$, 使得 $\overline{F}$ 相比于 $\overline{G}$ 是 n 阶风险增加的。选择合适的 t, 使得:

$$u'(y) = \int_{-M}^M u'(z)\mathrm{d}[(1-t)\overline{F}(z) + t\overline{G}(z)].$$

假设给定成本 c 时, 个体 A 的最优选择为 t_A, 设 $x = z + c(t_A)$, 从而就有:

$$(-1)^{n-1}\frac{u^{(n)}(x - c(t_A))}{u'(y)} < (-1)^{n-1}\frac{v^{(n)}(x - c(t_A))}{v'(y)}.$$

令 $F(x) = \overline{F}(x - c(t_A))$, 可得 $c'(t_A^*) < c'(t_B^*)$, 因 $c(t)$ 为凸函数, 可得 $t_A^* < t_B^*$ 与已知矛盾, 从而得证.

特别地, 对于任意的 x, y, 当 $n = 2$ 时, 若 $-u''(x)/u'(y) \geqslant -v''(x)/v'(x)$ 时, 则个体 A 相比于个体 B 是 Ross 更加风险厌恶的, 该定理表明: 当 A 和 B 是风险厌恶的个体时, 对所有比 G 更加二阶风险增加的风险 F 来说, $t_A \geqslant t_B$ 当且仅当个体 A 相比于个体 B 是 Ross 更加风险厌恶的, 即越是 Ross 更加风险厌恶的个体, 其投资或实施的努力就越多.

当 $n = 3$ 时, 若 $u'''(x)/u'(y) \geqslant v'''(x)/v'(x)$ 时, 则个体 A 相比于个体 B 是更加下行风险厌恶的. 该定理说明了当 A 和 B 是下行风险厌恶的个体时, 对所有比 G 具有更加下行风险的风险 F 来说, $t_A \geqslant t_B$ 当且仅当 A 和 B 是更加下行风险厌恶的, 即越是下行风险厌恶的个体, 其投资或实施的努力就越多. 更一般地, 对于高阶的风险变化, 越是高阶 Ross 更加风险厌恶的个体, 其投资或实施的努力就越多.

第八节　本章小结

在对预防性储蓄问题的研究中, 在期望效用框架下, 如果个体具有凸的边际效用的效用函数, 则称该个体是风险谨慎者 (风险谨慎又被称为下行风险厌恶), 即 $u'''(x) > 0$; 反之, 则称个体是风险不谨慎者. 为了刻画个体的预防性储蓄动机的强度, 风险谨慎测度、下行风险厌恶测度、三阶风险厌恶测度、递减的绝对风险厌恶测度以及风险谨防测度相继被引入研究, 都用来刻画个体对下行风险的厌恶程度. 基于不同的下行风险厌恶测度, 相关研究分别获得了相应的比较静态结果: 更加下行风险厌恶的个体具有更大的下行风险厌恶测度.

我们不禁要问: 为什么有关下行风险厌恶强度的测度竟然有五种之多? 或许最好的回答就是: 时至今日, 我们仍未能获得一个像刻画 A–P 风险厌恶强度一样的统一测度. 其根本原因在于, 这些刻画下行风险厌恶强度的测度, 都是研究者在具体的研究背景下, 根据自身的研究需要衍生出来而不是在统一的经济环境或模型中获得, 尽管它们在各自的研究领域里均发挥了一定的作用, 但如果将这些测度放在其他领域里进行研究, 或许又不能获得理想的结果, 从而这样的测度并无广泛适用性. 需要强调的是, 上述有关下行风险厌恶强度的测度尽管并不完美, 或多或少地都存在一些遗憾, 甚至个别测度还存在自身的一些缺陷, 但并不妨碍我们理解和认识个体对下行风险厌恶的强度及其表现方式, 因为这些测度都是从不同视角对下行风险厌恶强度的理解和诠释。

为了进一步将风险厌恶和风险谨慎强度的刻画方法推广到 $n(n \geqslant 3)$ 阶风险厌恶的情形, 现有的文献主要基于两条研究主线: 一条研究主线是沿着经典的 A–P 更加风险厌恶的刻画, 将 n 阶风险厌恶的强度推广到 n 阶 A–P 更加风险厌恶的情形; 另一条研究主线是基于 Ross 更加风险厌恶的刻画, 将 n 阶风险厌恶的强度推广到 n 阶 Ross 更加风险厌恶的情形。然而, 不管这种向高阶的推广是沿着哪种研究主线, 但对高阶风险厌恶强度的刻画方法却基于相同的研究范式, 即经典的 A–P 更加风险厌恶强度的刻画。

最近, 高阶风险厌恶的刻画又被扩展到 n/m 阶 Ross 更加风险厌恶, 使得 n 阶 A–P 更加风险厌恶和 n 阶 Ross 更加风险厌恶成为其特例。特别地, 这三种对高阶风险厌恶程度的刻画依次增强, 即 n 阶 Ross 更加风险厌恶的刻画强于 n 阶 A–P 更加风险厌恶, 而 n/m 阶 Ross 更加风险厌恶的刻画又强于 n 阶 Ross 更加风险厌恶。此外, 在这些高阶风险厌恶的刻画下, 本章分别讨论了个体间高阶风险厌恶程度的等价刻画以及有关比较静态结果, 尤其, 我们的研究结果进一步表明: 风险补偿在高阶风险厌恶强度的刻画中的重要作用。

参 考 文 献

[1] Menezes, C., C., Geiss, J., Tressler, Increasing downside risk, American Economic Review, 1980, 70(5): 921-932.

[2] Ekern, S., Increasing nth degree risk, Economics Letters, 1980, 6(4): 329-333.

[3] Jindapon, P., W., Neilson, Higher-order generalizations of Arrow-Pratt and Ross risk aversion: A comparative statics approach, Journal of Economic Theory, 2007, 136(1): 719-728.

[4] Li, J., Comparative higher-degree Ross risk aversion, Insurance: Mathematics and Economics, 2009, 45(3): 333-336.

[5] Denuit, M., L., Eeckhoudt, Stronger measures of higher-order risk attitudes, Journal of Economic Theory, 2010, 145(5): 2027-2036.

[6] Modica, S., M., Scarsini, A note on comparative downside risk aversion, Journal of Economic Theory, 2005, 122(1): 267-271.

[7] Liu, L., J., Meyer, Substituting one risk increase for another: A method for measuring risk aversion, Journal of Economic Theory, 2013, 148(6): 2706-2718.

[8] 田国强, 田有功, 不确定性下的高阶风险厌恶理论、实验及其应用, 学术月刊, 2017, 49(8): 68-79.

[9] Kimball, M., Precautionary savings in the small and in the large, Econometrica, 1990, 58(1): 53-73.

[10] Chiu, W., Skewness preference, risk aversion, and the precedence relations on stochastic changes, Management Science, 2005, 51(12): 1816-1828.

[11] Denuit, M., L., Eeckhoudt, A general index of absolute risk attitude, Management Science, 2010, 56(4): 712-715.

[12] Keenan, D., A., Snow, Greater downside risk aversion, Journal of Risk and Uncertainty, 2002, 24(3): 267-277.

[13] Keenan, D., A., Snow, Greater downside risk aversion in the large, Journal of Economic Theory, 2009, 144(3): 1092-1101.

[14] Crainich, D., L., Eeckhoudt, On the intensity of downside risk aversion, Journal of Risk and Uncertainty, 2008, 36(3): 267-276.

[15] Arrow, K., Yrjö jahnsson lecture notes, Helsinki: yrjö jahnsson foundation, reprinted in: Arrow, K., 1971, Essays in the theory of risk bearing, Markum publishing company. 1965.

[16] Pratt, J., Risk aversion in the small and in the large, Econometrica, 1964, 32(12): 122-136.

[17] Ross, S., Some stronger measures of risk aversion in the small and in the large with applications, Econometrica, 1981, 49(3): 621-638.

[18] Gollier, C., J., Pratt, Risk vulnerability and the tempering effect of background risk, Econometrica, 1996, 64(5): 1109-1124.

[19] Liu, L., J., Meyer, Decreasing absolute risk aversion, prudence and increased downside risk aversion, Journal of Risk and Uncertainty, 2012, 44(3): 243-260.

[20] Huang, J., R., Stapleton, Cautiousness, skewness preference, and the demand for options, Review of Finance, 2014, 18(6): 2375-2395.

[21] Caballé, J., A., Pomansky, Mixed risk aversion, Journal of Economic Theory, 1996, 71(2): 485-513.

[22] 田有功, 高阶 Ross 更加风险厌恶的一个比较刻画, 应用数学学报, 2017, 40(3): 355-367.

[23] Liu, L., Precautionary saving in the large: nth degree deteriorations in future income, Journal of Mathematical Economics, 2014, 52: 169-172.

第七章　高阶风险偏好的彩票刻画及实验证据

在期望效用分析框架之外，埃克豪特和施莱辛格 [1](Eeckhoudt & Schlesinger) 凭借个体对一种特殊的彩票对 (将损失分解在不同状态上的复合彩票) 的偏好行为, 对相应的高阶风险态度提供了一个全新的解释。具体而言, 风险厌恶、风险谨慎、风险节制以及高阶的风险态度被描述为对机会均等的特殊的彩票对的偏好行为。更重要的是, 对高阶风险态度的刻画, 尽管这种基于彩票对的刻画与借助效用函数的刻画等价, 然而这种基于彩票对的偏好关系的刻画其最大魅力在于: 它的简单明了和实验可操作性强, 能够更直接地和更客观地描述个体对风险的真实态度, 尤其在实证研究中更易捕获个体风险态度的直接证据, 而无需再借助效用函数等个体的行为特征间接地、主观地刻画个体风险行为 [2]。

基于彩票对的非期望效用分析框架, 埃克豪特等人 [3] 使用了一套更加通俗易懂的说法解释了个体的风险偏好行为。具体地, 对彩票对中元素的描述不是基于损失, 而是考虑了不同的结果 (或状态), 在某种刻画风险变化的意义下 (例如, 风险增加或者随机占优), 在每一个彩票的两种结果中, 总有一个相对好的结果, 另一个就是相对坏的结果。通过分析个体对彩票对中两种不同结果的不同结合方式 (好与好, 坏与坏; 好与坏, 坏与好) 的偏好关系, 个体的不同阶的风险态度分别被刻画了出来。接下来, 我们将分别介绍这两种对高阶风险态度的非期望刻画方法, 以及对在实证研究中所捕获的高阶风险态度的实验证据进行梳理 [2]。

第一节　高阶风险偏好的彩票刻画

在经济学中, 一个最基本的假设是所有个体都认为财富越多越好, 即多多益善, 这一客观事实用个体的效用函数 $u(w)$ 来表述为其效用函数的一阶导数恒正, 即 $u'(w) > 0$。此外, 由于我们考虑的只是具有等可能状态的彩票, 即彩票的各个状态 (或结果) 发生的机会均等, 各占 1/2, 彩票用记号 $[A, B]$ 来表示, 其中 A 和 B 为彩票的两个状态, 出现的可能性为 1/2。

(一)　风险厌恶的彩票刻画

给定一个财富水平为 w 的个体, 设 $k, r > 0$ 是两个固定的货币数量。考虑一个彩票对 $\{A_2, B_2\}$, 其中 $B_2 = [w-k, w-r]$, $A_2 = [w, w-k-r]$, 正如前面的假设, 所有彩票的两个状态都是等可能发生的而且每个状态上的最终财富都是严格正的。一个个体是风险厌恶的当且仅当对所有可能的 w, k 和 r, 个体总是认为 B_2 优于 A_2。我们把个体认为 B_2 优于 A_2 的这种偏好关系称为一种能够分解损失 (损失为 k 和 r) 的偏好关系 [1]。因一个风险厌恶的个体偏好于将两个不可避免的确定损失分解在不同的状态上, 而不是集中在同一个状态上的彩票, 换句话说, 风险厌恶的个体更偏好于将两个确定的损失分摊在不同状态上的彩票, 所以我们把二阶的风险态度——风险厌恶又称为二阶风险分摊。风险厌恶者对彩票对偏好关系如图 7.1.1 所示。

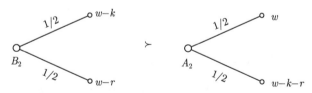

图 7.1.1　风险厌恶的个体对彩票对的偏好关系

假设个体的财富面临两次潜在的变化: 在每次变化中, 财富可能没有损失; 也有可能有一个确定的损失 k 或 r, 其可能性各占一半。显然, 对于任何个体而言, 0 总是一个相对好的结果, 而 $-k$ 和 $-r$ 总是一个相对坏的结果。于是, 对于彩票对彩票 $B_2 = [w-k+0, w+0-r]$, $A_2 = [w+0+0, w-k-r]$, 彩票 B_2 就是相对好与坏的结果 (0 与 $-k$ 和 0 与 $-r$) 相结合的彩票, 而彩

票 A_2 却是相对好与好和相对坏与坏的结果 (0 与 0 和 $-k$ 与 $-r$) 相结合的彩票。从而个体是风险厌恶的当且仅当, 相对于任何相对好与好和相对坏与坏的结果相结合的彩票, 个体总是偏好于相对好与坏和相对坏与好的结果相结合的彩票 [3]。

(二) 风险谨慎的彩票刻画

为了定义三阶的风险态度——风险谨慎, 在上述对风险厌恶的定义中, 将其中一个确定性损失 $-r$ 用一个零均值风险 $\tilde{\varepsilon}_1$ 代替, 从而风险谨慎被定义为个体都认为彩票 $B_3 = [w-k, w+\tilde{\varepsilon}_1]$ 优于 $A_3 = [w, w-k+\tilde{\varepsilon}_1]$, 对所有的财富水平 w 都成立。一个风险谨慎的个体总是偏好于将一个不可避免的零均值风险和一个确定的损失分解在不同状态上, 而不是集中在同一状态上的彩票, 换句话说, 风险谨慎的个体更偏好于将一个不可避免的零均值风险和一个确定的损失分摊在不同状态上的彩票, 所以我们把三阶的风险态度——风险谨慎又称为三阶风险分摊 [1]。风险谨慎者对彩票对的偏好关系如图 7.1.2 所示。

对于谨慎者而言, 对于彩票 $[-k, 0]$, $-k$ 是相对坏的结果, 而 0 是相对好的结果; 对于彩票 $[\tilde{\varepsilon}_1, 0]$, 对风险厌恶者而言, $\tilde{\varepsilon}_1$ 是相对坏的结果, 而 0 是相对好的结果。相比于相对好与好和相对坏与坏的结果 (0 与 0 和 $-k$ 与 $\tilde{\varepsilon}_1$) 相结合的彩票, 即彩票 A_3, 一个风险谨慎者总是偏好于相对好与坏的结果 (0 与 $\tilde{\varepsilon}_1$ 和 $-k$ 与 0) 相结合的彩票 [3], 即彩票 B_3。故风险谨慎者均认为彩票 B_3 优于 A_3。

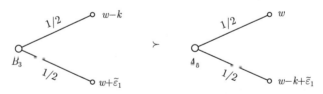

图 7.1.2 风险谨慎的个体对彩票对的偏好关系

(三) 风险节制的彩票刻画

为了定义四阶的风险态度——风险节制, 在上述对风险谨慎的定义中, 将另一个确定的损失 $-k$ 替换为另一个零均值风险 $\tilde{\varepsilon}_2$, 其中 $\tilde{\varepsilon}_1$ 和 $\tilde{\varepsilon}_2$ 在统计上独立。从而, 风险节制被定义为个体都认为 $B_4 = [w+\tilde{\varepsilon}_1, w+\tilde{\varepsilon}_2]$ 优于 $A_4 = [w, w+\tilde{\varepsilon}_1+\tilde{\varepsilon}_2]$。由此可见, 一个风险谨慎的个体总是偏好于将两个在统计上

独立的零均值风险等可能地分解在不同状态上, 而不是集中在同一状态上的彩票。换句话说, 风险节制的个体更偏好于将两个在统计上独立的零均值风险分摊在不同状态上的彩票, 所以我们把四阶的风险态度——风险节制又称为四阶风险分摊 [1]。风险节制者彩票对的偏好关系如图 7.1.3 所示。

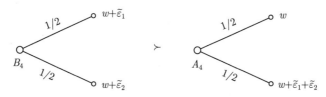

图 7.1.3　风险节制的个体对彩票对的偏好关系

对风险节制者而言, 对于彩票 $[\tilde{\varepsilon}_1, 0]$, $\tilde{\varepsilon}_1$ 是相对坏的结果, 而 0 是相对好的结果; 对于彩票 $[\tilde{\varepsilon}_2, 0]$, $\tilde{\varepsilon}_2$ 是相对坏的结果, 而 0 是相对好的结果, 相比于相对好与好和相对坏与坏的结果 (0 与 0 和 $\tilde{\varepsilon}_1$ 与 $\tilde{\varepsilon}_2$) 相结合的彩票, 即彩票 $A_4 = [w, w + \tilde{\varepsilon}_1 + \tilde{\varepsilon}_2]$, 一个风险节制的个体总是偏好于相对好与坏的结果 (0 与 $\tilde{\varepsilon}_2$ 和 $\tilde{\varepsilon}_1$ 与 0) 相结合的彩票 [3], 即彩票 $B_4 = [w + \tilde{\varepsilon}_1, w + \tilde{\varepsilon}_2]$。故风险节制者均认为彩票 B_4 优于 A_4。

(四)　风险急躁的彩票刻画

为了定义五阶的风险态度——风险急躁, 基于前面定义的彩票 A_3, B_3, 重新构造新的彩票 $A_5 = [0 + B_3, \tilde{\varepsilon}_2 + A_3]$, $B_5 = [0 + A_3, \tilde{\varepsilon}_2 + B_3]$, 且彩票的每一个可能的结果都是等可能的。对于彩票对 A_5, B_5, 若个体认为彩票 B_5 优于彩票 A_5, 则称个体为风险急躁的 [1]。对风险急躁者而言, 对于彩票 $[\tilde{\varepsilon}_2, 0]$, $\tilde{\varepsilon}_2$ 是相对坏的结果, 而 0 是相对好的结果; 对于彩票 $[A_3, B_3]$, A_3 是相对坏的结果, 而 B_3 是相对好的结果, 相比于相对好与好和相对坏与坏的结果 (0 与 B_3 和 $\tilde{\varepsilon}_2$ 与 A_3) 相结合的彩票, 一个风险急躁的个体总是偏好于相对好与坏的结果 (0 与 A_3 和 $\tilde{\varepsilon}_2$ 与 B_3) 相结合的彩票 [3], 即 B_5 优于 A_5, 为此又把风险急躁称为五阶风险分摊。风险急躁者彩票对的偏好关系如图 7.1.4 所示。

(五)　n 阶风险厌恶的彩票刻画

为了定义个体的高阶的风险态度, 我们需要基于前面引入的彩票对, 以一定的规律重新构造出新的彩票对, 使得个体对相应的彩票的偏好关系捕获其

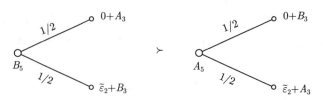

图 7.1.4　风险急躁的个体对彩票对的偏好关系

高阶的风险态度。为此, 令 $B_1 = B_2 = [0], A_1 = \{-k\}, A_2 = [\tilde{\varepsilon}_1]$。通过对这几个彩票不断迭代, 我们获得了成对的彩票对: $n \geqslant 3, k > 0$, 有:

$$A_n = [0 + B_{n-2}, \tilde{\varepsilon}_{Int(n/2)} + A_{n-2}], \quad B_n = [0 + A_{n-2}, \tilde{\varepsilon}_{Int(n/2)} + B_{n-2}]$$

其中, $Int(n/2)$ 表示对 $n/2$ 取整, 即 $Int(n/2)$ 表示不超过 $n/2$ 的最大整数; $E\tilde{\varepsilon}_i = 0$ 且所有的 $\tilde{\varepsilon}_i$ 相互独立; 彩票的每一个结果都是等可能的。给定上述彩票对 A_n, B_n, 如果个体认为彩票 B_n 优于彩票 A_n, 则称个体是 n 阶风险分摊的或 n 阶风险厌恶的 [1]。n 阶风险分摊的个体对彩票对的偏好关系如图 7.1.5 所示。

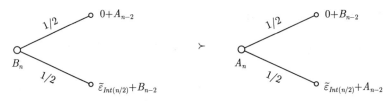

图 7.1.5　n 阶风险分摊的个体对彩票对的偏好关系

　　尽管这样的嵌入方法也可以定义高阶的风险态度, 但是在直觉上却遗失了分解损失的魅力。需要说明的是, 基于个体对不同结合方式 (相对好与相对坏的结果) 的彩票对的偏好行为, 我们将以更加直观的方式刻画高阶风险态度。更加一般地, 给定两组随机变量 $[X_m, Y_m]$ 和 $[X_{n-m}, Y_{n-m}], n > m$, 其中 Y_i 是比 X_i 更加 i 阶风险增加的, $i = m, n - m$, 假设所有的风险 (或随机变量) 在统计上都是互相独立的。我们重新构造了彩票对: $A'_n = [X_m + X_{n-m}, Y_m + Y_{n-m}], B'_n = [X_m + Y_{n-m}, Y_m + X_{n-m}]$, 且假设彩票的每一个可能的结果都是等可能发生。

　　显然, 对于每一个 $i = m, n - m$, 一个 i 阶风险厌恶的个体而言, 若 Y_i 相比于 X_i 是更加 i 阶风险增加的, 则 X_i 总是相对好的结果, 而 Y_i 却是相对坏的结果。因而, 相比于相对好与好和相对坏与坏的结果相结合的彩票, 一个 n 阶风险厌恶的个体总是偏好于相对好与坏的结果相结合的彩票 [3]。换句话说, 高阶风险厌恶的个体更偏好于将相对好的两个结果和相对坏的两个结果分摊在不同状态上的彩票, 所以我们把这样的 n 阶的风险态度称为 n 阶风险厌恶或 n 阶风险分摊。若个体是 n 阶风险分摊的, 当且仅当个体认为彩票 B_n' 优于 A_n'。n 阶风险分摊的个体对彩票对的偏好关系如图 7.1.6 所示。

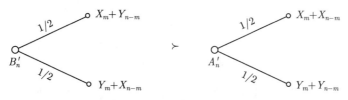

图 7.1.6　n 阶风险分摊的个体对彩票对的偏好关系

(六)　风险喜好者的彩票刻画

长期以来, 基于二阶的风险态度, 个体被划分为: 风险厌恶者、风险中性者和风险喜好者, 在期望效用框架下, 相应的效用函数分别表现为凹性、线性和凸性, 分别对应 $u'' < 0$, $u'' = 0$ 和 $u'' > 0$。一个不争的事实是, 风险厌恶者甚至风险中性者的行为都被大量的书籍和文献所阐释和研究, 但对于有关风险喜好行为的研究却凤毛麟角, 或许最根本的原因在于, 在许多比较静态分析中, 风险喜好者相应的优化问题往往会导致角点解 [4]。

然而, 同样基于个体对彩票对的偏好关系, 研究者惊奇地发现: 风险喜好者总是偏好于相对好与好和相对坏与坏的结果相结合的彩票, 且风险喜好者也是风险谨慎的, 从而风险厌恶者和风险喜好者共同分享风险谨慎行为。最近, 这些理论上的最新发现已经被实证研究所证实。有趣的是, 研究者们发现, 个体的谨慎行为似乎比风险厌恶和风险节制的行为在个体中更具有普遍性。

具体地, 对于一个风险喜好者而言, 对于彩票 $[-k, 0]$, $-k$ 是相对坏的结果, 而 0 是相对好的结果; 对于彩票 $[\tilde{\varepsilon}_1, 0]$, 零均值风险 $\tilde{\varepsilon}_1$ 是相对好的结果, 而 0 是相对坏的结果, 相比于相对好与坏的结果相结合 (0 与 0 和 $-k$ 与 $\tilde{\varepsilon}_1$) 的彩票, 即彩票 $A_3 = [w + 0 + 0, w - k + \tilde{\varepsilon}_1]$, 一个风险谨慎的个体总是偏好于相对好与好和相对坏与坏的结果相结合 ($-k$ 与 0 和 0 与 $\tilde{\varepsilon}_1$ 相结合) 的彩票, 即彩票 $B_3 = [w - k + 0, w + 0 + \tilde{\varepsilon}_1]$。故对于彩票对 A_3, B_3, 风险喜好者认为 B_3 优于 A_3。

由此可见, 风险谨慎不仅是风险厌恶者具有的行为特质, 风险喜好者同样也共享这样的行为特征, 于是基于个体对彩票对的偏好关系, 风险喜好者的风险谨慎行为最终才被揭示出来。类似地, 对于风险喜好者而言, 对于彩票 $[\tilde{\varepsilon}_1, 0]$, $\tilde{\varepsilon}_1$ 是相对好的结果, 而 0 是相对坏的结果; 对于彩票 $[\tilde{\varepsilon}_2, 0]$, $\tilde{\varepsilon}_2$ 是相对好的结果, 而 0 是相对坏的结果, 相比于相对好与坏的结果相结合 (0 与 $\tilde{\varepsilon}_1$ 和 0 与 $\tilde{\varepsilon}_2$) 的彩票, 即彩票 $B_4 = [w + \tilde{\varepsilon}_1, w + \tilde{\varepsilon}_2]$, 一个风险不节制的个体总是偏好于相对好与好和相对坏与坏的结果相结合 ($\tilde{\varepsilon}_1$ 与 $\tilde{\varepsilon}_2$ 和 0 与 0) 的彩票, 即彩票 $A_4 = [w, w + \tilde{\varepsilon}_1 + \tilde{\varepsilon}_2]$。因此, 对于彩票对 A_4, B_4, 风险不节制者均认为 A_4 优于 B_4, 从而风险喜好者却表现出了与风险厌恶者相反的行为特征。

基于个体对特定彩票对的偏好关系, 我们定义了风险厌恶者的高阶风险偏好行为。类似地, 我们同样也可以设计特定的彩票对, 通过个体对彩票的偏好关系, 揭示风险喜好者的高阶风险偏好行为。进一步的研究发现, 相对于由相对好与坏和相对坏与好的结果相结合的彩票, 风险喜好者总是更偏好于相对好与好和相对坏与坏的结果相结合的彩票, 我们称这种风险偏好为混合风险喜好。最重要地, 我们还发现风险喜好者和风险厌恶者在奇数阶的风险态度上是完全一致的, 但是在偶数阶的风险态度上却存在分歧 [2,4]。

第二节   风险偏好行为的等价表示

假设效用函数 $u(w)$ 是关于财富 w 的严格递增且可微的连续函数。在期望效用框架下, 风险厌恶 (喜好) 等价于效用函数是凹函数, 即 $u''(w) < 0$; 风险谨慎等价于边际效用函数为凸函数, 即 $u'''(w) > 0$; 风险节制等价于效用函数的二阶导数是凹函数, 即 $u''''(w) < 0$。更一般地, n 阶风险厌恶或 n 阶风险分摊等价于效用函数的 n 阶导数的符号为 $(-1)^{n+1}$, 即 $(-1)^{n+1} u^{(n)}(w) > 0$。由此可见, 个体效用函数的各阶导数的符号刻画了个体的相应的各阶风险态度。在本章的第一节, 我们详细介绍了用非效用函数的方法 (即个体对彩票对的偏好关系) 同样可以刻画个体各阶的风险态度, 我们不禁要问: 对风险态度的这两种不同的刻画方法之间究竟存在什么联系? 若它们之间存在联系, 需要什么纽带将这两种刻画联系起来? 后续的研究发现, 将这两者有效联系起来的纽带正是效用溢价 [1]。

效用溢价用以度量因风险引起的痛苦的程度。值得一提的是，效用溢价的概念自引入以来并未引起足够的关注，最根本的原因在于基于效用溢价所进行的个体之间的比较显得毫无意义，这是因为不同的个体所对应的效用函数可能完全不同。然而，用作研究单个个体的选择决策问题却成为最新发现的一大亮点。

具体地，给定个体的初始财富为 w，零均值风险 $\tilde{\varepsilon}_1$ 的效用溢价为 $v_1(w) = Eu(w + \tilde{\varepsilon}_1) - u(w)$，效用溢价被用来表示因将零均值风险 $\tilde{\varepsilon}_1$ 添加到初始财富 w 上时所引起的效用的变化，正是这样的变化刻画了个体对风险的痛苦程度。对风险厌恶的个体而言，零均值风险 $\tilde{\varepsilon}_1$ 的效用溢价为负数，即 $v_1(w) < 0$（因个体的效用函数 $u(w)$ 是凹函数，这一结果可由詹森不等式直接得到）。在某种程度上来说，效用可以用来度量个体的福利水平，而效用溢价恰好描述了将风险 $\tilde{\varepsilon}_1$ 添加到个体的初始财富上时个体所承受的"痛苦"的水平，这种痛苦是由个体所损失的效用来衡量的。基于效用溢价的工具，我们就可以详细解释风险厌恶、风险谨慎、风险节制、风险急躁以及高阶风险态度与期望效用之间的紧密联系 [1,2]。

(一) 风险厌恶

给定彩票对 $\{A_2, B_2\}$，其中 $B_2 = [w - k, w - r]$，$A_2 = [w, w - k - r]$，而且彩票的每一个可能的结果都是等可能发生。个体是风险厌恶的当且仅当对所有可能的 w, k 和 r，个体总是认为 B_2 优于 A_2，在期望效用框架下，从而就有：

$$B_2 \succ A_2$$
$$\iff u(w - k) + u(w - r) > u(w) + u(w - k - r)$$
$$\iff u(w - k) - u(w - k - r) > u(w) - u(w - r)$$
$$\iff u'(w - k) > u'(w)$$
$$\iff u''(w) < 0.$$

由此可见，个体是风险厌恶的当且仅当 $u''(w) < 0$ 当且仅当对于彩票对 $\{A_2, B_2\}$，个体认为彩票 B_2 优于彩票 A_2。

(二) 风险谨慎

因假设效用函数是可微的函数，从而关于初始财富的效用溢价函数也是可微的函数，于是有：

$$v_1'(w) = Eu'(w + \tilde{\varepsilon}_1) - u'(w),$$

由詹森不等式, 对任意的 w, 当 $u'(w)$ 是凸函数时, 即 $u'''(w) > 0$, $v_1'(w) > 0$。因个体是风险厌恶者, 效用溢价是负数, 即 $v_1(w) < 0$, 于是 $v_1'(w) > 0$ 意味着个体的痛苦程度会随着初始财富 w 的增加而变得越来越小, 换句话说, 个体具有递减的效用溢价函数。从而, 对所有的 $k > 0, v_1'(w) > 0$ 就等价于 $v_1(w) > v_1(w - k)$, 从而有:

$$u'''(w) > 0 \Longleftrightarrow v_1'(w) > 0$$

$$Eu(w + \tilde{\varepsilon}_1) - u(w) > Eu(w - k + \tilde{\varepsilon}_1) - u(w - k),$$

重新排列不等式并且两边同乘以 $1/2$, 得:

$$1/2[Eu(w + \tilde{\varepsilon}_1) + u(w - k)] > 1/2[u(w) + Eu(w - k + \tilde{\varepsilon}_1)],$$

$$\Longleftrightarrow B_3 \succ A_3$$

其中, $A_3 = [w, w - k + \tilde{\varepsilon}_1]$, $B_3 = [w - k, w + \tilde{\varepsilon}_1]$, 从而我们就证明了: 个体是风险谨慎的当且仅当 $u'''(w) > 0$ 当且仅当 $B_3 \succ A_3$。

(三) 风险节制

对效用溢价函数二阶可微, 就有 $v_1''(w) = Eu''(w + \tilde{\varepsilon}_1) - u''(w)$, 同样由詹森不等式, 对任意的 w, 当 $u''(w)$ 是凹函数时, 即 $u''''(w) < 0$, 则 $v_1''(w) < 0$。为了解释效用函数的四阶导数的符号与期望效用之间的关系, 需要再添加一个零均值风险 $\tilde{\varepsilon}_2$ 且与 $\tilde{\varepsilon}_1$ 相互独立, 毫无疑问, 风险 $\tilde{\varepsilon}_2$ 存在必然会使个体的初始财富因添加了风险 $\tilde{\varepsilon}_1$ 引起更多的效用损失。因此对任意的 w 和任何零均值风险 $\tilde{\varepsilon}_2$, 令 $v_2(w) = Ev_1(w + \tilde{\varepsilon}_2) - v_1(w) < 0$, 不等式成立当且仅当 $v_1(w)$ 是凹函数, 而 $v_1''(w) < 0$ 当且仅当 $u''''(w) < 0$。将效用溢价函数 $v_1(w)$ 代入效用溢价函数 $v_2(w)$, 经整理并且在不等式两边乘以 $1/2$ 可得:

$$u''''(w) < 0 \Longleftrightarrow v_1''(w) < 0 \Longleftrightarrow v_2(w) < 0$$

$$\Longleftrightarrow 1/2[Eu(w + \tilde{\varepsilon}_1) + Eu(w + \tilde{\varepsilon}_2)] > 1/2[u(w) + Eu(w + \tilde{\varepsilon}_1 + \tilde{\varepsilon}_2)],$$

$$\Longleftrightarrow B_4 \succ A_4$$

其中, $B_4 = [w + \tilde{\varepsilon}_1, w + \tilde{\varepsilon}_2]$, $A_4 = [w, w + \tilde{\varepsilon}_1 + \tilde{\varepsilon}_2]$, 从而我们就证明了: 个体是风险节制的当且仅当 $u''''(w) < 0$ 当且仅当 $B_4 \succ A_4$。

(四) 风险急躁

对效用溢价函数 $v_2(w)$ 求导得 $v_2'(w) = Ev_1'(w + \tilde{\varepsilon}_1) - v_1'(w)$, 因此, 要使 $v_2'(w) > 0$, 由詹森不等式, 对任意的 w, 当且仅当 $v_1'(w)$ 是凸函数, 即:

$$v_1'''(w) = Eu'''(w + \tilde{\varepsilon}_1) - u'''(w) > 0 \Longleftrightarrow u^{(5)}(w) > 0$$

此外, 若 $v_2'(w) > 0$, 从而对于很小的 k, 就有 $v_2(w) > v_2(w - k)$, 最后经整理并且在不等式两边乘以 $1/4$ 可得:

$$u^{(5)}(w) > 0 \Longleftrightarrow v_1'''(w) > 0$$

$$v_2'(w) > 0 \Longleftrightarrow v_2(w) > v_2(w - k)$$

$$\Longleftrightarrow Ev_1(w + \tilde{\varepsilon}_2) - v_1(w) > Ev_1(w - k + \tilde{\varepsilon}_2) - v_1(w - k)$$

$$\Longleftrightarrow 1/4Eu(w + \tilde{\varepsilon}_2 + \tilde{\varepsilon}_1) - 1/4u(w + \tilde{\varepsilon}_2) - 1/4Eu(w + \tilde{\varepsilon}_1) + 1/4u(w)$$

$$> 1/4Eu(w - k + \tilde{\varepsilon}_2 + \tilde{\varepsilon}_1) - 1/4u(w - k + \tilde{\varepsilon}_2) - 1/4Eu(w - k + \tilde{\varepsilon}_1) + 1/4u(w - k)$$

$$\Longleftrightarrow 1/4Eu(w + \tilde{\varepsilon}_2 + \tilde{\varepsilon}_1) - 1/4u(w - k + \tilde{\varepsilon}_2) - 1/4Eu(w - k + \tilde{\varepsilon}_1) + 1/4u(w)$$

$$> 1/4Eu(w - k + \tilde{\varepsilon}_2 + \tilde{\varepsilon}_1) - 1/4u(w + \tilde{\varepsilon}_2) - 1/4Eu(w + \tilde{\varepsilon}_1) + 1/4u(w - k)$$

$$\Longleftrightarrow B_5 \succ A_5,$$

其中, $A_5 = [w - k, w + \tilde{\varepsilon}_1, w + \tilde{\varepsilon}_2, w - k + \tilde{\varepsilon}_1 + \tilde{\varepsilon}_2], B_5 = [w, w - k + \tilde{\varepsilon}_1, w - k + \tilde{\varepsilon}_2, w + \tilde{\varepsilon}_1 + \tilde{\varepsilon}_2]$,

从而我们就证明了: 个体是风险急躁的当且仅当 $u^{(5)}(w) > 0$ 当且仅当 $B_5 \succ A_5$。

(五) 高阶风险分摊

在经济学文献中, 尤其在期望效用分析框架下, 经济学家普遍使用的描述风险厌恶行为的效用函数都是递增且相继各阶导数的符号正负交替的函数, 即 $(-1)^{n+1}u^{(n)}(w) > 0, n = 1, 2, \cdots$。相应地, 通过个体对特定彩票对的偏好关系, 我们建立了其与 n 阶风险分摊或 n 风险厌恶之间的联系, 即 n 阶风险分摊被描述成一种对相对好与坏的结果相结合的彩票的偏好 [3]。对每一个正整数 n 和任意的财富 $w > 0$, 用 $u^{(n)}(w)$ 表示关于财富的效用函数的 n 阶导数。基于彩票对:

$$A_n = [w + B_{n-2}, w + \tilde{\varepsilon}_{Int(n/2)} + A_{n-2}], B_n = [w + A_{n-2}, w + \tilde{\varepsilon}_{Int(n/2)} + B_{n-2}],$$

为了表明个体认为彩票 B_n 优于彩票 A_n 当且仅当 $(-1)^{n+1}u^{(n)}(w) > 0$, 根据前面引入的效用溢价函数的递推规律, 我们需定义新的效用溢价函数。

当 n 是偶数时, 令

$$v_{n/2}(w) = Ev_{(n/2)-1}(w + \tilde{\varepsilon}_{(n/2)-1}) - v_{(n/2)-1}(w);$$

$$u^{(n)}(w) < 0 \Longleftrightarrow v_{n/2}(w) < 0.$$

$$\Longleftrightarrow B_n \succ A_n.$$

当 n 是奇数时, 令

$$v_{(n-1)/2}(w) = Ev_{[(n-1)/2]-1}(w + \tilde{\varepsilon}_{[(n-1)/2]-1}) - v_{[(n-1)/2]-1}(w);$$

$$u^{(n)}(w) > 0 \Longleftrightarrow v'_{(n-1)/2}(w) > 0.$$

$$\Longleftrightarrow B_n \succ A_n.$$

接下来, 我们再来证明: 对于彩票对 $[X_m, Y_m]$ 和 $[X_{n-m}, Y_{n-m}], n > m$, 其中 Y_i 是比 X_i 更加 i 阶风险增加的, $i = m, n-m$, 个体认为:

彩票 $B'_n = [X_m+Y_{n-m}, Y_m+X_{n-m}]$ 优于彩票 $A'_n = [X_m+X_{n-m}, Y_m+Y_{n-m}]$

当且仅当 $(-1)^{n+1}u^{(n)}(w) > 0$。根据风险增加与期望效用之间的等价定理, 即 Y_i 相比于 X_i 是 i 阶风险增加的当且仅当 $Eu(X_i) > Eu(Y_i)$, 对所有的 $u(w) \in \mathscr{U}_i = \{u(w) : (-1)^{i+1}u^{(i)}(w) > 0\}$ 均成立。对任意的 $u(w) \in \mathscr{U}_n$, 令 $v(w) = Eu(w + Y_m) - Eu(w + X_m)$。下面要证 $v(w) \in \mathscr{U}_{n-m}$。由于 Y_i 相比于 X_i 是 m 阶风险增加的当且仅当 $Eu(w + X_m) > Eu(w + Y_m)$, 对于任意的

$$u(w) \in \mathscr{U}_m = \{u(w) : (-1)^{m+1}u^{(m)}(w) > 0\}$$

均成立。从而

$$(-1)^{n-m+1}v^{(n-m)}(w) = E[(-1)^{n-m+1}u^{(n-m)}(w + Y_m)]$$
$$- E[(-1)^{n-m+1}u^{(n-m)}(w + X_m)] > 0.$$

Y_{n-m} 是比 X_{n-m} 更加 $n-m$ 阶风险增加的当且仅当 $Ev(X_{n-m}) > Ev(Y_{n-m})$, 对任意的 $v(w) \in \mathscr{U}_{n-m}$ 均成立, 即:

$$Eu(X_{n-m} + Y_m) - Eu(X_{n-m} + X_m) > Eu(Y_{n-m} + Y_m) - Eu(Y_{n-m} + X_m),$$

经整理并且在不等式两边乘以 1/2 可得：

$$(-1)^{n+1}u^{(n)}(w) > 0 \Longleftrightarrow (-1)^{n-m+1}u^{(n-m)}(w) > 0 \Longleftrightarrow$$

$$1/2Eu(X_{n-m} + Y_m) + 1/2Eu(Y_{n-m} + X_m)$$

$$> 1/2Eu(Y_{n-m} + Y_m) + 1/2Eu(X_{n-m} + X_m)$$

$$\Longleftrightarrow B_n' \succ A_n'.$$

即相对于相对好与好的结果 (即 X_m 与 X_{n-m}) 和相对坏与坏的结果 (即 Y_m 与 Y_{n-m}) 相结合的彩票 A_n'，一个 n 阶风险分摊的个体，更偏好于相对好与坏的结果 (即 X_m 与 Y_{n-m}) 和坏与好的结果 (即 Y_m 与 X_{n-m}) 相结合的彩票 B_n'。

第三节　高阶风险偏好的实验证据

在非期望效用分析框架下，最近发展起来的高阶风险厌恶理论急需实验证据的支撑；反过来，在实证研究中所捕获的实验证据又为高阶风险厌恶理论提供了更加直观的解释。基于个体对特殊的彩票对的偏好关系，我们在前面已经刻画了个体的各阶风险态度。特别是，这种非期望的刻画方法，既不受特定模型的约束，又没有任何其他的假设，而且还完全独立于效用函数。最重要地，这种非期望的方法不仅能够更直接、更客观地反映个体真实的风险态度，而且还更容易在实验室中操作，因而便于在实验室中寻找支撑有关风险态度理论的实验证据。

近年来，有关学者在实验室中设计了相应的实验用来检验和验证个体的高阶风险态度，而设计实验的理论支撑来源于前面介绍的个体对彩票对的偏好关系。在非期望效用框架下，对风险厌恶者和一小部分风险喜好者而言，后续的研究证明了实验的结果与在期望效用理论的结果是一致的。进一步的研究发现，在期望效用框架下，对相对好与好和相对坏与坏的结果相结合彩票的偏好行为对应相应的效用函数的相继的各阶导数都是正的，而且对充分大的阶数都成立，即 $u^{(n)} > 0$，对任意的正整数 n 均成立。类似于卡巴莱和波兰斯基 [5] (Caballé & Pomansky) 所引入的所谓混合风险厌恶的描述，这样的行为被克拉伊尼克等 [4] (Crainich et al。) 称为混合风险喜好，其被描述成一种对相对好与好和相对坏与坏的结果相结合的彩票的偏好。德克和施莱辛格[6] (Deck & Schlesinger) 在理论上进一步分析了混合风险厌恶行为和混合风险喜好行为, 并且设计实验检验了克拉伊尼克等人[4] 的理论结果: 混合风险喜好者和混合风险厌恶者在奇数阶的风险态度上是完全一致的, 但是在偶数阶的风险态度上却存在分歧。

具体地, 不管是混合风险厌恶者还是混合风险喜好者总有 $u^{(2n+1)} > 0$; 但是对混合风险厌恶者: $u^{(2n)} < 0$, 而对混合风险喜好者: $u^{(2n)} > 0$, 对所有的正整数 n 均成立。对比较熟悉的高阶风险态度而言, 混合风险厌恶者是风险厌恶的、风险谨慎的、风险节制的以及风险急躁的, 相应的效用函数分别满足条件: $u'' < 0, u''' > 0, u'''' < 0$ 和 $u^{(5)} > 0$; 而混合风险喜好者是风险喜欢的、风险不谨慎的、风险节制的以及风险不急躁的, 相应的效用函数分别满足条件: $u'' > 0, u''' > 0, u'''' > 0$ 和 $u^{(5)} > 0$。

(一) 高阶风险厌恶行为的实验证据

在期望效用框架下, 个体是否常常表现出风险厌恶行为, 已经被大量的文献在实证中和实验室中所研究。过去在实验中的尝试只是检验了风险厌恶行为是否是生物特有本能。在对风险谨慎行为的实证研究中, 早期的研究在期望效用的框架下, 风险谨慎的有关证据被发现, 从而对个体的风险谨慎行为提供了有力支撑。基于个体对彩票对的偏好关系, 后续的研究检验了个体的风险谨慎和风险节制行为, 区别于以往有关对风险态度的实验, 他们的实验设计并不依赖效用函数, 而且他们的结果足以应用到其他的非期望效用环境中。在实验中获得的结果为风险谨慎行为找到了有力的证据, 但却不支持风险节制行为, 反而对风险不节制的行为有所支持。

进一步地, 德克和施莱辛格[6] 的实验结果为风险谨慎和风险节制提供了大量的支撑。他们的证据同时也表明了: 风险厌恶、风险谨慎、风险节制的风险态度更容易发生。迄今为止, 这样的证据与一小部分文献所提供的证据完全一致。尤其, 德克和施莱辛格表明了风险不节制行为在个体中似乎更加具有普遍性。纳赛尔等[7](Noussair et al.) 不仅找到了有关风险谨慎和风险节制的实验证据, 而且还对它们的强度进行了检验, 即相对风险厌恶系数是否大于 1 和相对谨慎系数是否大于 2。对高阶风险态度的实证研究, 除了主要针对风险厌恶者以外, 风险态度的阶数都没超过四阶。

德克和施莱辛格[8] 也是最早在确定高于四阶的风险态度这方面做了实

验性尝试工作。尤其, 他们的实验证据支持五阶风险态度, 尽管这样的支撑已经相当微弱。同样地, 对六阶风险态度也有微弱的支持, 但是六阶的风险态度在统计上并不是无差异于随机选择下的决策。理论上来讲, 完全可以考虑任何高阶的风险偏好, 但是他们认为把具有经济含义的分析仅仅限定在前四阶的风险行为似乎是合理的。从对五阶和六阶的风险态度的实证结果来看, 检验的显著性却非常弱, 至少在他们的实验中, 就参与者对彩票对的选择而言, 随着刻画高阶风险态度的阶数越来越大, 个体对风险的偏好似乎显得越来越具有随机性, 并不能反映真实的高阶风险偏好行为。

(二)　高阶风险喜好行为的实验证据

在经济学、金融学以及决策科学领域里, 几乎所有的文献都假设个体是风险厌恶者或者是风险中性者。然而, 一些实验和实证的研究结果表明: 风险喜好群体占据了研究总体中不可忽视的一部分。最新的实验证据表明: 风险喜好者占据研究总体的 15% ~ 20%。对于所研究的某些特定类型的经济活动, 这个比例甚至更大。例如, 布瑟马尔等 [9] (Boussemart et al.) 的实证研究结果表明: 超过 30% 的法国的养猪场主管都是风险喜好者。

克拉伊尼克等 [4] 获得的理论结果表明: 相对于相对好与坏的结果相结合的彩票, 风险喜好者总是更加偏好于相对好与好和相对坏与坏的结果相结合的彩票, 风险喜好者是否的确表现出这样的行为, 这似乎是一个需要实证检验的问题。尽管他们的结果只是在期望效用框架下进行了理论分析, 但他们的理论同样适用于任何非期望效用的环境。于是, 德克和施莱辛格 [6] 在实验室中, 检验了风险厌恶者和风险偏好者的风险偏好行为, 并且探讨了这样的行为与更加高阶的风险态度之间的联系。他们的结果表明: 风险厌恶者一般都表现出了对相对好与坏的结果相结合的偏好行为, 而风险喜好者似乎的确表现出了对相对好与好和相对坏与坏的结果相结合的偏好行为。

除此之外, 他们的分析方法同样能够推广到检验高阶的风险态度的情形。德克和施莱辛格 [6] 不仅将克拉伊尼克等 [4] 的理论结果推广到更加高阶的风险态度, 而且在实验室里检验了他们所推广的理论结果。通过特定的实验设计, 即要么对相对好与好和坏与坏的结果相结合的彩票的偏好, 要么对相对好与坏的结果相结合的彩票的偏好, 他们找到了支撑埃克豪特等 [3] 和克拉伊尼克等 [4] 所获得的有关理论上的结果的实验证据, 即不管是风险厌恶者还是风险喜好者, 在奇数阶的风险态度上是一致的, 而在偶数阶的风险态度上存在分歧, 与理论上的研究结果基本上是一致的。

(三) 实验设计

基于个体对特定彩票对的偏好关系, 后续的研究在实验室里捕获了风险偏好的实验证据 (详细内容可查阅德克和施莱辛格 [6,8], 埃伯特和维森 [10,11] 的文献)。为了实验结果的客观公正, 实验参与者都是被随机招募且独立完成实验任务; 为了鼓励参与者的积极性, 每位参与者除了会获得一个确定的报酬以外, 在完成实验任务后, 每位参与者还会获得一个随机报酬。在下面的实验设计中 (德克和施莱辛格 [6,8]), 实验参与者被要求完成 35 项任务, 这些任务设计分别捕获个体的二阶、三阶、四阶、五阶以及六阶风险态度。每项任务都包含了两个彩票或选项: 选项 A 和选项 B, 而且彩票的设计思路主要依赖于前面介绍的相对好与相对坏的不同结合方式。对于每一个选项, 都是由确定性收益或一个或几个彩票构成, 彩票中的每个结果都代表了收益且每个结果都是等可能发生, 即机会均等各占 1/2。在任务选项表 7.3.1 中, 构成一栏强调了彩票的构成嵌入方式, 0 代表没有嵌入, 而 $m+n$ 表示由 m 阶风险和 n 阶风险复合而成。

表 7.3.1   任务选项表

任务	阶数	构成	选项 A	选项 B
1	1	0	10 元	15 元
2	1	0	5 元	10 元
3	1	0	[2 元 +10 元 |20 元]|20 元	[25 元 |27 元 +1 元 |-1 元]
4	2	0	5 元 |[10 元 +5 元]	[5 元 +5 元]|10 元
5	2	0	2 元 |[4 元 +8 元]	[2 元 +8 元]|4 元
6	2	0	10 元 |[15 元 +5 元]	[10 元 +5 元]|15 元
7	2	0	2 元 |[4 元 +3 元]	[2 元 +3 元]|4 元
8	2	0	20 元 |[40 元 +30 元]	[20 元 +30 元]|40 元
9	2	0	4 元 |10 元	7 元
10	2	0	1 元 |19 元	10 元
11	3	0	[5 元 +2 元 |−2 元]|10 元	5 元 |[[10 元 +2 元 |−2 元]
12	3	0	[10 元 +4 元 |−4 元]|20 元	10 元 |[20 元 +4 元 |−4 元]
13	3	0	[5 元 +4 元 |−4 元]|10 元	5 元 |[10 元 +4 元 |−4 元]
14	3	0	[2 元 +1 元 |−1 元]|4 元	2 元 |[4 元 +1 元 |−1 元]
15	3	0	[20 元 +10 元 |−10 元]|40 元	20 元 |[40 元 +10 元 |−10 元]
16	3	0	[8 元 +2 元 |−2 元]|10 元	8 元 |[10 元 +2 元 |−2 元]
17	3	0	[12 元 +1 元 |−1 元]|14 元	12 元 |[14 元 +1 元 |−1 元]

续表

任务	阶数	构成	选项 A	选项 B
18	4	2+2	[14 元 |20 元 +14 |20 元] |[10 |24 元 +10 |24 元]	[14 元 |20 元 +10 |24 元] |[10 |24 元 +14 元 |20 元]
19	4	2+2	[7 元 |10 元 +7 元 |10 元] |[5 元 |12 元 +5 元 |12 元]	[7 元 |10 元 +5 元 |12 元] |[5 元 |12 元 +7 元 |10 元]
20	4	2+2	任务 8 选项 B+ 任务 7 选项 B| 任务 8 选项 A+ 任务 7 选项 A	任务 8 选项 A+ 任务 7 选项 B| 任务 8 选项 B+ 任务 7 选项 A
21	4	2+2	[1 元 |16 元 +1 |16 元] |[5 |12 元 +5 元 |12 元]	[1 元 |16 元 +5 |12 元] |[5 |12 元 +1 元 |16 元]
22	4	2+2	[14 元 + 任务 12 选项 A] |[24 元 + 任务 12 选项 B]	[14 元 + 任务 12 选项 B] |[24 元 + 任务 12 选项 A]
23	4	1+3	[7 元 + 任务 11 选项 A] |[12 元 + 任务 11 选项 B]	[7 元 + 任务 11 选项 B] |[12 元 + 任务 11 选项 A]
24	4	1+3	[1 元 + 任务 11 选项 A] |[18 元 + 任务 11 选项 B]	[1 元 + 任务 11 选项 B] |[18 元 + 任务 11 选项 A]
25	5	2+3	[7 元 |10 元 + 任务 11 选项 B] |[5 元 |12 元 + 任务 11 选项 A]	[7 元 |10 元 + 任务 11 选项 A] |[5 元 |12 元 + 任务 11 选项 B]
26	5	2+3	[10 元 |4 元 + 任务 12 选项 B] |[2 元 |12 元 + 任务 12 选项 A]	[10 元 |4 元 + 任务 12 选项 A] |[2 元 |12 元 + 任务 12 选项 B]
27	5	2+3	[50 元 |40 元 + 任务 11 选项 B] |[20 元 |70 元 + 任务 11 选项 A]	[50 元 |40 元 + 任务 11 选项 A] |[20 元 |70 元 + 任务 11 选项 B]
28	5	1+4	[5 元 + 任务 19 选项 A] | [7 元 + 任务 19 选项 B]	[5 元 + 任务 19 选项 B] | [7 元 + 任务 19 选项 A]
29	5	1+4	[1 元 + 任务 20 选项 A] |[20 元 + 任务 20 选项 B]	[1 元 + 任务 20 选项 B] |[20 元 + 任务 20 选项 A]
30	6	3+3	[任务 11 选项 A+ 任务 11 选项 A] |[任务 11 选项 B+ 任务 11 选项 B]	[任务 11 选项 A+ 任务 11 选项 B] |[任务 11 选项 B+ 任务 11 选项 A]
31	6	3+3	[任务 11 选项 A+ 任务 12 选项 A] |[任务 11 选项 B+ 任务 12 选项 B]	[任务 11 选项 B+ 任务 12 选项 A] |[任务 11 选项 A+ 任务 12 选项 B]
32	6	3+3	[任务 12 选项 A+ 任务 14 选项 A] |[任务 12 选项 B+ 任务 14 选项 B]	[任务 12 选项 A+ 任务 14 选项 B] |[任务 12 选项 B+ 任务 14 选项 A]
33	6	3+3	[任务 16 选项 A+ 任务 16 选项 A] |[任务 16 选项 B+ 任务 16 选项 B]	[任务 16 选项 A+ 任务 16 选项 B] |[任务 16 选项 B+ 任务 16 选项 A]
34	6	2+4	[8 元 |12 元 + 任务 19 选项 B] |[5 元 |15 元 + 任务 19 选项 A]	[5 元 |15 元 + 任务 19 选项 B] |[8 元 |12 元 + 任务 19 选项 A]
35	6	2+4	[2 元 |4 元 + 任务 20 选项 B] |[5 元 |1 元 + 任务 20 选项 A]	[5 元 |1 元 + 任务 20 选项 B] |[2 元 |4 元 + 任务 20 选项 A]

　　需要特别说明的是, 在接下来对彩票的表述中, "$a|b$" 表示为一个均会均等的彩票, 记号 "\|" 将彩票的两个可能的结果分离开来, 且每个结果出现的概率均为 1/2。在彩票 "$a|b$" 中, 参与者究竟获得哪个可能的结果, 可以通

过掷硬币或掷骰子随机决定。譬如, 若掷硬币出现正面, 参与者获得记号"|"左侧的收益 a; 反之, 获得右侧收益 b; 若掷骰子出现点数为奇数, 参与者获得记号"|"左侧的收益 a; 反之, 获得右侧收益 b。因此, 不管采取哪种方式, 参与者都会等可能地获得彩票的每一个结果。记号"$[c+a|b]|d$"表示彩票的两个等可能的结果为 $c+a|b$ 和 d, 其中 $c+a|b$ 意味着彩票的一个结果中又嵌入了另一个等可能的彩票, 从而参与者将以 0.5 的可能性获得收益 d, 以 0.25 的可能性获得收益 $c+a$, 同样以 0.25 的可能性获得收益 $c+b$。

在有的选项中, 彩票的每个等可能结果中又嵌入了其他的一些彩票甚至有的彩票的每个等可能结果中又由一些彩票多次嵌入而成。譬如, 复合彩票 $[e_1+[c_1+a_1|b_1]|d_1]|[e_2+[c_2+a_2|b_2]|d_2]$, 该彩票的两个等可能的结果分别为 $e_1+[c_1+a_1|b_1]|d_1$ 和 $e_2+[c_2+a_2|b_2]|d_2$。对于彩票的每一个结果 $e_i+[c_i+a_i|b_i]|d_i, i=1,2$, 首先嵌入了一个等可能结果的彩票 $[c_i+a_i|b_i]|d_i, i=1,2$, 即以 1/2 的机会分别获得收益 $c_i+a_i|b_i$ 和 $d_i, i=1,2$; 对于该彩票的其中一个结果 $c_i+a_i|b_i, i=1,2$, 接着又嵌入了一个等可能结果的彩票, 即 $a_i|b_i, i=1,2$。最终, 参与者获得的可能收益为: 以 1/8 的机会获得收益 $e_i+c_i+a_i$; 以 1/8 的机会获得收益 $e_i+c_i+b_i$; 以 1/4 的机会获得收益 $d_i, i=1,2$。

在下面的实验设计中, 前三个任务旨在检验参与者是否认为收益越多越好。尤其, 在期望效用分析框架下, 在经济学的研究领域中, 一个公认的假设是经济人或个体是理性的, 即其效用函数是递增的函数, 从而这样的实验设计为这一假设提供了可靠的实验证据。在任务 3 中, 选项 A 为彩票 $[2+10|20]|20$, 参与者的可能收益为: 以 1/2 的机会获得 20; 以 1/4 的机会获得 12; 以 1/4 的机会获得 22。而对于选项 B 的彩票 $25|27+1|-1$, 参与者的可能收益为: 以 1/2 的机会获得 26; 以 1/4 的机会获得 24; 以 1/4 的机会获得 28。由此可见选项 A 的可能获得的最好收益都比选项 B 的最差收益还要少, 故对于理性的参与者都会选择选项 B。

接下来的 7 个任务 (即任务 4 至任务 10), 主要捕获个体的二阶风险态度 (风险厌恶或风险喜好) 的实验证据。若参与者是风险厌恶 (喜好) 者, 在每一个任务中, 参与者总是会选择那些将一个确定性的结果添加到相对坏 (好) 的结果上去的彩票。例如, 在任务 6 中, 选项 A 将确定的收益 5 元添加到了彩票 $10|15$ 的最好结果 15 元上, 而选项 B 将确定的收益 5 元添加到了彩票 $10|15$ 的最坏结果 10 元上, 因而对于风险厌恶者必然会选择选项 B, 而对于风险喜好者却会选择选项 A。注意到, 在这些任务中, 每个任务中的两个选

项都具有相同的均值, 而且选项 A 的方差更大 [6,8]。

在任务 11 至任务 17 中, 三阶风险态度的实验证据被捕获。在这些任务中, 内嵌的彩票是一个零均值的彩票, 参与者的三阶风险偏好取决于将这个零均值的彩票添加到另一个彩票的相对好的结果上还是相对差的结果。对于上述每一个任务, 若参与者是风险谨慎 (不谨慎) 者, 则更加偏好于将零均值彩票添加到另一个彩票的相对好 (坏) 的结果上的选项, 即风险谨慎 (不谨慎) 者更偏好于选项 B(A)。特别地, 每一个任务的选项 A 和选项 B 具有相同的均值和方差, 但是其偏度却有所不同, 显然选项 B 的偏度更大 [6,8]。

为了设计出反映高阶风险偏好的彩票, 根据高阶风险偏好的理论结果, 即彩票对 $[X_m, Y_m]$ 和 $[X_{n-m}, Y_{n-m}], n > m$, 其中 Y_i 是比 X_i 更加 i 阶风险增加的, $i = m, n - m$, n 阶风险厌恶的个体均认为彩票 $[X_m + Y_{n-m}, Y_m + X_{n-m}]$ 优于彩票 $[X_m + X_{n-m}, Y_m + Y_{n-m}]$, 通过不断将新的彩票嵌入到度量二阶和三阶风险态度的任务中的彩票, 于是参与者对具体任务中的复合彩票的选择进而就捕获了其实验证据。具体而言, 为了找到四阶风险态度的证据, 任务 18 至任务 24 设计了相应的彩票对, 在这些任务中, 若参与者偏好于选项 B(A), 则参与者为风险节制 (不节制) 者; 剩余的任务选项用来捕获五阶、六阶的风险态度的实验证据, 在这些任务中, 若参与者偏好于选项 B(A), 则相应的参与者分别为五阶、六阶风险分摊 (聚集) 者 [6,8]。

第四节　本章小结

对彩票对的偏好关系本身是最能反映个体的风险行为, 而无须依赖于期望效用的研究范式, 其最大的研究优势在于它并不依赖于任何模型: 既不需要期望效用框架也不需要特殊的非期望效用框架下的任何假设, 而且还可以用它来定义高阶风险态度。为了把低阶风险态度扩展到高阶风险态度, 同时也为了将不同阶的风险态度与对彩票对的偏好之间紧密联系起来, 研究者将这种对能够分解损失的彩票对的偏好称为风险分摊。

在期望效用框架下, 个体是否常常表现出风险厌恶行为, 已经被大量的文献在实证中和实验室中所研究。过去在实验中的尝试只是检验了风险厌恶行为是否是生物特有本能。近期实证研究的实验结果为风险谨慎行为找到了有力的证据, 但却不支持风险节制行为, 反而对风险不节制的行为有所支持。大量的文献通过使用非期望分析框架, 风险谨慎和风险节制行为的证据在实证研究中均已捕获。

进一步地, 后续的实证研究的实验结果为风险谨慎和风险节制提供了大量的支撑, 同时也表明: 风险厌恶、风险谨慎以及风险节制这种二阶、三阶和四阶的风险态度更容易发生。尤其, 表明了风险不节制行为在个体中似乎更加具有普遍性[10]。对高阶风险态度的实证研究, 除了主要针对风险厌恶者以外, 风险态度的阶数都没超过四阶。尤其, 实验证据支持五阶风险态度, 尽管这样的支持已经相当微弱。同样地, 对六阶风险态度也有微弱的支持, 但是六阶的风险态度在统计上并不是无差异于随机选择下的决策。理论上来讲, 完全可以考虑任何高阶的风险偏好, 但是他们认为把具有经济含义的分析仅仅限定在前四阶的风险行为似乎是合理的。从五阶和六阶的风险态度的实证结果来看, 检验的显著性却非常弱, 就参与者对彩票对的选择而言, 随着刻画高阶风险态度的阶数越来越大 (高于六阶), 个体对风险的偏好似乎显得越来越具有随机性, 并不能反映真实的高阶风险偏好行为[11]。

参 考 文 献

[1] Eeckhoudt, L., H., Schlesinger, Putting risk in its proper place, American Economic Review, 2006, 96(1): 280-289.

[2] 田国强, 田有功, 不确定性下的高阶风险厌恶理论、实验及其应用, 学术月刊, 2017, 49(8): 68-79.

[3] Eeckhoudt, L., H., Schlesinger and I., Tsetlin, Apportioning of risks via stochastic dominance, Journal of Economic Theory, 2009, 144(3): 994-1003.

[4] Crainich, D., L., Eeckhoudt and A., Trannoy, Even (mixed) risk lovers are prudent, American Economic Review, 2013, 103(4): 1529-1535.

[5] Caballé, J., A., Pomansky, Mixed risk aversion, Journal of Economic Theory, 1996, 71(2): 485-513.

[6] Deck, C., H., Schlesinger, Consistency of higher order risk presences, Econometrica, 2014, 82(5): 1913-1943.

[7] Noussair, C., S., Trautmann and G., Van de Kuilen, Higher order risk attitudes, demographics, and financial decisions, Review of Economic Studies, 2014, 81(1): 325-355.

[8] Deck, C., H., Schlesinger, Exploring higher order risk effects, Review of Economic Studies, 2010, 77(4): 1403-1420.

[9]　Boussemart J., D., Crainich and H., Leleu, A decomposition of profit loss under output price uncertainty, European Journal of Operational Research, 2015, 243(3): 1016-1027.

[10]　Ebert, S., D., Wiesen, Testing for prudence and skewness seeking, Management Science, 2011, 57(7): 334-1349.

[11]　Ebert, S., D., Wiesen, Joint measurement of risk aversion, prudence, and temperance, Journal of Risk and Uncertainty, 2014, 48(3): 231-252.

第八章　高阶风险厌恶在预防性储蓄模型中的应用

　　当经济波动以及政治动荡加剧了人们收入的不确定性时，个体或家庭的消费水平和储蓄水平就会发生相应改变。在经典的生命周期理论以及持久收入假说分析框架下，一旦个体预期到将来的收入水平有所下滑，就会降低现在的消费水平从而增加储蓄，故预防性储蓄就是未来的不确定性致使个体增加额外的储蓄[1-3]。特别地，为了对冲将来收入的不确定性，个体将通过储蓄方式最优地配置自己一生的收入和消费水平，从而使其一生的期望效用最大化，于是个体的预防性储蓄动机就产生了。

　　如果个体的边际效用函数是凸函数，那么预防性储蓄也可以看作是个体对未来收入不确定性和未来消费可能性的一种反应行为。随着未来收入不确定性的增加，个体将会减少现在的消费从而改变了其消费的倾向性。因此，未来收入的不确定性、储蓄的收益率以及个体的效用函数的形状等因素共同决定了个体的消费模式。由此可见，个体自身对风险的偏好行为也是因未来收入的不确定性使其改变储蓄决策的决定性因素。本章的研究目的就是探讨个体的高阶风险偏好行为如何影响其最优的预防性储蓄水平，以及刻画个体的预防性储蓄动机强度的方法。

第一节　劳动收入风险下的储蓄动机

　　为了捕捉个体的预防性储蓄动机，我们建立了一个两期的消费模型，假设为现在 (第 0 期) 和将来 (第 1 期)。假设个体在这两期的收入水平分别为 x_0 和 x_1，且 $x_0, x_1 > 0$；储蓄水平为 $s > 0$，意味着个体不会借钱现在消费；

用 r 表示确定的储蓄收益率; 时间贴现率为 $\delta > 0$; 为了应对将来收入的不确定性, 个体现在选择最优的储蓄水平以便将来消费, 使得其一生的效用水平最大化。为了简化分析, 不妨假设个体现在的储蓄水平不超过其收入, 即 $s < x_0$; 给定财富水平 $x > 0$, 设 $u_0(x)$ 和 $u_1(x)$ 分别为个体 A 在两期的效用函数, 假设它们均为定义在 $(0, \infty)$ 上的任意阶可微的函数。相应地, 假设个体 B 在这两期的效用函数分别 $v_0(x)$ 和 $v_1(x)$。

为了揭示个体将来收入的不确定性对消费和储蓄的影响, 我们首先讨论在无风险的消费决策模型中个体的最优储蓄决策, 然后随着个体将来收入风险的不断变化, 再研究个体的最优储蓄水平有何变化, 并且捕捉个体的预防性储蓄动机的强度。

(一)　基准模型

在无风险情形下, 个体有一个确定的收入流 $\{x_0, x_1\}$。从而个体的目标就是选择最优的储蓄水平最大化其跨期效用 (福利) 水平:

$$\max_{0 \leqslant s \leqslant x_0} u_0(x_0 - s) + \frac{1}{1+\delta} u_1(x_1 + s(1+r)), \tag{8.1.1}$$

求解上述最优化问题, 一阶条件为:

$$-u_0'(x_0 - s) + \frac{1+r}{1+\delta} u_1'(x_1 + s(1+r)) = 0.$$

上述一阶条件的经济学解释为: 个体现在每减少消费 1 元钱带来的福利 (边际效用乘消费金额) 等于这 1 元钱将来带来的福利现值。显然, 若个体现在每减少消费 1 元钱带来的福利 (边际效用乘消费金额) 大于这 1 元钱将来带来的福利现值, 为了平滑其一生的消费水平, 则个体会加大消费减少储蓄; 反之, 则减少消费增加储蓄。在 u_0 和 u_1 是递增的、可微的凹函数的假设下, 满足上述一阶条件的唯一的点 s_0^* 就是最优的储蓄水平, 即:

$$s_0^* = \arg \max_{0 \leqslant s \leqslant x_0} u_0(x_0 - s) + \frac{1}{1+\delta} E u_1(x_1 + s(1+r)).$$

现假设个体在第 1 期的劳动收入 $\tilde{x}_1$ 是不确定的。个体为了最大化其一生的效用水平, 可以通过储蓄, 将第 0 期的部分收入转移到第 1 期再消费, 同样假设储蓄可以获得利息收入。于是, 个体选择一个储蓄水平 s, 个体在第 0 期

的消费为 $x_0 - s$, 在第 1 期的消费为 $\tilde{x}_1 + (1+r)s$。从而个体 A 的目标就是选择最优的储蓄水平最大化其跨期期望效用 (福利) 水平:

$$U(s) = \max_{0 \leqslant s \leqslant x_0} u_0(x_0 - s) + \frac{1}{1+\delta} E[u_1(\tilde{x}_1 + (1+r))],$$

其中, $u_i(x)$ $(i = 0, 1)$ 表示在第 i 期的递增的、凹的效用函数; δ 是跨期贴现率。假设一阶条件有内部解, 从而效用函数的凹性保证了解的唯一性, 以及内部解是期望效用最大化的最优储蓄水平。

其一阶条件为:

$$U'(s) = -u_0'(x_0 - s) + \frac{1+r}{1+\delta} E[u_1'(\tilde{x}_1 + s(1+r))] = 0. \tag{8.1.2}$$

从上述一阶条件可以看出, 将来收入的不确定性既对现在的消费有负作用, 在一定程度上又对将来的期望边际效用有影响。类似于风险溢价和风险补偿分别对风险的确定性刻画一样, 为了捕捉将来收入的不确定性对个体储蓄的影响, 当个体在将来面临收入风险时, 我们将给予个体一定的收入补偿, 使得个体现在的消费水平并未改变。具体而言, 若个体 A 将来的收入 $\tilde{x}_1$ 是不确定的, 有:

$$E[u_1'(\tilde{x}_1 + m + s(1+r))] = u_1'(x_1 + s(1+r)),$$

称 m 为个体 A 对将来收入不确定性的预防性补偿。

同样地, 当个体 A 在将来面临收入风险时, 为了将收入风险完全转移出去, 如果个体 A 愿意支付一定数量的货币 π, 使得个体 A 现在的消费水平并未改变, 则称 π 为个体 A 对将来收入不确定性的预防性溢价, 其中 π 满足方程:

$$E[u_1'(\tilde{x}_1 + s(1+r))] = u_1'(x_1 - \pi + s(1+r)).$$

类似地, 个体 B 的预防性补偿和预防性溢价可由个体 A 的预防性补偿和预防性溢价定义中将 u_1 替换为 v_1 即可。

(二)　劳动收入二阶风险增加

假设除了第一期的劳动收入是不确定的, 其他变量的假设与基准模型中的相同。用 $\tilde{x}_1$ 表示第 1 期的不确定的劳动收入并且假设 $E\tilde{x}_1 = x_1$, 也就是说, 第一期的收入水平由 x_1 变化为 $\tilde{x}_1$。将来劳动收入发生这样的风险变化, 正是由罗特席尔德和施蒂格利茨 [4](Rothschild & Stiglitz) 所描述的: $\tilde{x}_1$ 是 x_1 的保均值扩散, 或者正如埃克恩 [5](Ekern) 所描述的: $\tilde{x}_1$ 是 x_1 的二阶风险增加。

求解上面的一阶条件 (8.1.2), 可得:

$$s_1^* = \arg \max_{0 \leqslant s \leqslant x_0} u_0(x_0 - s) + \frac{1}{1+\delta} E[u_1(\tilde{x}_1 + s(1+r))].$$

将最优解 s_0^* 代入一阶条件 (8.1.2) 并将 $-u_0'(x_0 - s_0^*)$ 替换可得,

$$U'(s_0^*) = \frac{1+r}{1+\delta} E[u_1'(\tilde{x}_1 + s_0^*(1+r))] - \frac{1+r}{1+\delta} u_1'(x_1 + s_0^*(1+r)).$$

显然, 我们有:

$$s_1^* > (<)s_0^* \Longleftrightarrow E[u_1'(\tilde{x}_1 + s_0^*(1+r))] > (<)u_1'(x_1 + s_0^*(1+r))$$

$$\Longleftrightarrow u_1'''(x) > (<)0, \quad 对任意的 \ x \in (0, \infty)$$

$$\Longleftrightarrow \tilde{x}_1 \ 是 \ x_1 \ 的保均值扩散.$$

倒数第二个等价关系是由詹森不等式得到的。在我们所考虑的问题里, 除了假设最优化问题存在内部解以外, 我们并没有假设个体的风险态度。因对个体效用函数的二阶导数的符号没有进一步地假设, 故个体可以是风险厌恶的也可以是风险喜好的。正如由克拉伊尼克等 [6](Crainich et al.) 所强调的, 风险偏好者和风险厌恶者都可以是风险谨慎的。金博尔 [7](Kimball) 证明了: 如果个体对风险的态度是谨慎的, 未来收入的不确定性 (收入的风险变化) 会导致个体增加额外的储蓄, 即预防性储蓄; 如果个体对风险的态度是不谨慎的, 未来收入的不确定性会引起个体的储蓄减少, 于是就有下面的命题:

命题 8.1.1　对所有风险谨慎的个体而言, 将来劳动收入的不确定性致使其预防性储蓄增加, 即 $u'''(x) > (<)0, s_1^* > (<)s_0^*$ 当且仅当 $\tilde{x}_1$ 是 x_1 的一个保均值扩散 (或二阶风险增加)。

预防性储蓄动机告诉我们, 因将来收入受到二阶风险增加的影响, 个体通过增加储蓄将现在部分收入转入将来消费, 从而使两期的总效用最大。然而需要我们注意到的问题是, 个体在面对同样的收入风险时, 不同个体选择的最优的预防性储蓄水平可能有所不同, 或者说个体的预防性储蓄动机的强度不尽相同。直观上, 对将来收入不确定性越是厌恶的个体, 其最优的预防性储蓄水平也应该最大。而我们在前面引入的预防性溢价和预防性补偿 (支付意愿和接受意愿) 的度量, 正好量化了个体对将来收入不确定性的厌恶程度, 从而使得越是对将来收入不确定性厌恶的个体, 其相应的预防性溢价和预防性补偿也就越大, 即下面的命题 [8]。

命题 8.1.2 假设 $u_1(x)$ 和 $v_1(x)$ 都是递增的凹函数而且个体均是风险谨慎者。$-u_1'(x)$ 是比 $-v_1'(x)$ 二阶 Ross 更加风险厌恶的, 等价地, 存在 $\lambda > 0$, 对所有的 x 和 y, 使得:

$$\frac{u_1^{(3)}(x)}{v_1^{(3)}(x)} \geqslant \lambda \geqslant \frac{u_1^{(2)}(y)}{v_1^{(2)}(y)}$$

当且仅当下面的两个等价条件之一成立: 若 $\tilde{x}_1$ 相比于 x_1 是 2 阶风险增加的, 则:

(1) $m_A \geqslant m_B$, 其中 m_A 和 m_B 分别为个体 A 和个体 B 在将来收入从 x_1 变化到 $\tilde{x}_1$ 的预防性补偿;

(2) $\pi_A \geqslant \pi_B$, 其中 π_A 和 π_B 分别为个体 A 和个体 B 在将来收入从 x_1 变化到 $\tilde{x}_1$ 的预防性溢价。

证明 因 $u_1(x)$ 和 $v_1(x)$ 都是递增的凹函数, 从而 $-u_1'(x)$ 和 $-v_1'(x)$ 就是递增的函数, 而且个体 A 和 B 都是三阶风险厌恶的, 当第 1 期确定的收入恶化时, 即 $\tilde{x}_1$ 是 x_1 的一个保均值扩散 (或二阶风险增加), 根据第五章的定理 5.5.4 可知, $m_A \geqslant m_B$ 或 $\pi_A \geqslant \pi_B$ 等价于 $-u_1'(x)$ 是比 $-v_1'(x)$ 二阶 Ross 更加风险厌恶的, 从而得证。

该命题揭示了个体的预防性储蓄动机的强度与其自身对将来收入风险相一致的比较静态结果: 对任何风险谨慎的个体而言, 将来劳动收入的恶化致使其增加储蓄, 而储蓄增加的多少依赖于其风险谨慎测度, 个体风险谨慎系数越大, 个体的预防性储蓄动机就越强, 储蓄增加的水平也就越多。

(三) 劳动收入 n 阶风险增加

这里我们假设, 个体将来的劳动收入也是不确定的, 设不确定的劳动收入为 $\tilde{x}_1$。假设由于受到经济冲击影响, 个体将来劳动收入将变为 $\tilde{y}_1$ 并且 $\tilde{y}_1$ 是埃克恩 [5] 风险意义下的 $\tilde{x}_1$ 的 n 阶的风险增加, 其他变量都是确定的。

个体选择最优的储蓄水平以最大化其跨期效用 (福利) 水平:

$$U(s) = \max_{0 \leqslant s \leqslant x_0} u_0(x_0 - s) + \frac{1}{1 + \delta} E[u_1(\tilde{y}_1 + s(1 + r))],$$

求解上面的效用最大化问题, 下面的一阶条件确定了决策者的最优的储蓄
水平:

$$U'(s) = -u_0'(x_0 - s) + \frac{1+r}{1+\delta}E[u_1'(\tilde{y}_1 + s(1+r))] = 0. \qquad (8.1.3)$$

同样地, 我们需要假设, 该最优化问题的一阶条件存在内部解, 从而,

$$s_2^* = \arg\max_{0 \leqslant s \leqslant x_0} u_0(x_0 - s) + \frac{1}{1+\delta}E[u_1(\tilde{y}_1 + s(1+r))], \qquad (8.1.4)$$

将 (8.1.2) 的最优解 s_1^* 代入一阶条件 (8.1.3) 并将 $-u_0'(x_0 - s_1^*)$ 替换可得,

$$U'(s_1^*) = \frac{1+r}{1+\delta}E[u_1'(\tilde{y}_1 + s_1^*(1+r))] - \frac{1+r}{1+\delta}E[u_1'(\tilde{x}_1 + s_1^*(1+r))].$$

显然, 我们有:

$$s_2^* > (<)s_1^* \iff E[u_1'(\tilde{y}_1 + s_1^*(1+r))] > (<)E[u_1'(\tilde{x}_1 + s_1^*(1+r))]$$

$$\iff (-1)^n u_1^{(n+1)}(x) > (<)0, \quad \text{对任意的 } x \in (0, \infty)$$

$$\iff \tilde{y}_1 \text{ 是 } \tilde{x}_1 \text{ 的 } n \text{ 阶风险增加}.$$

基于上述分析, 对所有 $n+1$ 阶风险厌恶的个体, 随着劳动收入的恶化
或改善 (在风险增加意义下), 下面的命题揭示了其最优的预防性储蓄的变动
方向。

命题 8.1.3　对所有 $n+1$ 阶风险厌恶的个体, 将来劳动收入的不确定
性致使其预防性储蓄增加, 即 $(-1)^n u^{(n+1)}(x) > (<)0$, $s_2^* > (<)s_1^*$ 当且仅
当 $\tilde{y}_1$ 是 $\tilde{x}_1$ 的一个 n 阶风险增加。

该命题意味着: 如果个体是 $n+1$ 阶风险厌恶的, 将来劳动收入恶化 ($\tilde{y}_1$
是 $\tilde{x}_1$ 的一个 n 阶风险增加), 个体增加储蓄; 反之, 个体减少储蓄。

对同一个体而言, 高阶风险厌恶的态度决定了预防性储蓄的动机。对都
是 $n+1$ 阶风险厌恶的个体而言, 因不确定的将来收入的一个 n 阶风险增加,
为了刻画个体的预防性储蓄动机的强度, 我们通过借助个体对风险变化的预
防性溢价和预防性补偿, 从而刻画了个体对将来收入不确定性的厌恶程度。具
体而言, 若个体的将来劳动收入从 $\tilde{x}_1$ 变化到 $\tilde{y}_1$, 其中 $\tilde{y}_1$ 相比于 $\tilde{x}_1$ 是 n 阶
风险增加的, 则个体 A 的预防性补偿和预防性溢价被定义为:

$$E[u_1'(\tilde{y}_1 + m + s(1+r))] = E[u_1'(\tilde{x}_1 + s(1+r))],$$

称 m 为个体对将来收入风险的预防性补偿 [7]:

$$E[u_1'(\tilde{y}_1 + s(1+r))] = E[u_1'(\tilde{x}_1 - \pi + s(1+r))],$$

称 π 为个体对将来收入风险的预防性溢价。个体 B 的预防性补偿和预防性溢价可由个体 A 的预防性补偿和预防性溢价定义中将 u_1 替换为 v_1 即可。

于是，为了刻画个体对将来收入不确定性的厌恶程度，基于个体预防性溢价和预防性补偿的度量，我们自然地获得了下面的比较静态结果 [8]。

命题 8.1.4 假设 $n \geqslant 2$，$u_1(x)$ 和 $v_1(x)$ 都是递增的凹函数而且都是 $n+1$ 阶风险厌恶的。对所有的 n 阶风险增加的将来收入水平，$-u_1'(x)$ 是比 $-v_1'(x)$ n 阶 Ross 更加风险厌恶的，等价地，存在 $\lambda > 0$，对所有的 x 和 y，使得：

$$\frac{u_1^{(n+1)}(x)}{v_1^{(n+1)}(x)} \geqslant \lambda \geqslant \frac{u_1^{(2)}(y)}{v_1^{(2)}(y)}$$

当且仅当下面的两个等价条件之一成立：若 $\tilde{y}_1$ 相比于 $\tilde{x}_1$ 是 n 阶风险增加的，则

(1) $m_A \geqslant m_B$，其中 m_A 和 m_B 分别为个体 A 和 B 对将来收入从 $\tilde{x}_1$ 变化到 $\tilde{y}_1$ 的预防性补偿；

(2) $\pi_A \geqslant \pi_B$，其中 π_A 和 π_B 分别为个体 A 和 B 对将来收入从 $\tilde{x}_1$ 变化到 $\tilde{y}_1$ 的预防性溢价。

证明 因 $u_1(x)$ 和 $v_1(x)$ 都是递增的凹函数，从而 $-u_1'(x)$ 和 $-v_1'(x)$ 均是递增的函数，而且个体 A 和 B 都是 $n+1$ 风险厌恶的，当第 1 期的不确定的收入恶化，即 $\tilde{y}_1$ 相比于 $\tilde{x}_1$ 是 n 阶风险增加的，根据第六章的定理 6.6.1 和定理 6.6.2 可知，$m_A \geqslant m_B$ 或 $\pi_A \geqslant \pi_B$ 等价于 $-u_1'(x)$ 是比 $-v_1'(x)$ n 阶 Ross 更加风险厌恶的，从而得证。

从该命题可以看出，个体的预防性储蓄动机的强度与其自身对将来收入风险相一致的比较静态结果：对任何 $n+1$ 阶风险厌恶的个体而言，将来劳动收入的恶化致使其增加储蓄，而储蓄增加的多少依赖于高阶风险厌恶的测度，个体的高阶风险厌恶系数越大，个体的预防性储蓄动机就越强，储蓄增加的水平也就越高。

(四) 劳动收入被 n 阶随机占优

假设个体将来劳动收入由 $\tilde{x}_1$ 变化为 $\tilde{y}_1$ 并且被 $\tilde{x}_1$ n 阶随机占优，假设其他变量都是确定的。类似于上面的分析，当将来的劳动收入 $\tilde{y}_1$ 被 $\tilde{x}_1$ n 阶随机

占优时, 我们可以继续探讨个体的预防性储蓄动机及其强度, 从而获得了相应的结果。同样地, 我们需要假设, 该最优化问题的一阶条件存在内部解, 从而,

$$s_3^* = \arg \max_{0 \leqslant s \leqslant x_0} u_0(x_0 - s) + \frac{1}{1+\delta} E[u_1(\tilde{y}_1 + s(1+r))]. \tag{8.1.5}$$

将 s_1^* 代入 (8.1.5) 的一阶条件可得:

$$s_3^* > (<)s_1^* \Longleftrightarrow E[u_1'(\tilde{y}_1 + s_1^*(1+r))] > (<)E[u_1'(\tilde{x}_1 + s_1^*(1+r))]$$

$$\Longleftrightarrow (-1)^k u_1^{(k+1)}(x) > (<)0, k = 1, 2, \cdots, n, \quad 对任意的 \ x \in (0, \infty)$$

$$\Longleftrightarrow \tilde{y}_1 \ 被 \ \tilde{x}_1 \ n \ 阶随机占优.$$

特别地, 从前面在风险比较的章节中我们知道, 描述风险变化的 n 风险增加仅仅是 n 阶随机占优的一个特例, 可见这里对将来收入不确定性的刻画更具一般性。基于上述分析, 对所有 k 阶风险厌恶的个体, $k = 1, 2, \cdots, n$, 随着劳动收入的恶化或改善 (在随机占优意义下), 下面的命题揭示了其最优的预防性储蓄的变动方向。

命题 8.1.5　对所有 k 阶风险厌恶的个体, $k = 1, 2, \cdots, n$, 将来劳动收入的不确定性致使其预防性储蓄增加, 即 $(-1)^{k+1} u^{(k)}(x) > (<)0, k = 1, 2, \cdots, n, s_3^* > (<)s_1^*$ 当且仅当 $\tilde{y}_1$ 被 $\tilde{x}_1$ n 阶随机占优。

该命题意味着: 如果个体是 k 阶风险厌恶的, $k = 1, 2, \cdots, n$, 将来劳动收入恶化 ($\tilde{y}_1$ 被 $\tilde{x}_1$ n 阶随机占优), 个体增加储蓄; 反之, 个体减少储蓄。

下面的命题分别对个体的预防性储蓄动机及其强度进行了刻画 [9], 其解释与前面也基本相同, 在这里不再一一赘述。

命题 8.1.6　假设 $n \geqslant 2$, $u_1(x)$ 和 $v_1(x)$ 都是递增的凹函数而且都是 $n+1$ 阶风险厌恶的。对所有的 n 阶风险增加的将来收入水平, $-u_1'(x)$ 是比 $-v_1'(x)$ n 阶 Ross 更加风险厌恶的, 等价地, 存在 $\lambda > 0$, 对所有的 x 和 y, 使得:

$$\frac{u_1^{(n+1)}(x)}{v_1^{(n+1)}(x)} \geqslant \lambda \geqslant \frac{u_1^{(2)}(y)}{v_1^{(2)}(y)}$$

当且仅当下面的两个等价条件之一成立, 若 $\tilde{y}_1$ 被 $\tilde{x}_1$ n 阶随机占优, 则:

(1) $m_A \geqslant m_B$, 其中 m_A 和 m_B 分别为个体 A 和 B 对将来收入从 $\tilde{x}_1$ 变化到 $\tilde{y}_1$ 的预防性补偿;

(2) $\pi_A \geqslant \pi_B$，其中 π_A 和 π_B 分别为个体 A 和 B 对将来收入从 $\tilde{x}_1$ 变化到 $\tilde{y}_1$ 的预防性溢价。

证明 因 $u_1(x)$ 和 $v_1(x)$ 都是递增的凹函数，从而 $-u_1'(x)$ 和 $-v_1'(x)$ 均是递增的函数，而且个体 A 和 B 都是 $n+1$ 风险厌恶的，当第 1 期的不确定的收入恶化，即 $\tilde{y}_1$ 被 $\tilde{x}_1$ n 阶随机占优，根据第六章的定理 6.6.3 和定理 6.6.4 可知，$m_A \geqslant m_B$ 或 $\pi_A \geqslant \pi_B$ 等价于 $-u_1'(x)$ 是比 $-v_1'(x)$ n 阶 Ross 更加风险厌恶的，从而得证。

该命题意味着：面对将来收入水平的恶化，对于高阶风险厌恶的个体而言，预防性补偿和预防性溢价刻画了个体的预防性储蓄动机的强度，即越是风险厌恶的个体，其相应的预防性补偿和预防性溢价也就越大，进而其预防性储蓄动机越强。

(五) 劳动收入被 n 阶保前几阶矩随机占优

进一步地，假设个体的将来不确定的收入水平变坏了，由 $\tilde{x}_1$ 变为 $\tilde{y}_1$，不妨假设 $\tilde{x}_1$ n 阶保前 l 阶矩随机占优于 $\tilde{y}_1, 0 \leqslant l \leqslant n$。需要说明的是，在对风险变化的描述中，$n$ 阶保前 l 阶矩随机占优是对所有风险变化的概括性描述，因为其包含了我们介绍的所有的风险变化 [10]。譬如，当 $l = 0$ 时，该风险变化为 n 阶随机占优；当 $l = n$ 时，该风险变化为 n 阶风险增加；当 $l = 1$ 时，该风险变化为保均值随机占优 [11]。由此可见，高阶保前几阶矩随机占优对风险的描述更具一般化，从而这里获得的有关个体预防性储蓄动机及其强度的命题推广和扩展了前面所获得的所有结果。

同样地，假设该最优化问题的一阶条件存在内部解，从而有：

$$s_4^* = \arg \max_{0 \leqslant s \leqslant x_0} u_0(x_0 - s) + \frac{1}{1 + \delta} E[u_1(\tilde{y}_1 + s(1 + r))], \tag{8.1.6}$$

将 s_1^* 代入式 (8.1.6) 的一阶条件可得：

$$s_4^* > (<)s_1^* \Longleftrightarrow E[u_1'(\tilde{y}_1 + s_1^*(1 + r))] > (<)E[u_1'(\tilde{x}_1 + s_1^*(1 + r))]$$

$$\Longleftrightarrow (-1)^k u_1^{(k+1)}(x) > (<)0, k = l+1, l+2, \cdots, n,$$

$$\text{对任意的 } x \in (0, \infty)$$

$$\Longleftrightarrow \tilde{y}_1 \text{ 被 } \tilde{x}_1 \text{ } n \text{ 阶保前 } l \text{ 阶矩随机占优}.$$

基于上述分析, 对所有 k 阶风险厌恶的个体, $k = l+1, l+2, \cdots, n$, 随着劳动收入的恶化或改善 (在保前几阶矩随机占优意义下), 下面的命题揭示了其最优的预防性储蓄的变动方向。

命题 8.1.7 对所有 k 阶风险厌恶的个体, $k = l+1, l+2, \cdots, n$, 将来劳动收入的不确定性致使其预防性储蓄增加, 即 $(-1)^{k+1}u^{(k)}(x) > (<)0, k = l+1, l+2, \cdots, n, s_4^* > (<)s_1^*$ 当且仅当 $\tilde{y}_1$ 是 $\tilde{x}_1$ 的一个保前 l 阶矩随机占优。

显然, 当 $l = 0$ 时, 该命题就是命题 8.1.5; 当 $l = n$ 时, 该命题就是命题 8.1.3; 当 $l = n = 2$ 时, 该命题就是命题 8.1.1。因此, 该命题在更加一般的风险环境下, 刻画了个体的预防性储蓄动机。

同理, 下面的命题也在更加一般的风险环境下, 刻画了个体的预防性储蓄动机的强度, 从而也推广和拓展了前面我们所获得的所有对预防性储蓄强度的刻画 [8]。

命题 8.1.8 假设 $n \geqslant 2$ 并且 $1 \leqslant l \leqslant n-1$。如果 $u_1(x)$ 和 $v_1(x)$ 都是递增的凹函数而且都是 $k+1$ 阶风险厌恶的, $k = l+1, \cdots, n$。对所有的 n 阶保前 l 阶随机占优的将来收入水平, $m_u \geqslant m_v$ 当且仅当 $-u_1'(x)$ 是比 $-v_1'(x)$ k 阶 Ross 更加风险厌恶的, $k = l+1, \cdots, n$, 等价地, 存在 $\lambda_k > 0$, 对所有的 x 和 y, 使得:

$$\frac{u_1^{(k+1)}(x)}{v_1^{(k+1)}(x)} \geqslant \lambda_k \geqslant \frac{u_1^{(2)}(y)}{v_1^{(2)}(y)}, \quad k = l+1, \cdots, n,$$

当且仅当下面的两个等价条件之一成立: 若 $\tilde{y}_1$ 被 $\tilde{x}_1$ n 阶保前 l 阶矩随机占优, 则

(1) $m_A \geqslant m_B$, 其中 m_A 和 m_B 分别为个体 A 和 B 对将来收入从 $\tilde{x}_1$ 变化到 $\tilde{y}_1$ 的预防性补偿;

(2) $\pi_A \geqslant \pi_B$, 其中 π_A 和 π_B 分别为个体 A 和 B 对将来收入从 $\tilde{x}_1$ 变化到 $\tilde{y}_1$ 的预防性溢价。

证明 因 $u_1(x)$ 和 $v_1(x)$ 都是递增的凹函数, 从而 $-u_1'(x)$ 和 $-v_1'(x)$ 就是递增的函数, 而且个体 A 和 B 都是三阶风险厌恶的, 根据第六章的定理 6.6.3 和定理 6.6.4 可知, 随着第 1 期的不确定收入的恶化, 即 $\tilde{x}_1$ n 阶保前 l 阶矩随机占优于 $\tilde{y}_1$, $m_A \geqslant m_B$ 或 $\pi_A \geqslant \pi_B$ 等价于 $-u_1'(x)$ 是比 $-v_1'(x)$ k 阶 Ross 更加风险厌恶的, $k = l+1, \cdots, n$。从而得证。

第二节　利率风险下的预防性储蓄动机

在上一节对预防性储蓄动机的研究中，在储蓄收益率不变的假设下，我们探讨了个体的消费和储蓄决策仅仅受到将来收入风险的影响。然而在现实的经济环境中，将来的储蓄收益率并非是一成不变的，也会受到金融波动、经济下滑等诸多风险因素的影响。若储蓄的收益率下降了，个体将会降低储蓄增加消费，这称之为替代效应；为了对冲将来消费的不确定性，使得个体增加储蓄减少现在消费，这称之为预防性效应。因此，随着储蓄收益率发生风险变化，个体不得不在这两种效应之间权衡取舍。

需要强调的是，储蓄只是一种确定性的投资，因而我们在前面的讨论中，设定了储蓄收益率不变，可看作个体选择部分收入投资具有确定性收益的债券。若个体将部分收入投资股票等风险资产，那么投资收益就有了不确定性。在这一节，我们主要探讨的问题是：在将来劳动收入不变的假设下，如果投资收益率发生了风险变化，个体在做出消费和储蓄决策时，其预防性储蓄又有何变化呢？换句话说，个体如何权衡替代效应和预防性效应？

（一）　基准模型

在将来劳动收入确定的条件下，假设个体有一个确定的收入流 $\{x_0, x_1\}$，设确定的投资收益率为 $r, r > 0$。个体为了最大化其一生的效用水平，通过实施投资活动将第 0 期的部分收入转移到第 1 期再消费。于是，个体现在选择一个投资水平 t，个体在第 0 期的消费为 $x_0 - t$，在第 1 期的消费就为 $x_1 + (1 + r)t$。从而个体的跨期期望效用为：

$$\max_{0 \leqslant t \leqslant x_0} u_0(x_0 - t) + \frac{1}{1 + \delta} u_1(x_1 + t(1 + r)).$$

求解上述的最优化问题，一阶条件为：

$$-u_0'(x_0 - t) + \frac{1 + r}{1 + \delta} u_1'(x_1 + t(1 + r)) = 0.$$

如果在 u_0, u_1 是递增的、可微的、凹函数的假设下，满足上述一阶条件的唯一的点 t_0^* 就是最优的储蓄水平，即：

$$t_0^* = \arg\max_{0 \leqslant t \leqslant x_0} u_0(x_0 - t) + \frac{1}{1 + \delta} Eu_1(x_1 + t(1 + r)).$$

(二) 利率二阶风险增加

假设由于外部经济环境的变化, 个体的投资收益率因受风险因素的影响变为随机变量 $\tilde{r}$, 为了便于与无风险情况下个体的最优投资比较, 假设 $E\tilde{r} = r$。于是个体的最大化跨期期望效用为:

$$U(t) = \max_{0 \leqslant t \leqslant x_0} u_0(x_0 - t) + \frac{1}{1+\delta} E[u_1(x_1 + t(1+\tilde{r}))].$$

为了便于分析, 不妨假设 $\tilde{R} = 1+\tilde{r}, E\tilde{R} = 1+E\tilde{r} = 1+r = R$, 可将 $\tilde{R}$ 看作总收益率, 于是一阶条件简化为:

$$U'(t) = -u_0'(x_0 - t) + \frac{1}{1+\delta} E[\tilde{R}u_1'(x_1 + t\tilde{R})] = 0. \tag{8.2.1}$$

显然, $U''(t) < 0$, 从而 $U(t)$ 是严格的凹函数, 故该优化问题的最优解即为满足一阶条件的唯一的解, 设为 t_1^*, 且 $t_1^* < x_0$。

$$t_1^* = \arg \max_{0 \leqslant t \leqslant x_0} u_0(x_0 - t) + \frac{1}{1+\delta} E[u_1(x_1 + t\tilde{R}_1)].$$

令 $g(x) = xu_1'(x_1 + t_0^* x)$, 将投资收益率确定情形下的最优投资水平 t_0^* 代入一阶条件 (8.2.1), 并将 $u_0'(x_0 - t_0^*)$ 替换可得:

$$U'(t_0^*) = -\frac{R}{1+\delta}u_1'(x_1 + t_0^* R) + \frac{1}{1+\delta} E[\tilde{R}u_1'(x_1 + t_0^* \tilde{R})]$$

$$= -\frac{1}{1+\delta}g(R) + \frac{1}{1+\delta}Eg(\tilde{R}).$$

显然, 我们有:

$$t_1^* > t_0^* \iff Eg(\tilde{R}) > g(R)$$

$$\iff g''(y) > 0 \iff \frac{yu'''(x_1+y)}{-u''(x_1+y)} > 2$$

$$\iff \frac{(x_1+y)u'''(x_1+y)}{-u''(x_1+y)} > 2\frac{x_1+y}{y}$$

$$\iff \tilde{R} \text{ 是 } R \text{ 的一个保均值扩散}.$$

特别地, 为了捕捉投资收益率发生风险变化时, 个体的最优储蓄水平的变动方向, 在这里不妨假设个体的将来收入为 0, 即 $x_1 = 0$, 从而就有:

$$g''(x) > 0 \iff \frac{-xu'''(x)}{u''(x)} > 2, \quad \text{对任意的 } x \in (0, \infty).$$

基于上述分析, 对所有风险厌恶且风险谨慎的个体, 随着利息收入的恶化 (在保均值扩散意义下), 下面的命题揭示了其最优的预防性储蓄的变动方向。

命题 8.2.1 对所有风险厌恶且风险谨慎的个体, 若其相对谨慎测度不小于 2, 即:

$$-xu'''(x)/u''(x) > 2,$$

则 $t_1^* > t_0^*$ 当且仅当 $\tilde{R}$ 是 R 的一个保均值扩散。

(三) 利率 n 阶风险增加

这里我们假设, 投资收益率变为 $\tilde{r}_1$ 并且 $\tilde{r}_1$ 是埃克恩 [5] 风险意义下的 $\tilde{r}$ 的一个 n 阶的风险增加 $(n \geqslant 2)$, 其他变量都是确定的。

个体选择最优的储蓄水平以最大化其跨期效用 (福利) 水平:

$$U(t) = \max_{0 \leqslant t \leqslant x_0} u_0(x_0 - t) + \frac{1}{1+\delta} E[u_1(x_1 + t(1 + \tilde{r}_1))].$$

求解上面的效用最大化问题, 下面的一阶条件确定了决策者的最优的储蓄水平:

$$U'(t) = -u_0'(x_0 - t) + \frac{1}{1+\delta} E[\tilde{R}u_1'(x_1 + t(1 + \tilde{r}_1))] = 0.$$

为了便于分析, 不妨假设 $\tilde{R}_1 = 1 + \tilde{r}_1$, 可将 $\tilde{R}_1$ 看作总收益率, 于是一阶条件简化为:

$$U'(t) = -u_0'(x_0 - t) + \frac{1}{1+\delta} E[\tilde{R}_1 u_1'(x_1 + t\tilde{R}_1)] = 0. \tag{8.2.2}$$

同样地, 我们需要假设, 该最优化问题的一阶条件存在内部解, 从而有

$$t_2^* = \arg \max_{0 \leqslant t \leqslant x_0} u_0(x_0 - t) + \frac{1}{1+\delta} E[u_1(x_1 + t\tilde{R}_1)],$$

将最优解 t_1^* 代入一阶条件即式 (8.2.2) 可得:

$$U'(t_1^*) = -E[\tilde{R}u_1'(x_1 + t_1^*\tilde{R})] + E[\tilde{R}_1 u_1'(x_1 + t_1^*\tilde{R}_1)].$$

同样令 $g(x) = xu_1'(x_1 + t_0^*x)$, 显然, 我们有:

$$t_2^* > t_1^* \Longleftrightarrow E[\tilde{R}_1 u_1'(x_1 + t_1^*\tilde{R}_1)] > E[\tilde{R}u_1'(x_1 + t_1^*\tilde{R})]$$

$$\Longleftrightarrow E[g(\tilde{R}_1)] > E[g(\tilde{R})]$$

$$\Longleftrightarrow (-1)^n g^{(n)}(x) > 0, \quad \text{对任意的 } x \in (0, \infty)$$

$$\Longleftrightarrow \tilde{R}_1 \text{ 相比于 } \tilde{R} \text{ 是 } n \text{ 阶风险增加的.}$$

特别地, 为了捕捉投资收益率发生风险变化时, 个体的最优投资额的变动方向, 在这里不妨假设个体的将来收入为 0, 即 $x_1 = 0$, 从而就有:

$$(-1)^n g^{(n)}(x) > 0 \Longleftrightarrow -\frac{x u_1^{(n+1)}(x)}{u_1^{(n)}(x)} > n, \quad \text{对任意的 } x \in (0, \infty).$$

基于上述分析, 对所有 n 阶风险厌恶的个体, 随着利息收入的恶化 (在 n 阶风险增加意义下), 下面的命题揭示了其最优的预防性储蓄的变动方向.

命题 8.2.2　对所有 n 阶风险厌恶的个体, 若其相对 n 阶风险厌恶测度不小于 n, 即:

$$-y u^{(n+1)}(y)/u^{(n)}(y) > n,$$

则 $t_2^* > t_1^*$ 当且仅当 $\tilde{R}$ 相比于 $\tilde{R}_1$ 是 n 阶风险增加的。

(四)　利率被 n 阶随机占优

这里我们假设, 投资收益率变为 $\tilde{r}_1$ 并且被 $\tilde{r}$ n 阶随机占优, 其他变量都是确定的. 于是个体选择最优的储蓄水平以最大化其跨期效用 (福利) 水平的一阶条件简化为:

$$U'(t) = -u_0'(x_0 - t) + \frac{1}{1+\delta} E[\tilde{R}_1 u_1'(x_1 + t\tilde{R}_1)] = 0. \tag{8.2.3}$$

同样地, 我们需要假设, 该最优化问题的一阶条件存在内部解, 从而有:

$$t_3^* = \arg \max_{0 \leqslant t \leqslant x_0} u_0(x_0 - t) + \frac{1}{1+\delta} E[u_1(x_1 + t\tilde{R}_1)].$$

将最优解 t_1^* 代入一阶条件 (8.2.3) 可得,

$$U'(t_1^*) = -E[\tilde{R} u_1'(x_1 + t_1^* \tilde{R})] + E[\tilde{R}_1 u_1'(x_1 + t_1^* \tilde{R}_1)].$$

同样令 $g(x) = x u_1'(x_1 + t_0^* x)$, 显然, 我们有:

$$t_3^* > t_1^* \Longleftrightarrow E[\tilde{R}_1 u_1'(x_1 + t_1^* \tilde{R}_1)] > E[\tilde{R} u_1'(x_1 + t_1^* \tilde{R})]$$

$$\Longleftrightarrow E[g(\tilde{R}_1)] > E[g(\tilde{R})]$$

$$\Longleftrightarrow (-1)^k g^{(k)}(x) > 0, k = 1, 2, \cdots, n, \quad \text{对任意的 } x \in (0, \infty)$$

$$\Longleftrightarrow \tilde{R} \text{ 相比于 } \tilde{R}_1 \text{ 是 } n \text{ 阶随机占优的.}$$

特别地, 为了捕捉投资收益率发生风险变化时, 个体的最优投资额的变动方向, 在这里不妨假设个体的将来收入为 0, 即 $x_1 = 0$, 从而就有:

$$(-1)^k g^{(k)}(x) > 0 \Longleftrightarrow -\frac{x u_1^{(k+1)}(x)}{u_1^{(k)}(x)} > k, \text{对所有的 } k = 1, 2, \cdots, n.$$

基于上述分析, 对所有 k 阶风险厌恶的个体, $k = 1, 2, \cdots, n$。随着利息收入的恶化 (在 n 阶随机占优意义下), 下面的命题揭示了其最优的预防性储蓄的变动方向。

命题 8.2.3   对所有 k 阶风险厌恶的个体, $k = 1, 2, \cdots, n$。若其相对 k 阶风险厌恶测度不小于 k, 即:

$$-x u^{(k+1)}(x)/u^{(k)}(x) > k, k = 1, 2, \cdots, n,$$

则 $t_3^* > t_1^*$ 当且仅当 $\tilde{R}$ n 阶随机占优 $\tilde{R}_1$。

(五)   利率被 n 阶保前几阶矩随机占优

假设投资收益率变差了, 由 $\tilde{r}$ 变为 $\tilde{r}_1$, 在这里, 不妨假设 $\tilde{r}_1$ 被 $\tilde{r}$ n 阶保前 l 阶矩随机占优。于是个体选择最优的储蓄水平以最大化其跨期效用 (福利) 水平的一阶条件简化为:

$$U'(t) = -u_0'(x_0 - t) + \frac{1}{1 + \delta} E[\tilde{R}_1 u_1'(x_1 + t\tilde{R}_1)] = 0. \tag{8.2.4}$$

同样地, 我们需要假设, 该最优化问题的一阶条件存在内部解, 从而有:

$$t_4^* = \arg \max_{0 \leqslant t \leqslant x_0} u_0(x_0 - t) + \frac{1}{1 + \delta} E[u_1(x_1 + t\tilde{R}_1)].$$

将最优解 t_1^* 代入一阶条件 (8.2.4) 可得:

$$U'(t_1^*) = -E[\tilde{R} u_1'(x_1 + t_1^* \tilde{R})] + E[\tilde{R}_1 u_1'(x_1 + t_1^* \tilde{R}_1)].$$

同样令 $g(x) = x u_1'(x_1 + t_0^* x)$, 显然, 我们有:

$$t_4^* > t_1^* \Longleftrightarrow E[\tilde{R}_1 u_1'(x_1 + t_1^* \tilde{R}_1)] > E[\tilde{R} u_1'(x_1 + t_1^* \tilde{R})]$$

$$\Longleftrightarrow E[g(\tilde{R}_1)] > E[g(\tilde{R})]$$

$$\Longleftrightarrow (-1)^k g^{(k)}(x) > 0, k = l+1, l+2, \cdots, n, \quad \text{对任意的 } x \in (0, \infty)$$

$$\Longleftrightarrow \tilde{R}_1 \text{ 被 } \tilde{R} \ n \text{ 阶保前 } l \text{ 阶矩随机占优.}$$

特别地, 为了捕捉投资收益率发生风险变化时, 个体的最优投资额的变动方向, 在这里不妨假设个体的将来收入为 0, 即 $x_1 = 0$, 从而就有:

$$(-1)^k g^{(k)}(x) > 0 \Longleftrightarrow -\frac{x u_1^{(k+1)}(x)}{u_1^{(k)}(x)} > k, \text{对所有的 } k = l+1, l+2, \cdots, n.$$

基于上述分析, 对所有 k 阶风险厌恶的个体, $k = l+1, l+2, \cdots, n$, 随着利息收入的恶化 (在 n 阶保前 l 阶矩随机占优意义下), 下面的命题揭示了其最优的预防性储蓄的变动方向。

命题 8.2.4 对所有 k 阶风险厌恶的个体, $k = l+1, l+2, \cdots, n$, 若其相对 k 阶风险厌恶测度不小于 k, 即:

$$-x u^{(k+1)}(x)/u^{(k)}(x) > k, k = l+1, l+2, \cdots, n,$$

则 $t_4^* > t_1^*$ 当且仅当 $\tilde{R}_1$ 被 $\tilde{R}$ n 阶保前 l 阶矩随机占优 [12]。

当将来收入 (劳动收入和储蓄收益) 发生风险变化时, 我们单独探讨了个体的预防性储蓄动机及其强度, 也获得到了相应的结果。理论上来讲, 由于经济的波动甚至突发金融事件容易导致个体将来的劳动收入和储蓄 (或投资) 收益率同时发生风险变化, 我们理应考虑在此情景下个体的预防性储蓄动机, 并对其强度提供相应刻画。然而, 需要说明的是, 在研究该问题时, 文献中采用的处理方法不仅依赖于两种风险的相依结构, 而且还涉及个体的 (高阶) 混合风险厌恶的概念, 而这已超出本书的研究范围, 在此特别说明。

第三节　本　章　小　结

随着未来收入不确定性的增加, 追求其一生期望效用最大化的个体, 将会改变现在的消费水平从而增加或减少储蓄, 而所谓的预防性储蓄是未来收入的不确定性致使个体增加额外的储蓄。因此, 未来收入的不确定性、储蓄的收益率以及个体的效用函数的形状等因素共同决定了个体的消费模式。由此可见，个体自身对风险的偏好行为也是因未来收入的不确定性使其改变储蓄决策的决定性因素。

当将来收入受到一个保均值扩散风险的影响时，个体二阶的风险偏好行为无法确定其会增加还是减少储蓄，但其三阶的风险态度却起着决定性作用，即如果个体对风险的态度是谨慎的，未来收入的不确定性（收入的风险变化）会导致个体的储蓄增加；如果个体对风险的态度是不谨慎的，未来收入的不确定性会引起个体的储蓄减少。个体在面对同样的收入风险时，不同个体选择的最优的预防性储蓄水平可能有所不同，或者说个体的预防性储蓄动机的强度不尽相同。直观上，对将来收入不确定性越是厌恶的个体，其最优的预防性储蓄水平也应该最大。而我们在前面引入的预防性溢价和预防性补偿（支付意愿和接受意愿）的度量，正好量化了个体对将来收入不确定性的厌恶程度，从而使得越是对将来收入不确定性厌恶的个体，其相应的预防性溢价和预防性补偿也就越大。

对同一个体而言，高阶风险厌恶的态度决定了预防性储蓄的动机。对不同阶风险厌恶的个体而言，因不确定的将来收入的风险变化，为了刻画个体的预防性储蓄动机的强度，我们通过借助个体对风险变化的预防性溢价和预防性补偿，从而刻画了个体对将来收入不确定性的厌恶程度[13]。储蓄收益率不变的假设下，我们探讨了个体的消费和储蓄决策仅仅受到将来收入风险的影响。然而在现实的经济环境中，将来的储蓄收益率并非是一成不变的，也会受到金融波动、经济下滑等诸多风险因素的影响。若储蓄的收益率下降了，个体将会降低储蓄增加消费，这称之为替代效应；为了对冲将来消费的不确定性，使得个体增加储蓄减少现在消费，这称之为预防性效应。因此，随着储蓄收益率发生风险变化，个体不得不在这两种效应之间权衡取舍。

参 考 文 献

[1] Leland, H., Saving and uncertainty: The precautionary demand for saving, Quarterly Journal of Economics, 1968, 82(3): 465-473.

[2] Sandmo, A., The effect of uncertainty on saving decisions, Review of Economic Studies, 1970, 37(3): 353-360.

[3] Dréze, J., F., Modigliani, Consumption decisions under uncertainty, Journal of Economic Theory, 1972, 5(3): 308-335.

[4] Rothschild, M., J., Stiglitz, Increasing risk I: A definition, Journal of Economic Theory, 1970, 2(3): 225-243.

[5] Ekern, S., Increasing nth degree risk, Economics Letters, 1980, 6(4): 329-333.

[6] Crainich, D., L., Eeckhoudt, A., Trannoy, Even (mixed) risk lovers are prudent, American Economic Review, 2013, 103(4): 1529-1535.

[7] Kimball, M., Precautionary savings in the small and in the large, Econometrica, 1990, 58(1): 53-73.

[8] 田有功, 高阶 Ross 更加风险厌恶的一个比较刻画, 应用数学学报, 2017, 40(3): 355-367.

[9] Eeckhoudt, L., H., Schlesinger, Changes in risk and the demand for saving, Journal of Monetary Economics, 2008, 55(7): 1329-1336.

[10] Denuit, M., L., Eeckhoudt, A general index of absolute risk attitude, Management Science, 2010, 56(4): 712-715.

[11] Liu, L., Precautionary saving in the large: n th degree deteriorations in future income, Journal of Mathematical Economics, 2014, 52: 169-172.

[12] Denuit, M., Rey, B., Benchmark values for higher order coefficients of relative risk aversion, Theory and Decision, 2014, 76: 81-94.

[13] 田国强, 田有功, 不确定性下的高阶风险厌恶理论、实验及其应用, 学术月刊, 2017, 49(8): 68-79.

第九章　高阶风险厌恶在现期的预防性努力中的应用

在现实的世界里, 人们总是具有各种各样的规避风险的方式。其中, 众所周知的一种方式就是通过购买保险或者再保险将风险完全转移给第三方, 然而这样规避风险的方式并不改变风险本身 (即结果的大小及其每一种结果出现的可能性)。另一种规避风险的方式就是个体直接采取行动 (增加投资或实施努力), 从而改变了风险的本质 (即风险的可能结果以及每一种结果出现的可能性), 这种为了规避风险所实施的活动在研究中被称为预防性努力。有关对防范措施的研究最早可追溯到埃利希和贝克尔 [1](Ehrlich & Becker) 的富有开创性的工作, 自此以后, 在风险决策和保险经济领域中, 防范措施被大量的文献所应用和研究。

预防性努力是一种事前的降低风险的活动。经济学文献中的风险一般被定义成潜在损失的大小及其相应的概率, 可看作一个随机变量。而这种预防性努力活动要么改变了潜在损失的大小, 要么改变了潜在损失发生的概率, 更有甚者, 两者同时发生了改变。当预防性努力活动仅仅降低了潜在损失时, 文献中称这样防范措施为自我保险 (self-insurance); 当预防性努力活动仅仅降低了潜在损失发生的概率时, 文献中称这样防范措施为自我保护 (self-protection); 当预防性努力活动同时降低了潜在损失及其概率时, 文献中称这样防范措施为自我保险兼保护 (self-insurance-cum-protection)。在日常经济生活中, 预防性努力活动随处可见。例如, 对房屋、厂房等易燃场所安装喷洒器和报警器可降低发生火灾时的损失; 为私家车安装儿童座椅的举措大大降低了在车辆事故中对儿童的伤害程度; 安装质量好的门锁、对窗户加防盗栏等一系列的措施都大大降低了财物被偷盗的可能性; 禁止酒驾的法律规定降低了发生交通事故的损失程度和可能性; 轿车上配置质量好的刹车大大降低了在交通事故中的人身伤害和事故的可能性 [2]; 等等。

在期望效用框架下, 埃利希和贝克尔研究了市场保险 (购买保险转移风险)、自我保险和自我保护 (防范活动) 之间的相互作用。基于对道德风险问题的直觉, 他们的研究结果表明: 个体对市场保险和自我保险的需求是互为替代的, 即如果个体购买了过多市场保险, 那么自我保险活动就必然会减少; 反之, 如果个体实施了自我保险的活动, 那么购买市场保险的需求就相应地减少。然而, 令人吃惊的是, 通过对自我保护活动的分析, 研究者发现了一些不同的结果, 即依赖于损失概率水平的市场保险和自我保护活动之间却是互补的关系。实际上, 相对于没有购买市场保险的情形而言, 个体购买市场保险反而增加了实施自我保护的活动。需要进一步强调的是, 为了避免一些术语使用上的混淆, 我们首先要区别预防性努力和支付意愿的概念。支付意愿是指个体愿意支付的货币数量以便于降低损失的大小或者损失发生的概率。正如邱 [3] 所强调的, 给定了自我保护的费用和损失概率之间的假设关系, 为了降低损失概率的支付意愿等价于最优选择的对自我保护的研究。达赫劳伊等 [4] (Dachraoui et al。) 通过证明自我保护和降低损失概率的支付意愿分享同样的性质, 从而证实了这种等价性。

第一节　现期的预防性努力决策模型

(一)　自我保险

假设有一个个体, 初始财富为 w, 该个体将面临一个损失为 l 的风险, 其中 $0 \geqslant l \geqslant w$, 损失发生的概率为 $p, 0 \geqslant p \geqslant 1$。假设个体具有递增的冯·诺依曼-摩根斯坦恩效用函数 $u(x)$, 即 $u'(x) > 0$。为了降低损失发生时损失的大小, 个体会选择实施自我保险的活动。假设 x 表示自我保险的水平, 其效应可由一个可微的函数 $l(x)$ 来描述, 显然函数 $l(x)$ 就将损失的大小和所实施的自我保险活动联系了起来。在文献中一个自然的假设是: 对所有的 $x \geqslant 0, l(0) = 0$, $l'(x) < 0$ 和 $l''(x) > 0$。$l'(x) < 0$ 意味着实施自我保险的活动降低了损失的大小; 而 $l''(x) > 0$ 意味着随着自我保险活动的增加, 继续降低损失将变得越来越困难。此外, 个体实施自我保险活动会产生成本, 用 $c(x)$ 表示单调递增的凸的成本函数, 通常合理的假设是: $c(0) = 0$, $c'(x) > 0$ 和 $c''(x) > 0$, 即随着自我保险活动的增加, 所需要的支出也将越来越大。为了表示上的便利性, 不妨假设: $w_B(x) = w - l(x) - c(x), w_G(x) = w - c(x)$。于是, 个体的目标就是最大化其期望效用:

$$\max_x U(x) = pu(w_B(x)) + (1-p)u(w_G(x)).$$

该优化问题的一阶条件为:

$$U'(x) = -p[l'(x) + c'(x)]u'(w_B(x)) - (1-p)c'(x)u'(w_G(x)) = 0,$$

移项可得:

$$-p[l'(x) + c'(x)]u'(w_B(x)) = (1-p)c'(x)u'(w_G(x)).$$

根据假设, 上面方程的右边恒大于零, 从而方程左边也应大于零, 于是就有:

$$l'(x) + c'(x) < 0 \implies c'(x) < -l'(x), \tag{9.1.1}$$

不等式 (9.1.1) 意味着实施自我保险活动的边际损失, 即 $-l'(x)$ 必须大于 $c'(x)$, 也就是说, 个体每增加一单位的自我保险活动降低的损失必须要大于因增加了这一单位活动的支出。

二阶条件为:

$$U''(x) = -p[l''(x) + c''(x)]u'(w_B(x)) + p[l'(x) + c'(x)]^2 u''(w_B(x))$$
$$- (1-p)c''(x)u'(w_G(x)) + (1-p)[c'(x)]^2 u''(w_G(x)) < 0.$$

显然, 在个体是风险厌恶的假设下, $U''(x) < 0$, 从而保证了该优化问题解的唯一性。假设 x^* 是最优的自我保险水平, 就有:

$$pl'(x^*)u'(w_B(x^*)) = -c'(x^*)[pu'(w_B(x^*)) + (1-p)u'(w_G(x^*))]. \tag{9.1.2}$$

注意到, 等式 (9.1.2) 的左边表示个体的自我保险活动的期望边际收益, 而等式的右边表示自我保险活动的期望边际成本。

(二) 自我保护

在这里, 对个体效用函数的有关假设不变。假设个体投入大小为 y 的自我保护活动仅仅降低了损失发生的概率, 但并没有改变潜在的损失水平 l。假设损失发生的概率是一个关于个体自我保护活动的递减的凸函数, 即 $p(0) = p$,

$p'(y) < 0$ 和 $p''(y) > 0$。$p'(y) < 0$ 意味着个体增加自我保护活动降低了损失发生的概率; 而 $p''(y) > 0$ 意味着个体实施的自我保护活动越多, 损失发生的可能性就越来越小。此外, 个体实施自我保护活动会产生成本, 用 $c(y)$ 表示成本函数, 对成本函数的假设同上。为了表示上的便利性, 不妨假设: $w_B(y) = w - l - c(y), w_G(y) = w - c(y)$。个体面对的效用最大化问题为:

$$\max_y U(y) = p(y)u(w_B(y)) + (1 - p(y))u(w_G(y)),$$

一阶条件为: $U'(y) = 0$, 即:

$$p'(y)[u(w_B(y)) - u(w_G(y))] - c'(y)[p(y)u'(w_B(y)) - (1 - p(y))u'(w_G(y))] = 0.$$

需要说明的是, 仅仅对 $p(y)$ 和 $c(y)$ 的有关假设并不能保证该效用最大化问题的二阶条件成立, 即 $U''(y) < 0$。为了简化我们在这里的分析, 通过适当的假设, 所有涉及的函数以及参数使得该优化问题的二阶条件成立, 从而该问题的满足一阶条件的唯一解就是最优解。假设最优解为 y^*, 于是就有:

$$p'(y^*)[u(w_G(y^*)) - u(w_B(y^*))]$$

$$= -c'(y^*)[p(y^*)u'(w_B(y^*)) + (1 - p(y^*))u'(w_G(y^*))],$$

上面等式的左边表示因自我保护活动降低了损失发生的概率带来的期望边际收益, 而右边表示因自我保护活动的期望边际成本。

特别地, 约内斯–李 [5](Jones-Lee) 基于支付意愿的概念分析了个体的自我保险和自我保护活动。投资一项为了使损失或者损失发生的概率降低到一定的程度的活动, 一个个体究竟愿意支付多少货币数量以支持这样的活动呢? 支付意愿恰好体现了这个货币数量。为了使损失从 l_0 降低到 $l_1, l_1 < l_0$。假设个体愿意支付的最大的货币数量为 t, 从而使得个体的福利或者期望效用水平保持不变, 即:

$$pu(w - l_0) + (1 - p)u(w) = pu(w - l_1 - t) + (1 - p)u(w - t).$$

同样地, 为了使损失的概率从 p_0 降低到 p_1, 假设个体愿意支付的最大的货币数量为 s, 从而使得个体的福利或者期望效用水平保守不变, 即:

$$p_0u(w - l) + (1 - p_0)u(w) = p_1u(w - l - s) + (1 - p_1)u(w - s).$$

邱 [3] 和达赫劳伊 [4] 和都证明了最优的自我保险水平 x^* 与 支付意愿 t 的性质以及最优的自我保护水平 y^* 与 支付意愿 s 的性质。

(三) 自我保险兼保护

通过分别对个体的自我保险和自我保护活动的讨论, 我们可以看出不管是自我保险活动还是自我保护活动, 个体的最终财富都面临两种可能的状态, 这两种状态中总有一种是相对好的状态, 而另一种状态就是相对坏的状态。具体地, 在自我保险活动中, 个体最终财富的两种状态为 $w_B(x)$ 和 $w_G(x)$, $w_G(x)$ 就是相对好的状态, 而 $w_B(x)$ 就是相对坏的状态, 自我保险是以降低好的状态上的最终财富为代价, 却以追求坏的状态上的最终财富增加的一种投资行为; 相应地, 在自我保护活动中, 个体最终财富的两种状态为 $w_B(y)$ 和 $w_G(y)$, $w_G(y)$ 就是相对好的状态, 而 $w_B(y)$ 就是相对坏的状态, 自我保护是以降低每一个状态上的最终财富为代价, 却以追求好的状态发生的概率更大的一种投资行为。在这里, 个体的确面临着在上述的两者之间的取舍问题。显而易见, 这两种活动在本质上完全不同。

然而, 在现实世界里, 个体采取的降低损失的举措往往都同时引起了自我保险和自我保护活动, 即个体实施活动在降低潜在损失的同时也降低了损失发生的概率, 李[6](Lee) 称这样的活动为自我保险兼保护, 它们并不是孤立地起作用, 而是相辅相成。除了前面已经陈述的一些经典实例, 自我保险兼保护活动的例子不胜枚举。例如, 符合科学设计的高速公路以及醒目的交通标示在降低了交通事故损失的同时也减少了事故发生的频率; 尽早戒烟既降低了医疗卫生方面的支出也大大降低了患肺癌等呼吸道疾病的概率。

李[6] 最先研究了个体的自我保险兼保护活动。考虑一个具有初始财富为 w 的个体, 假设个体将面临一个潜在的损失, 为了规避这样的损失风险, 个体将实施一个水平为 z 的自我保险兼保护的活动, 于是, 假设损失发生的概率变为 $p(z)$, 损失的大小变为 $l(z)$, 相应地为实施这样的活动的支出为 $c(z)$。在该模型中, 有关对函数 $p(z), l(z)$ 和 $c(z)$ 的假设前面部分完全相同。由于个体最终的财富仅仅依赖于损失发生与否, 因而在这里仍然只有两个状态, 为了便于表示, 仍然假设 $w_B(z) = w - l(z) - c(z), w_G(z) = w - c(z)$, 从而具有效用函数 u 的个体的期望效用最大化问题为:

$$\max_z U(z) = p(z)u(w_B(z)) + (1 - p(z))u(w_G(z)),$$

一阶条件为:

$$U'(z) = p'(z)(u_B - u_G) - p(z)[c'(z) + l'(z)]u'_B - (1 - p(z))c'(z)u'_G = 0,$$

其中,$u_i = u(w_i(z)), u_i' = u'(w_i(z)), i = B, G$。为了保证该优化问题具有唯一的内部解, 需要假设二阶条件成立, 即 $U''(z) < 0$。

第二节　风险厌恶与预防性努力

在许多风险决策模型中, 风险厌恶的增加往往导致个体普遍采取一些很低的风险活动。迪昂和埃克豪特 [7](Dionne & Eeckhoudt) 最早将个体的风险态度纳入上述的决策风险模型中。尤其, 他们研究了个体的自我保险和自我保护活动如何随着个体风险厌恶的增加而做出反应。他们的结果表明: 个体的自我保险活动随着个体风险厌恶的程度的增加而增加; 然而, 随着个体风险厌恶程度的增加, 个体的自我保护活动却并不总是增加的。此外, 当个体最终财富的状态超过两个时, 也就是说, 最终财富不仅仅有好的状态, 坏的状态, 还有介于这两者之间的状态时, 随着个体风险厌恶程度的增加, 个体的自我保险活动也未必是增加的 [8]。可见, 个体风险厌恶程度引起了个体的自我保险和自我保护活动不一致的结果。

普拉特 [9] 的研究结果表明: 个体 B 比个体 A 更加风险厌恶当且仅当个体 B 的效用函数必然是个体 A 的效用函数的一个递增的凹变换。具体地, 假设 $u(x)$ 和 $v(x)$ 分别是个体 A 和个体 B 的效用函数, 满足条件: $u'(x) > 0, v'(x) > 0, u''(x) < 0$ 和 $v''(x) < 0$, 如果个体 B 比个体 A 更加风险厌恶当且仅当存在 $\phi(x), \phi'(x) > 0, \phi'' < 0$, 使得 $v(x) = \phi(u(x))$, 对所有的 $x \geqslant 0$。

(一)　自我保险与风险厌恶

迪昂和埃克豪特 [7] 考虑了更加风险厌恶的个体 B 的自我保险和自我保护活动,

$$\max_x U = p\phi(u(w_B(x))) + (1-p)\phi(u(w_G(x))),$$

一阶条件为: $U'(x) = 0$, 即:

$$U'(x) = -p(l'(x) + c'(x))u'(w_B(x))\phi'(u(w_B(x)))$$
$$-(1-p)c'(x)u'(w_G(x))\phi'(u(w_G(x))) = 0.$$

在这里假设个体 A 和个体 B 的最优的自我保险水平分别为 x_A^* 和 x_B^*, 为了便于比较, 现在将个体 A 的最优的自我保险水平 x_A^* 代入上式得:

$$U'(x_A^*) = -p(l'(x_A^*) + c'(x_A^*))u'(w_B(x_A^*))\phi'(u(w_B(x_A^*)))$$

$$- (1-p)c'(x_A^*)u'(w_G(x_A^*))\phi'(u(w_G(x_A^*))) > \phi'(u(w_G(x_A^*)))\frac{\mathrm{d}U}{\mathrm{d}x}|_{x=x_A^*}$$

$$=0.$$

由于 $\phi'(u(w_B(x_A^*))) > \phi'(u(w_G(x_A^*)))$，从而上述不等式成立，于是就有 $x_B^* > x_A^*$，即越是风险厌恶的个体，对自我保险活动的支出或投资就越多。

(二) 自我保护与风险厌恶

假设个体通过实施自我保护活动降低了损失发生的概率但并不改变损失的大小，有关假设与前面的部分相同，考虑类似的问题：一个个体越是厌恶风险，是否意味着对自我保护活动的支出也就越多呢？个体 B 的期望效用最大化问题为：

$$\max_x p(y)v(w_B(y)) + (1-p(y))v(w_G(y)),$$

一阶条件为：

$$V'(y) = p'(y)[\phi(u(w_B(y))) - \phi(u(w_G(y)))] - c'(y)[p(y)u'(w_B(y))\phi'(u(w_B(y)))$$

$$- (1-p(y))u'(w_G(y))\phi'(u(w_G(y)))] = 0.$$

在这里假设个体 A 和个体 B 的最优的自我保护水平分别为 y_A^* 和 y_B^*。因个体 A 是比个体 B 更加风险厌恶的，我们想知道是否意味着个体 A 的最优的自我保护水平大于个体 B 的最优的自我保护水平，即 $y_B^* > y_A^*$。较为遗憾的是，就目前给定的假设，并不能保证这样的结果成立，也就是说，$V'(y_A^*)$ 的符号不能够确定，从而个体的自我保护活动并不与个体的风险厌恶的程度相一致。

(三) 自我保险兼保护与风险厌恶

关注同样的问题：一个更加风险厌恶的个体 B 是否会选择实施更多的自我保险兼保护活动呢？为了回答这样问题，引入一个更加风险厌恶的个体，假设效用函数为 $v(z)$，并且有 $v(z) = \phi(u(z))$，并且满足：$\phi' > 0, \phi'' < 0$。从而个体 B 的期望效用最大化问题为：

$$\max_z V(z) = p(z)\phi(u(w_B(z))) + (1-p(z))\phi(u(w_G(z))).$$

假设个体 A 和个体 B 实施的最优的自我保险兼保护水平分别为 z_A^* 和 z_B^*，需要检查个体 B 的期望效用最大化问题的一阶条件在 z_A^* 处的符号，即：

$$V'(z_A^*) = \{p'(z)(\phi(u_B) - \phi(u_G)) - p(z)[c'(z) + l'(z)]u_B'\phi'(u_B)$$
$$- (1 - p(z))c'(z)u_G'\phi'(u_G)\}|_{z=z_A^*}. \tag{9.2.1}$$

显然，$V'(z_A^*)$ 的符号不能根据现有的假设完全确定，因为它的符号完全依赖于效用函数 $u(x)$、损失函数 $l(x)$、成本函数 $c(x)$ 和转换函数 $\phi(x)$ 的形状。为了确定其符号，可以对这几个函数附加一些约束条件，使得其符号变得一致。李[5] 重点考虑了针对损失函数和成本函数的限定条件，从而得到了一致性的结果。从前面的分析可得到：

$$p'(z) = \frac{p(z)[c'(z) + l'(z)]u_B' + (1 - p(z))c'(z)u_G'}{u_B - u_G}$$
$$< \frac{\phi'(u_G)}{\phi(u_B) - \phi(u_G)}[(c'(z) + l'(z))u_B' + (1 - p(z))c'(z)u_G'], \tag{9.2.2}$$

将式 (9.2.2) 代入式 (9.2.1) 并化简可得：

$$V'(z_A^*) > [\phi'(u_G(z_A^*)) - \phi'(u_B(z_A^*))]p(z_A^*)[c'(z_A^*) + l'(z_A^*)]u_B'(z_A^*), \tag{9.2.3}$$

由于 $\phi'' < 0$，从而 $\phi'(u_G(z_A^*)) - \phi'(u_B(z_A^*)) < 0$；于是当 $c'(z_A^*) + l'(z_A^*) \leqslant 0$ 时，不等式 (9.2.3) 表明：$V'(z_A^*) > 0$，从而就证明了：$z_B^* > z_A^*$。即为了规避潜在的风险，一个更加风险厌恶的个体增加投资自我保险兼保护活动的一个充分条件是：$c'(z_A^*) + l'(z_A^*) \leqslant 0$。

需要强调的是，当 $l'(z_A^*) = 0$ 时，个体的自我保险兼保护活动退化为自我保护活动，此时条件 $c'(z_A^*) < 0$ 却有悖于 $c'(z_A^*) > 0$ 的前提假设，从而使得结论不成立；因这里的充分条件没有对损失的概率函数 $p(z)$ 有所限制，从而当 $p'(z) = 0$ 时，个体的自我保险兼保护活动退化为自我保险活动，只要二阶条件成立并且充分条件 $c'(z_A^*) + l'(z_A^*) \leqslant 0$ 仍然得以满足，一个更加风险厌恶的个体仍会增加投资自我保险兼保护活动。此外，由于这里仅仅提供的条件只是充分的条件，当 $c'(z_A^*) + l'(z_A^*) > 0$ 时，也并不能保证一个更加风险厌恶的个体会降低自我保险兼保护活动，因为个体可能会偏好于使得损失的概率降低的活动，至于究竟会如何变动，还需做进一步的判断分析。

与此同时，朱利安等[10](Jullien et al.) 也回答了同样的问题：一个更加风险厌恶的个体一定会选择实施更多的自我保险兼保护活动吗？可喜的是，他们提供了该问题肯定回答的几个充分条件。这部分的重点仅仅是简单地介绍一些最基本的模型及其结果，因而不再详细赘述，具体内容请查阅他们的原始文献。

第三节　风险谨慎与预防性努力

在前面的部分，迪昂和埃克豪特 [7] 强调了这样一个事实：一个更加风险厌恶的个体未必增加在自我保护活动方面的投资。尤其，布里斯和施莱辛格 [11] (Briys & Schlesinger) 进一步揭示了其中的原因：一般来说，个体所实施的自我保护活动并不会降低个体的最终财富所面临的风险，反而会导致个体的最终财富面临一个下行风险增加的风险。在探讨个体的风险厌恶程度和其最优的自我保护投资的一致的关系时，麦圭尔等 [12] (McGuire et al.) 和朱利安等 [10] 都曾证明了：在实施最优的自我保护活动投资时，如果一个风险厌恶的个体的发生损失的概率总是小于一个特定的临界值，那么更加风险厌恶的另一个个体必然会增加最优的自我保护活动投资。邱 [13] 也证明了：如果发生损失的初始概率小于某一个临界值，为了降低损失的概率，相对于精算公平的定价 (自我保护的边际增加支出等于期望损失的边际降低)，一个风险厌恶的个体总是愿意投资更多的自我保护活动，更重要的是这个临界值完全是由下行风险厌恶的测度所决定的。在探讨风险厌恶程度和自我保护活动的关系时，布里斯和施莱辛格 [11] 和邱 [13] 都表明：在确定最优的自我保护的投资水平时，个体对下行风险厌恶的态度同样起了很重要的作用。之后，该文献进一步揭示了下行风险厌恶程度与个体投资的最优自我保护活动之间的关系。

(一)　风险谨慎

假设个体 A 和 B 的效用函数分别为 $u(w)$ 和 $v(w)$，并且 $u'(w) > 0$，$v'(w) > 0$。个体的初始财富均为 w，个体的财富面临一个概率为 p 的损失风险，损失的大小为 l。个体可以通过投资 e 单位的自我保护活动，使损失的概率降低 $\varepsilon(e)$，假设 $\varepsilon(0) = 0$。从而个体 A 的期望效用最大化问题为：

$$\max_{0 \leqslant e \leqslant e^p} U(e) = (p - \varepsilon(e))u(w - l - e) + (1 - p + \varepsilon(e))u(w - e), \quad (9.3.1)$$

其中，e^p 由方程 $\varepsilon(e^p) = p$ 所确定。假设函数 $u(w), v(w)$ 和 $\epsilon(w)$ 满足式 (9.3.1) 的极值的二阶条件：凹的并且具有唯一的内部解。假设个体 B 与个体 A 具有相似的优化问题, 它们的最优解分布为 e_A^* 和 e_B^*。

于是, 一阶条件为:

$$U'(e_A^*) = \varepsilon'(e_A^*)[u_G(e_A^*) - u_B(e_A^*)]$$

$$- [(p - \varepsilon(e_A^*))u_B'(e_A^*) + (1 - p + \varepsilon(e_A^*))u_G'(e_A^*)] = 0,$$

其中, $u_B(e) = u(w - l - e)$, $u_G(e) = u(w - e)$。假设 $\varepsilon'(e_A^*)l = 1$, 即在最优的投资花费 e_A^* 处, 每增加一个单位的投资应等于期望减少的损失。将这一假设代入上式, 可得:

$$\frac{[u_G(e_A^*) - u_B(e_A^*)]/l - u_G(e_A^*)}{u_B'(e_A^*) - u_G'(e_A^*)} = p - \varepsilon(e_A^*), \tag{9.3.2}$$

从而, 邱 [13] 获得了如下的命题。

命题 9.3.1　假设 $\varepsilon'(e_A^*)l = 1$。如果

$$-\frac{v'''(w)}{v''(w)} > \ (<, =) \ -\frac{u'''(w)}{u''(w)}, \tag{9.3.3}$$

则 $e_B^* < \ (>, =) \ e_A^*$。

证明　如果式 (9.3.3) 成立, 则有:

$$\frac{[v_G(e_A^*) - v_B(e_A^*)]/l - v_G(e_A^*)}{v_B'(e_A^*) - v_G'(e_A^*)} < \ (>, =) \ \frac{[u_G(e_A^*) - u_B(e_A^*)]/l - u_G(e_A^*)}{u_B'(e_A^*) - u_G'(e_A^*)},$$

根据式 (9.3.2) 和式 (9.3.3), 可知:

$$\frac{[v_G(e_A^*) - v_B(e_A^*)]/l - v_G(e_A^*)}{v_B'(e_A^*) - v_G'(e_A^*)} < \ (>, =) \ p - \varepsilon(e_A^*),$$

重新整理就有:

$$\varepsilon'(e_A^*)[v_G(e_A^*) - v_B(e_A^*)] - [(p - \varepsilon(e_A^*))v_B'(e_A^*) + (1 - p + \varepsilon(e_A^*))v_G'(e_A^*)] < \ (>, =) \ 0,$$

因个体 B 的效用函数的凹性, 从而有 $e_B^* < \ (>, =) \ e_A^*$。

该命题说明了一个更加下行风险厌恶的个体在降低损失概率方面的最优投资反而变小。根据前面的介绍, 一些文献都认为: 如果发生损失的初始概率小于某一个临界值, 为了降低潜在损失出现的概率, 一个更加风险厌恶的个体总是愿意投资更多的自我保护活动。接下来, 我们就来探讨如何确定这个潜在损失出现的概率的临界值的问题。

(二) 损失概率的临界值

自我保护是一种降低潜在损失发生概率的一种活动或者投资。在个体追求期望效用最大化为目标的驱使下，最优的投资自我保护水平是否完全依赖于个体的风险偏好甚至高阶的风险态度，研究者从来没有停止对这一问题的研究。正如前面介绍的，一个不争的事实是：一个更加风险厌恶的个体可能会投资更多的自我保护活动，这个结论的一个前提假设是潜在损失的初始的发生概率小于某临界值。假设效用函数是二次函数时，这个具体的临界值恰好是 $1/2$。对于其他类型的效用函数，却未能给出具体的答案。为此，埃克豪特和戈利耶 [14](Eeckhoudt & Gollier) 给出了答案。他们研究了个体的风险谨慎偏好于最优的自我保护活动之间的联系。

给定一个具有初始财富为 w 的个体，效用函数为 $u(w), u'(w) > 0$，个体将面临一个损失为 l 的风险。假设个体可以实施努力 e (用财富表示的) 或者说自我保护活动将损失发生的概率降低为 $p(e), p'(e) < 0$。个体选择一个努力水平 e 最大化其期望效用，即：

$$\max_e V(e) = p(e)u(w - l - e) + (1 - p(e))u(w - e).$$

为了保证该优化问题有唯一的内部解，同样假设 $V(e)$ 是关于 e 的凹函数。假设一个风险中性的个体选择的最优的努力水平 e_0^* 满足方程：$-p'(e_0^*)l = 1$，即意味着投入额外的一单位努力恰好降低了 1 单位的期望损失。从而相对于风险中性的个体而言，一个风险厌恶的个体将会投入更多的努力当且仅当

$$V'(e_0^*) = -p'(e_0^*)[u(w - e_0^*) - u(w - e_0^* - l)]$$

$$- [p(e_0^*)u'(w - e_0^* - l) + (1 - p(e_0^*))u'(w - e_0^*)] \geq 0,$$

将 $-p'(e_0^*)l = 1$ 代入上式并进一步变形可得：

$$\frac{u(w - e_0^*) - u(w - e_0^* - l)}{l} \tag{9.3.4}$$

$$\geq p(e_0^*)u'(w - e_0^* - l) + (1 - p(e_0^*))u'(w - e_0^*),$$

不等式 (9.3.4) 的左边表示将损失的概率降低 $1/l$ 单位时的效用收益，即投入额外一单位的努力使损失概率降低了 $1/l$ 单位时的效用成本。

引理 9.3.1   假设 $H(a, b) = 0.5[u'(a) + u'(b)] - [u(b) - u(a)]/[b - a]$ 被定义在某 $a < b$ 的区域上。函数 H 在其定义域上是正数 (负数) 当且仅当 $u'(\cdot)$ 是凸函数 (凹函数)。

证明 **充分性** 在个体风险谨慎的假设下, 可得:

$$u(b) - u(a) = \int_a^b u'(x)\mathrm{d}x \leqslant \int_a^b \left[\frac{b-x}{b-a}u'(a) + \frac{x-a}{b-a}u'(b)\right]\mathrm{d}x, \quad (9.3.5)$$

不等式 (9.3.5) 成立, 这是因为 u' 是凸函数, 由 Jensen's 不等式可得, 即:

$$u'(x) = u'\left(\frac{b-x}{b-a}a + \frac{x-a}{b-a}b\right) \leqslant \frac{b-x}{b-a}u'(a) + \frac{x-a}{b-a}u'(b), \quad (9.3.6)$$

求解式 (9.3.6) 中的积分, 就得到:

$$u(b) - u(a) \leqslant 0.5(b-a)[u'(a) + u'(b)],$$

即:

$$0 \leqslant 0.5(b-a)[u'(a) + u'(b)] - [u(b) - u(a)] = H(a,b),$$

至于必要性不难证明, 在此略去。

特殊地, 当个体为谨慎中性者 ($u''' = 0$) 时, 即个体具有线性的边际效用, 其最优的预防性努力水平有何变化呢?

命题 9.3.2 假设一个风险中性的个体选择最优的努力为 e_0^*, 并且其损失的概率为 $p(e_0^*) = 1/2$, 则为了使期望效用最大化, 一个具有线性的边际效用 ($u''' = 0$) 的个体将选择同样的努力水平 e_0^*。

基于上面的引理, 很自然地得到下面的命题。

命题 9.3.3 假设一个风险中性的个体选择最优的努力为 e_0^*, 并且其损失的概率为 $p(e_0^*) = 1/2$, 则为了使期望效用最大化, 所有谨慎的个体 ($u''' > 0$) 选择投入的努力水平都小于 e_0^*; 而所有不谨慎的个体 ($u''' < 0$) 选择投入的努力水平都大于 e_0^*。

命题 9.3.4 假设个体是风险厌恶的。如果 $p(e) \geqslant 1/2$, 则一个谨慎的个体比风险中性的个体选择投入更少的努力; 如果 $p(e) \leqslant 1/2$, 则一个不谨慎的个体比风险中性的个体选择投入更多的努力。

证明 在风险谨慎的假设下, 结合前面的引理可得:

$$\frac{u(w-e) - u(w-e-l)}{l} \leqslant 0.5u'(w-e-l) + 0.5u'(w-e),$$

在个体是风险厌恶 ($u'' < 0$) 的假设下, 当 $p(e) \geqslant 1/2$ 时, 就有:

$$0.5u'(w-e-l) + 0.5u'(w-e) \leqslant p(e)u'(w-e-l) + (1-p(e))u'(w-e),$$

即一个谨慎的个体比风险中性的个体选择投入更少的努力。

第四节　确定收入下的风险厌恶强度的比较静态分析

给定一个具有初始财富为 w 的个体, 个体将面临一个损失为 l 的风险。假设个体可以实施努力 e (用财富表示) 或者说自我保护活动将损失发生的概率降低为 $p(e), p'(e) < 0$。个体通过选择一个努力水平 e 以便最大化其期望效用。假设 $u(x)$ 和 $v(x)$ 分别是个体 A 和 B 的效用函数, 满足条件: $u'(x) > 0, v'(x) > 0, u''(x) < 0$ 和 $v''(x) < 0$。

个体 A 的期望效用最大化问题为:

$$\max_e U(e) = p(e)u(w - l - e) + (1 - p(e))u(w - e),$$

一阶条件为: $U'(e) = 0$, 即:

$$p'(e)[u(w - l - e) - u(w - e)] - [p(e)u'(w - l - e) + (1 - p(e))u'(w - e)] = 0.$$

个体 B 的期望效用最大化问题为:

$$\max_e V(e) = p(e)v(w - l - e) + (1 - p(e))v(w - e),$$

一阶条件为: $V'(e) = 0$, 即:

$$p'(e)[v(w - l - e) - v(w - e)] - [p(e)v'(w - l - e) + (1 - p(e))v'(w - e)] = 0.$$

假设个体 B 比个体 A 是 Ross 更加风险厌恶的, 当且仅当存在 $\lambda > 0, \phi(x), \phi'(x) \leqslant 0, \phi''(x) \leqslant 0$, 使得 $v(x) = \lambda u(x) + \phi(x)$, 对所有的 $x \geqslant 0$。将 $v(x) = \lambda u(x) + \phi(x), v'(x) = \lambda u'(x) + \phi'(x)$ 代入上式并整理可得:

$$
\begin{aligned}
V'(e) = &\lambda\{p'(e)[u(w - l - e) - u(w - e)] \\
&- [p(e)u'(w - l - e) + (1 - p(e))u'(w - e)]\} \\
&+ p'(e)[\phi(w - l - e) - \phi(w - e)] \\
&- [p(e)\phi'(w - l - e) + (1 - p(e))\phi'(w - e)] = 0.
\end{aligned}
$$

假设个体 A 和个体 B 的最优化问题的二阶条件都成立, 从而保证了上述问题有唯一的内部解, 分别记为 e_A^* 和 e_B^*, 于是将个体 A 的最优努力水平 e_A^* 代

入个体 B 的一阶条件, 由于 $U'(e_A^*) = 0$, 从而就有:

$$
\begin{aligned}
V'(e_A^*) = &\ p'(e_A^*)[\phi(w - l - e_A^*) - \phi(w - e_A^*)] \\
&- [p(e_A^*)\phi'(w - l - e_A^*) + (1 - p(e_A^*))\phi'(w - e_A^*)].
\end{aligned}
\tag{9.4.1}
$$

然而, 基于现有的假设, 我们并不能确定上式的符号是正还是负, 从而也就无法得出这样的结论: 一个更加 Ross 风险厌恶的个体是否会增加或者减少实施自我保守活动。尽管我们可以通过附加一些额外的条件, 使得 $V'(e_A^*)$ 的符号变得一致, 但找到这样的充分条件或许并不是一件容易的事情。对于其符号的判别, 或许我们可以另辟蹊径, 也就是通过引入刻画个体风险厌恶程度的更强的概念, 以此为准, 从而将其符号就确定了。在接下来, 我们将介绍他们引入的比在这个方向上已经跨出了成功的一步。

于是, 基于线性约束的 Ross 更加风险厌恶的概念, 对于个体在预防性努力活动上的投资支出, 我们获得了如下的命题 [16]。

命题 9.4.1　假设个体 A 相比于个体 B 是线性约束的 Ross 更加风险厌恶的, 在任何预防性努力水平 e 下, 如果 $p'(e)l(e) + p(e)l'(e) + c'(e) \geqslant 0$, 则 $e_A^* \geqslant e_B^*$。

证明　如果存在 k 和某种线性形式的函数 $a + bx$, 使得 $u(x) \equiv kv(x) + a + bx$, 其中 $b \leqslant 0$, 则个体 A 相比于个体 B 是线性约束 Ross 更加风险厌恶的。因而将 $\phi(x) = a + bx, \phi'(x) = b$ 和 $V'(e_B^*) = 0$ 代入上面的 (9.4.1), 就有:

$$
\begin{aligned}
U'(e_B^*) = &\ p'(e_B^*)[\phi_B(e_B^*) - \phi_G(e_B^*)] \\
&- p(e_B^*)[c'(e_B^*) + l'(e_B^*)]\phi_B'(e_B^*) - (1 - p(e_B^*))c'(e_B^*)\phi_G'(e_B^*) \\
= &\ -b[p'(e_B^*)l(e_B^*) + p(e_B^*)l'(e_B^*) + c'(e_B^*)].
\end{aligned}
$$

因而在 $b \leqslant 0$ 和 $p'(e)l(e) + p(e)l'(e) + c'(e) \geqslant 0$ 的条件下, $V'(e_B^*) = 0$, 而 $U'(e_B^*) \geqslant 0$, 因而有 $e_A^* \geqslant e_B^*$。

该命题表明: 如果额外的预防性努力降低了个体最终财富的均值, 那么一个线性约束的 Ross 更加风险厌恶的个体总是投资更多的预防性努力; 反之, 如果额外的预防性努力增加了个体最终财富的均值, 那么一个线性约束的 Ross 更加风险厌恶的个体总是投资更少的预防性努力, 从而获得了一致的比较静态结果。

当个体投资的预防性努力仅仅降低了潜在损失发生的概率, 但并不改变潜在损失大小本身, 此时预防性努力退化为所谓的自我保护。具体地, 在任何预防性努力水平 e 下, $l(e) = l, 0 < l < w$。可以验证, 我们仍然无法获得与个体风险偏好一致的比较静态结果。于是, 基于二次函数约束的 Ross 更加风险厌恶的刻画, 对于个体实施的自我保护活动, 我们获得了如下的命题 [16]。

命题 9.4.2 假设个体 A 相比于个体 B 是线性约束的 Ross 更加风险厌恶的, 在任何预防性努力水平 e 下, 如果 $p'(e)l + c'(e) \geqslant 0$, 则 $e_A^* \geqslant e_B^*$。

证明 将 $l(e) = l, l'(e) = 0$ 和 $\phi(x) = a + bx$ 代入 (9.4.1) 中, 就有:

$$U'(e_B^*) = p'(e_B^*)[\phi_B(e_B^*) - \phi_G(e_B^*)] - p(e_B^*)c'(e_B^*)\phi_B'(e_B^*)$$

$$- (1 - p(e_B^*))c'(e_B^*)\phi_G'(e_B^*) = -b[p'(e_B^*)l + c'(e_B^*)],$$

因而在 $b \leqslant 0$ 和 $p'(e)l + c'(e) \geqslant 0$ 的条件下, $V'(e_B^*) = 0$, 而 $U'(e_B^*) \geqslant 0$, 就有 $e_A^* \geqslant e_B^*$。

该命题告诉我们: 如果额外的自我保护活动降低了个体最终财富的均值, 并且在个体的初始财富发生损失的概率不超过临界值 1/2 的条件下, 那么一个二次函数约束的 Ross 更加风险厌恶的个体总是投资更多的自我保护活动。特别需要说明的是, 当预防性努力退化为自我保护活动时, 即在所有的预防性努力水平 e 下, $l(e) = l$, 有关对该优化问题最优解存在的二阶条件假设: $c'(e) + l'(e) < 0$, 在这里不再成立。为此, 我们不得不假设该优化问题的最优解总是存在。

当个体投资的预防性努力仅仅降低了潜在的损失大小, 但并不改变潜在损失发生的概率, 此时预防性努力退化为所谓的自我保险。具体地, 在任何预防性努力水平下, $p(e) = p$, 其中 $0 < p < 1$。于是, 基于线性约束的 Ross 更加风险厌恶行为, 对于个体投资的自我保险活动, 我们获得了如下的命题 [16]。

命题 9.4.3 假设个体 A 相比于个体 B 是线性约束的 Ross 更加风险厌恶的, 在任何预防性努力水平 e 下, 如果 $pl'(e) + c'(e) \geqslant 0$, 则 $e_A^* \geqslant e_B^*$。

证明 将 $p(e) = p, p'(e) = 0$ 和 $\phi(x) = a + bx$ 代入 (9.4.1) 中, 就有:

$$U'(e_B^*) = -p[c'(e_B^*) + l'(e_B^*)]\phi_B'(e_B^*) - (1 - p)c'(e_B^*)\phi_G'(e_B^*)$$

$$= -b[pl'(e_B^*) + c'(e_B^*)],$$

因而在 $b \leqslant 0$ 和 $pl'(e) + c'(e) \geqslant 0$ 的条件下，$V'(e_B^*) = 0$, 而 $U'(e_B^*) \geqslant 0$, 就有 $e_A^* \geqslant e_B^*$。

命题告诉我们：如果额外的自我保险活动降低了个体最终财富的均值，那么一个二次函数约束的 Ross 更加风险厌恶的个体总是投资更多的自我保险活动。注意到，这里并不需要假设个体的初始财富发生损失的概率不超过临界值 1/2 的条件。

特别地，当个体投资的预防性努力支出 e 以货币的形式呈现时，这里的成本函数退化为 $c(e) = e, 0 < e < w$, 从而就有 $c'(e) = 1$。如果我们将这里的成本函数代入上述的决策问题，将进一步大大简化所获得的上述充分条件，这里略去不再赘述。

为了解决个体的投资决策与其风险偏好不一致问题，我们基于二次函数约束的 Ross 更加风险厌恶的刻画，重新研究了个体的预防性努力决策模型，获得了如下的命题。

命题 9.4.4　假设个体 A 相比于个体 B 是二次函数约束的 Ross 更加风险厌恶的，在任何预防性努力水平 e 下，如果 $p'(e)l(e) + p(e)l'(e) + c'(e) \geqslant 0$ 且 $p(0) \leqslant 1/2$, 则 $e_A^* \geqslant e_B^*$。

证明　根据定义可知，如果存在 $k > 0$ 和某种二次多项式函数，$a + bx + cx^2$, 使得 $u(x) \equiv kv(x) + a + bx + cx^2$, 其中 $b + 2cx \leqslant 0, c \leqslant 0$, 则个体 A 相比于个体 B 是二次函数约束的 Ross 更加风险厌恶的。因而将 $\phi_B(e) = a + b(w - c(e) - l(e)) + c(w - c(e) - l(e))^2, \phi_G(e) = a + b(w - c(e)) + c(w - c(e))^2, \phi_B'(e) = b + 2c(w - c(e) - l(e)), \phi_G'(e) = b + 2c(w - c(e))$ 和 $\phi_B'(e) - \phi_G'(e) = -l(e)(cl(e) + b + 2c(w - c(e) - l(e)))$ 分别代入等式 (9.4.1) 中, 并进一步化简为：

$$U'(e_B^*) = -P(e_B^*)Q(e_B^*) + cp(e_B^*)l(e_B^*)l'(e_B^*) + cc'(e_B^*)l(e_B^*)(2p(e_B^*) - 1)$$

$$\geqslant -P(e_B^*)Q(e_B^*) + cc'(e_B^*)l(e_B^*)(2p(e_B^*) - 1)$$

$$\geqslant -P(e_B^*)Q(e_B^*). \tag{9.4.2}$$

其中, $P(e_B^*) = p'(e_B^*)l(e_B^*) + p(e_B^*)l'(e_B^*) + c'(e), Q(e_B^*) = cl(e_B^*) + b + 2c(w - c(e_B^*) - l(e_B^*))$。在任何预防性努力水平 e 下，注意到在上述不等式 (9.4.2) 中，第一个不等式成立是因为：$c < 0, l'(e) < 0$, 从而有 $cp(e_B^*)l(e_B^*)l'(e_B^*) \geqslant 0$; 第二个不等式成立是因为假设初始财富发生损失的概率不超过临界值 1/2, 即 $p(e) < p(0) \leqslant 1/2$。因此，在 $c < 0$ 和 $b + 2cx \leqslant 0$ 的条件下, 对任何预

防性努力水平 e, $cl(e) + b + 2c(w - c(e) - l(e)) \leqslant 0$。因此，只要 $p'(e)l(e) + p(e)l'(e) + c'(e) \geqslant 0$，就有 $U'(e_B^*) \geqslant 0$，而 $V'(e_B^*) = 0$，于是有 $e_A^* \geqslant e_B^*$。证毕。

命题意味着：如果额外的预防性努力投资降低了个体最终财富的均值，并且在潜在损失发生的初始概率不超过临界值 1/2 的条件下，那么一个二次函数约束的 Ross 更加风险厌恶的个体总是投资更多的自我保险兼保护活动。

当个体投资的预防性努力仅仅降低了潜在损失发生的概率，但并不改变潜在损失大小本身，此时预防性努力退化为所谓的自我保护。具体地，在任何预防性努力水平 e 下，$l(e) = l, 0 < l < w$。可以验证，我们仍然无法获得与个体风险偏好一致的比较静态结果。于是，基于二次函数约束的 Ross 更加风险厌恶的刻画，对于个体实施的自我保护，我们获得了如下的命题 [16]。

命题 9.4.5 假设个体 A 相比于个体 B 是二次函数约束的 Ross 更加风险厌恶的，在任何预防性努力水平 e 下，如果 $p'(e)l + c'(e) \geqslant 0$ 且 $p(0) \leqslant 1/2$，则 $e_A^* \geqslant e_B^*$。

证明 根据定义可知，如果存在 $k > 0$ 和某种二次多项式函数，$a + bx + cx^2$，使得 $u(x) \equiv kv(x) + a + bx + cx^2$，其中 $b + 2cx \leqslant 0, c \leqslant 0$，则个体 A 相比于个体 B 是二次函数约束的 Ross 更加风险厌恶的。因而将 $l(e) = l, l'(e) = 0, \phi_B(e) = a + b(w - c(e) - l) + c(w - c(e) - l)^2, \phi_G(e) = a + b(w - c(e)) + c(w - c(e))^2, \phi_B'(e) - \phi_G'(e) = -l(cl + b + 2c(w - c(e) - l)), \phi_B'(e) = b + 2c(w - c(e) - l)$ 和 $\phi_G'(e) = b + 2c(w - c(e))$ 分别代入 (9.4.1) 中，就有：

$$U'(e_B^*) = -(p'(e_B^*)l + c'(e_B^*))(cl + b + 2c(w - c(e_B^*) - l)) + clc'(e_B^*)(2p(e_B^*) - 1)$$

$$\geqslant -(p'(e_B^*)l + c'(e_B^*))(cl + b + 2c(w - c(e_B^*) - l))$$

$$\geqslant 0. \tag{9.4.3}$$

在上述不等式 (9.4.3) 中，第一个不等式成立是因为假设：在任何预防性努力水平 e 下，$p(e) < p(0) \leqslant 1/2$；第二个不等式成立是因为假设：$b + 2cx \leqslant 0$ 和 $c \leqslant 0$，从而就有 $cl + b + 2c(w - c(e) - l) \leqslant 0$。已知 $V'(e_B^*) = 0$，只要 $p'(e)l + c'(e) \geqslant 0$，就有 $U'(e_B^*) \geqslant 0$，因而有 $e_A^* \geqslant e_B^*$。证毕。

命题意味着：如果额外的自我保护活动降低了个体最终财富的均值，并且在个体的初始财富发生损失的概率不超过临界值 1/2 的条件下，那么一个二次函数约束的 Ross 更加风险厌恶的个体总是投资更多的自我保护活动。特别需要说明的是，当预防性努力退化为自我保护活动时，即在所有的预防

性努力水平 e 下, $l(e) = l$, 有关对该优化问题最优解存在的二阶条件假设: $c'(e) + l'(e) < 0$, 在这里不再成立。为此, 我们不得不假设该优化问题的最优解总是存在。

当个体投资的预防性努力仅仅降低了潜在损失的程度, 但并不改变潜在损失发生的概率, 此时预防性努力退化为所谓的自我保险。具体地, 在任何预防性努力水平 e 下, $p(e) = p$, $0 < p < 1$。于是, 基于二次函数约束的 Ross 更加风险厌恶行为, 对于个体投资的预防性努力—自我保险活动, 我们获得了如下的命题 [16]。

命题 9.4.6　假设个体 A 相比于个体 B 是二次函数约束的 Ross 更加风险厌恶的, 在任何预防性努力水平 e 下, 如果 $pl'(e) + c'(e) \geqslant 0$, 则 $e_A^* \geqslant e_B^*$。

证明　将 $p(e) = p, p'(e) = 0, \phi_B'(e) = b + 2c(w - c(e) - l(e))$ 和 $\phi_G'(e) = b + 2c(w - c(e))$ 分别代入 (9.4.1) 中, 就有:

$$U'(e_B^*) = -p(c'(e_B^*) + l'(e_B^*))\phi_B'(e_B^*) - (1-p)c'(e_B^*)\phi_G'(e_B^*)$$

$$= -(pl'(e_B^*) + c'(e_B^*))(b + 2c(w - c(e_B^*) - l(e_B^*))) + 2cl(e_B^*)c'(e_B^*)(p-1)$$

$$\geqslant -(pl'(e_B^*) + c'(e_B^*))(b + 2c(w - c(e_B^*) - l(e_B^*)))$$

$$\geqslant 0. \tag{9.4.4}$$

在上述不等式 (9.4.4) 中, 第一个不等式成立是因为假设: $c \leqslant 0, p \leqslant 1$ 和 $c'(e) > 0$; 第二个不等式成立是因为假设: $b + 2cx \leqslant 0$, 从而 $b + 2c(w - c(x) - l(x)) \leqslant 0$。因此, 在 $pl'(e) + c'(e) \geqslant 0$ 的条件下, 已知 $V'(e_B^*) = 0$, 而 $U'(e_B^*) \geqslant 0$, 于是有 $e_A^* \geqslant e_B^*$。证毕。

该命题告诉我们, 如果额外的自我保险活动降低了个体最终财富的均值, 那么一个二次函数约束的 Ross 更加风险厌恶的个体总是投资更多的自我保险活动。注意到, 这里并不需要假设个体的初始财富发生损失的概率不超过临界值 1/2 的条件。

特别地, 当个体投资的预防性努力支出 e 以货币的形式呈现时, 这里的成本函数退化为 $c(e) = e, 0 < e < w$, 从而就有 $c'(e) = 1$。如果我们将这里的成本函数分别代入上述的决策问题, 将进一步简化所获得的上述充分条件。具体地, 该命题的充分条件将变为: $p'(e)l(e) + p(e)l'(e) + 1 \geqslant 0$; 该命题的充分条件将变为: $p'(e)l + 1 \geqslant 0$; 该命题的充分条件将变为: $pl'(e) + 1 \geqslant 0$。

第五节　随机收入下的风险厌恶强度的比较静态分析

　　在对预防性努力决策问题的研究中, 大部分的文献都做了类似的假设: 具有确定收入的个体, 可能遭受一个确定的损失, 也可能不会承受任何损失。就个体将来的财富或收入而言, 有且仅有两种确定的状态, 即其收入要么发生确定的损失要么没有损失发生。然而, 现实中的个体面临的损失却不仅仅只限于确定的一种, 其财富具有更多的不同状态, 即个体最终的财富或收入是随机的且满足某种分布 [6]。特别地, 在个体的财富不确定的假设下, 凭借描述风险变化的随机占优的准则, 金大鹏和尼尔森 (Jindapon & Neilson)[17] 研究了个体究竟如何投资努力以便获得更加偏好的收入分布问题; 在对分布的随机改进的研究中, 邱 [18] 获得了个体的风险偏好与其支付意愿相一致的比较静态结果。尤其, 在个体面临两种可比较的风险收入的情况下, 克拉伊尼克等 [19] (Crainich et al.) 构建了相应模型, 研究了风险收入在随机占优改进方面个体的努力决策问题。近几年来, 在将来的收入或者财富随机的条件下, 一些文献研究了随机财富或收入下个体的预防性努力决策问题, 并获得了相应的结果 [20-24]。

　　受此启发, 本节基于克拉伊尼克 [19] 的分析框架, 假设个体以相应的概率面临两种随机收入分布, 其中一种收入 (相对好的分布) 随机占优另一种收入 (相对差的分布)。为了更有机会获得相对好的收入分布, 个体通过投资预防性努力, 试图降低相对差的收入分布发生的概率, 从而增加相对好的收入分布发生的概率。随之而来的问题是, 在此情境下, 不同风险偏好的个体究竟如何投资预防性努力水平呢? 现有的文献均已表明: 即便在更强的 Ross 更加风险厌恶的刻画下 [15], 在确定收入下的现期的和跨期的预防性努力决策问题中, 一个 Ross 更加风险厌恶的个体未必会选择投资更多的预防性努力。同样地, 在随机收入下的预防性努力决策问题中, 我们仍无法获得与个体风险偏好相一致的比较静态结果。为了解决个体的最优决策与其风险偏好的这种不一致性, 本节以埃克豪特等 [25] 提出的一类比 Ross 更加风险厌恶更强的刻画, 即约束的 Ross 更加风险厌恶的刻画, 在收入随机改进的分析框架下, 研究了个体的预防性努力决策问题, 获得了与个体风险偏好相一致的比较静态结果, 从而推广了我们之前的研究结果 [26]。

更一般地, 假设个体的财富或收入水平不再确定而是随机的, 设为随机变量 $\tilde{x}$ 和 $\tilde{y}$, 且 $\tilde{y}$ 一阶随机占优 $\tilde{x}$。因此, 在一阶随机占优准则下, $\tilde{y}$ 是一个相对好的结果, 而 $\tilde{x}$ 却是一个相对坏的结果。为了获得相对好的结果, 若个体投资水平为 e 的预防性努力活动 ($0 \leqslant e < 1$), 个体将以概率 $p(e)$ 获得随机财富 $\tilde{x}$, 而以概率 $1 - p(e)$ 获得随机财富 $\tilde{y}$, 其中 $0 < p(e) \leqslant p(0)$ 且 $p'(e) < 0, 0 \leqslant e < 1$。由于个体投资预防性努力会产生成本, 用 $c(e)$ 表示严格递增且凸的成本函数, 因此假设: $c(0) = 0, c'(e) > 0$。于是个体 A 的期望效用最大化问题为:

$$U(e) = p(e)Eu(\tilde{x} - c(e)) + (1 - p(e))Eu(\tilde{y} - c(e)),$$

其一阶条件为:

$$
\begin{aligned}
U'(e) =&p'(e)[Eu(\tilde{x} - c(e)) - Eu(\tilde{y} - c(e))] \\
&- c'(e)[p(e)Eu'(\tilde{x} - c(e)) + (1 - p(e))Eu'(\tilde{y} - c(e))]
\end{aligned} \tag{9.5.1}
$$

一阶条件 (9.5.1) 意味着在最优的预防性努力水平上, 个体的边际期望效用收益等于边际期望效用成本, 即个体额外投资 1 单位预防性努力致使增加的期望效用等于降低消费减少的期望效用。其中, $p'(e)[Eu(\tilde{x} - c(e)) - Eu(\tilde{y} - c(e))]$ 表示: 额外投资的 1 单位预防性努力, 因增加了 $\tilde{y}$ 发生的可能性而增加的期望效用, 即边际期望效用收益; $c'(e)[p(e)Eu'(\tilde{x} - c(e)) + (1 - p(e))Eu'(\tilde{y} - c(e))]$ 表示: 额外投资的 1 单位预防性努力, 因降低了消费水平而减少的期望效用, 即边际期望效用成本。

在接下来的部分, 我们考虑个体间的风险厌恶程度与其相应的比较静态结果。假设个体 B 的期望效用最大化问题为:

$$V(e) = p(e)Ev(\tilde{x} - c(e)) + (1 - p(e))Ev(\tilde{y} - c(e)).$$

一阶条件为:

$$
\begin{aligned}
V'(e) =&p'(e)[Ev(\tilde{x} - c(e)) - Ev(\tilde{y} - c(e))] \\
&- c'(e)[p(e)Ev'(\tilde{x} - c(e)) + (1 - p(e))Ev'(\tilde{y} - c(e))].
\end{aligned}
$$

假设个体 A 相比于个体 B 是 Ross 更加风险厌恶的当且仅当存在 $\lambda > 0, \phi'(x) \leqslant 0, \phi''(x) \leqslant 0$, 使得 $u(x) = \lambda v(x) + \phi(x)$, 对所有的 $x \in I$ 均成立,

其中 $u(x)$ 和 $v(x)$ 分别为个体 A 和 B 的效用函数, 均是严格递增的凹函数。将 $u(x) = \lambda v(x) + \phi(x), u'(x) = \lambda v'(x) + \phi'(x)$ 代入一阶条件 (9.5.1), 并整理可得:

$$
\begin{aligned}
U'(e) =& \lambda \{ p'(e)[Ev(\tilde{x} - c(e)) - Ev(\tilde{y} - c(e))] \\
& - c'(e)[p(e)Ev'(\tilde{x} - c(e)) + [1 - p(e)]Ev'(\tilde{y} - c(e))] \} \\
& + p'(e)[E\phi(\tilde{x} - c(e)) - E\phi(\tilde{y} - c(e))] \\
& - c'(e)[p(e)E\phi'(\tilde{x} - c(e)) + [1 - p(e)]E\phi'(\tilde{y} - c(e))].
\end{aligned}
$$

假设 $U(e)$ 和 $V(e)$ 均为凹函数且存在唯一的内部解, 分别记为 e_A^* 和 e_B^*。将个体 B 的最优的预防性努力水平 e_B^*, 代入个体 A 的最优化问题的一阶条件, 由于 $V'(e_B^*) = 0$, 从而有:

$$
\begin{aligned}
U'(e_B^*) =& p'(e_B^*)[E\phi(\tilde{x} - c(e_B^*)) - E\phi(\tilde{y} - c(e_B^*))] \\
& - c'(e_B^*)[p(e_B^*)E\phi'(\tilde{x} - c(e_B^*)) + [1 - p(e_B^*)]E\phi'(\tilde{y} - c(e_B^*))].
\end{aligned}
$$

$$(9.5.2)$$

显然, 在 $p'(x) < 0, \phi'(x) \leqslant 0$ 以及 $c'(x) > 0$ 的假设下, $U'(e_B^*)$ 的符号无法确定。因此在 Ross 更加风险厌恶的刻画下, 我们无法获得与个体风险偏好相一致的比较静态结果, 为此需要引入更强的风险厌恶的刻画, 即约束的 Ross 更加风险厌恶的刻画, 从而获得了如下的命题 [26]。

命题 9.5.1 设随机变量 $\tilde{y}$ 一阶随机占优随机变量 $\tilde{x}$。假设个体 A 相比于个体 B 是线性约束的 Ross 更加风险厌恶的, 在任何预防性努力水平 e 下, 如果 $p'(e)(E\tilde{y} - E\tilde{x}) + c'(e) \geqslant 0$, 则 $e_A^* \geqslant e_B^*$。

证明 根据定义可知, 如果存在 k 和某种线性形式的函数 $a + bx$, 使得 $u(x) = kv(x) + a + bx$, 其中 $b \leqslant 0$, 则个体 A 相比于个体 B 是线性约束 Ross 更加风险厌恶的。因而将 $\phi(x) = a + bx, \phi'(x) = b$ 和 $V'(e_B^*) = 0$ 代入等式 (9.5.2), 就有:

$$
\begin{aligned}
U'(e_B^*) =& p'(e_B^*)[E\phi(\tilde{x} - c(e_B^*)) - E\phi(\tilde{y} - c(e_B^*))] \\
& - c'(e_B^*)[p(e_B^*)E\phi'(\tilde{x} - c(e_B^*)) + [1 - p(e_B^*)]E\phi'(\tilde{y} - c(e_B^*))] \\
=& - b[p'(e_B^*)(E\tilde{y} - E\tilde{x}) + c'(e_B^*)].
\end{aligned}
$$

由此可见, 在 $b \leqslant 0$ 和 $p'(e)(E\tilde{x} - E\tilde{y}) \leqslant c'(e)$ 的条件下, 由于 $U'(e_A^*) = 0$, 而 $U'(e_B^*) \geqslant 0$, 因而有 $e_A^* \geqslant e_B^*$。证毕。

　　这里条件 $p'(e)(E\tilde{x} - E\tilde{y}) \leqslant c'(e)$ 的经济学解释为: 个体最终财富均值的增加额不超过额外 1 单位预防性努力的边际成本。因此命题 9.5.1 意味着: 如果额外 1 单位的预防性努力使得个体的最终财富均值的增加额不超过预防性努力的边际成本, 那么一个线性约束的 Ross 更加风险厌恶的个体总是投资更多的预防性努力。

　　当个体随机的财富水平 $\tilde{x}$ 和 $\tilde{y}$ 退化为确定的财富时, 即 $\tilde{x} = w-l, \tilde{y} = w$, 此时依然有 w 一阶随机占优 $w-l$, 命题 9.5.1 的条件 $p'(e)(E\tilde{y}-E\tilde{x})+c'(e) \geqslant 0$ 简化为 $p'(e)l+c'(e) \geqslant 0$。此时预防性努力为自我保护, 于是该命题意味着: 如果额外 1 单位的自我保护投资使得个体的最终财富均值的增加额不超过预防性努力的边际成本, 那么一个线性约束的 Ross 更加风险厌恶的个体总是投资更多的自我保护活动。

　　命题 9.5.2　设随机变量 $\tilde{y}$ 一阶随机占优随机变量 $\tilde{x}$。假设个体 A 相比于个体 B 是二次函数约束的 Ross 更加风险厌恶的, 在任何预防性努力水平 e 下, 如果 $p(0) \leqslant 1/2, D\tilde{x} \geqslant D\tilde{y}, p'(e)(E\tilde{y} - E\tilde{x}) + c'(e) \geqslant 0$, 则 $e_A^* \geqslant e_B^*$[26]。

　　证明　根据定义可知, 如果个体 A 相比于个体 B 是二次函数约束的 Ross 更加风险厌恶的, 则存在 $k > 0$ 和二次多项式函数 $a + bx + cx^2$, 使得 $u(x) = kv(x)+a+bx+cx^2$, 其中 $b+2cx \leqslant 0, c \leqslant 0$。因而将 $\phi(x) = a+bx+cx^2, \phi'(x) = b + 2cx$ 分别代入上面的等式 (9.5.2), 就有:

$$
\begin{aligned}
U'(e_B^*) =& p'(e_B^*)[E\phi(\tilde{x} - c(e_B^*)) - E\phi(\tilde{y} - c(e_B^*))] \\
& - c'(e_B^*)[p(e_B^*)E\phi'(\tilde{x} - c(e_B^*)) + [1 - p(e_B^*)]E\phi'(\tilde{y} - c(e_B^*))] \\
=& p'(e_B^*)(E\tilde{x} - E\tilde{y})\left[b + 2c\left(\frac{E\tilde{x}+E\tilde{y}}{2} - c(e_B^*)\right)\right] + cp'(e_B^*)(D\tilde{x}-D\tilde{y}) \\
& - c'(e_B^*)[b + 2c(p(e_B^*)E\tilde{x} + (1 - p(e_B^*))E\tilde{y} - c(e_B^*))] \\
\geqslant& p'(e_B^*)(E\tilde{x} - E\tilde{y})\left[b + 2c\left(\frac{E\tilde{x}+E\tilde{y}}{2} - c(e_B^*)\right)\right] + cp'(e_B^*)(D\tilde{x}-D\tilde{y}) \\
& - c'(e_B^*)\left[b + 2c\left(\frac{E\tilde{x}+E\tilde{y}}{2} - c(e_B^*)\right)\right] \\
\geqslant& \left[b + 2c\left(\frac{E\tilde{x}+E\tilde{y}}{2} - c(e_B^*)\right)\right][p'(e_B^*)(E\tilde{x} - E\tilde{y}) - c'(e_B^*)].
\end{aligned}
$$

第一个不等式成立是因为, 在 $p(e) \leqslant \dfrac{1}{2}, 0 \leqslant e < 1$ 的假设下, 恒有:

$$p(e)E\tilde{x} + [1 - p(e)]E\tilde{y} \geqslant \frac{E\tilde{x} + E\tilde{y}}{2}, \ 0 \leqslant e < 1 \tag{9.5.3}$$

为了说明该不等式恒成立, 这里假设 $W(p) = pE\tilde{x} + (1-p)E\tilde{y}, 0 < p < 1$, 由于 $W'(p) = E\tilde{x} - E\tilde{y}$, 因而在 $\tilde{y}$ 一阶随机占优 $\tilde{x}$ 的条件下, 有 $E\tilde{x} - E\tilde{y} \leqslant 0$, 于是有 $W'(p) \leqslant 0, 0 < p < 1$, 即 $W(p)$ 关于 p 是递减的函数. 因此, 在 $p(e) \leqslant 1/2$ 的假设下, 恒有不等式 (9.5.3) 成立. 第二个不等式成立, 是因为假设了 $D\tilde{x} \geqslant D\tilde{y}(D\tilde{x}$ 和 $D\tilde{y}$ 分别为 $\tilde{x}$ 和 $\tilde{y}$ 的方差) 且 $c \leqslant 0, p'(e) < 0$. 在 $p(0) \leqslant 1/2, b + 2cx \leqslant 0, D\tilde{x} \geqslant D\tilde{y}$ 以及 $p'(e)(E\tilde{x} - E\tilde{y}) \leqslant c'(e)$ 的条件下, 由于 $U'(e_A^*) = 0$, 而 $U'(e_B^*) \geqslant 0$, 因而有 $e_A^* \geqslant e_B^*$. 证毕.

该命题表明: 在相对差的财富的初始概率不超过 1/2 的条件下, 且 $D\tilde{x} \geqslant D\tilde{y}$, 如果额外的 1 单位预防性努力投资致使财富均值的增加额不超过预防性努力的边际成本, 那么一个二次函数约束的 Ross 更加风险厌恶的个体总是投资更多的预防性努力.

当个体随机的财富水平 $\tilde{x}$ 和 $\tilde{y}$ 退化为确定的财富时, 即 $\tilde{x} = w - l, \tilde{y} = w$, 此时依然有 w 一阶随机占优 $w - l$, 该命题的条件 $p'(e)(E\tilde{y} - E\tilde{x}) + c'(e) \geqslant 0$ 简化为 $p'(e)l + c'(e) \geqslant 0$, 此时预防性努力为自我保护. 故该命题意味着: 若个体最终财富均值的增加额不超过额外 1 单位的自我保护的边际成本, 那么一个二次函数约束的 Ross 更加风险厌恶的个体总是投资更多的自我保护.

第六节　本 章 小 结

因金融市场无法对所有的避险需求提供相应的市场保险, 为此个体不得不面对部分风险, 于是对个体自留风险的管理研究就显得至关重要. 在现实生活中, 个体大致有两类风险管理工具可供其选择: 一是个体可以间接通过金融市场购买市场保险, 将风险完全转移给保险公司或者第三方金融机构, 然而这样规避风险的方式却并不改变风险本身; 二是个体直接投资预防性努力活动, 以便降低潜在损失的程度或者发生的概率, 从而改变了风险的本质.

尽管自阿罗和普拉特引入风险厌恶的刻画以来, 许多研究者都基于 A–P 风险厌恶的思想, 运用比较静态的分析方法, 研究了许多经济决策问题. 不管是在 A–P 风险厌恶还是在 Ross 更加风险厌恶的意义下, 现有的文献仍无法获得与个体风险偏好相一致的比较静态结果。尤其, 在这两种刻画风险厌恶的意义下, 更加风险厌恶的个体未必会投资更多的预防性努力活动, 其根本原因在于, 描述二阶风险偏好的概念——A–P 风险厌恶和 Ross 更加风险厌恶, 都无法刻画个体的更加高阶的风险偏好行为。

　　为了解决个体的决策与其风险偏好的这种不一致, 在过去的研究中, 一条研究主线是在这两种风险刻画的意义下, 通过对成本、损失或者损失发生的概率等函数附加一定的约束条件, 获得了一些与个体风险偏好相一致的比较静态结果; 另一条研究主线是通过引入个体的更加高阶的风险偏好行为, 以此来解决个体在风险决策模型中不一致的比较静态结果问题。基于约束的 Ross 更加风险厌恶的刻画为分析视角, 重新研究了个体的预防性努力投资决策问题, 在适当的充分条件下, 获得了与个体风险偏好相一致的比较静态结果。更重要的是, 本章在统一的模型中考虑了个体的预防性努力决策问题, 提出了最优解唯一存在的必要条件; 给出了与个体风险偏好相一致的比较静态结果成立的充分条件。

参 考 文 献

[1] Ehrlich, I., G., Becker, Market, Insurance, self-insurance, and self-protection, Journal of Political Economy, 1972, 80(4): 623-648.

[2] 田国强, 田有功, 不确定性下的高阶风险厌恶理论、实验及其应用, 学术月刊, 2017, 49(8): 68-79.

[3] Chiu, W., On the propensity to self-protect, Journal of Risk and Insurance, 2000, 67(4): 555-577.

[4] Dachraoui, K., G., Dionne, L., Eeckhoudt, and P., Godfroid, Comparative mixed risk aversion: definition and application to self-protection and willingness to pay, Journal of Risk and Uncertainty, 2004, 29(3): 261-276.

[5] Jones-Lee, M., The value of changes in the probability of death or injury, Journal of Political Economy, 1974, 82(4): 835-849.

[6] Lee, K., Risk aversion and self-insurance-cum-protection, Journal of Risk and Uncertainty, 1998, 17(2): 139-151.

[7] Dionne, G., L., Eeckhoudt, Self-Insurance, self-protection and increased risk aversion, Economic Letters, 1985, 17(1-2): 39-42.

[8] Lee, K., Risk aversion and self-insurance, Journal of Economics, 2010, 101(3): 277-282.

[9] Pratt, J., Risk aversion in the small and in the large, Econometrica, 1964, 32(12): 122-136.

[10] Jullien, B., B., Salanié and F., Salanié, Should more risk-averse agents exert more effort? Geneva Papers on Risk and Insurance Theory, 1999, 24(1): 19-28.

[11] Briys, E., H., Schlesinger, Risk aversion and the propensities for self-insurance and self-protection, Southern Economic Journal, 1990, 57(2): 458-467.

[12] McGuire, M., J., Pratt and R., Zeckhauser, Paying to improve your chances: Gambling or insurance? Journal of Risk and Uncertainty, 1991, 4(4): 329-338.

[13] Chiu, W., Skewness preference, risk aversion, and the precedence relations on stochastic changes, Management Science, 2005, 51(12): 1816-1828.

[14] Eeckhoudt, L., C., Gollier,The impact of prudence on optimal prevention, Economic Theory, 2005, 26(4): 989-994.

[15] Ross, S., Some stronger measures of risk aversion in the small and in the large with applications, Econometrica, 1981, 49(3): 621-638.

[16] 田有功, 马润平, 约束的 Ross 更加风险厌恶刻画下的预防性努力投资决策, 应用数学学报, 2018, 41(5): 689-697.

[17] Jindapon, P., Neilson, W., Higher-order generalizations of Arrow-Pratt and Ross risk aversion: a comparative statics approach, Journal of Economic Theory, 2007, 136(1): 719-728.

[18] Chiu, W., Risk aversion, downside risk aversion and paying for stochastic improvements, Geneva Risk and Insurance Review, 2012, 37(1): 1-26.

[19] Crainich, D., Eeckhoudt, L., Menegatti M. Changing risks and optimal effort, Journal of Economic Behavior & Organization, 2016, 125(5): 97-106.

[20] Nocetti, D., Robust comparative statics of risk changes, Management Science, 2015, 62(5): 1381-1392.

[21] Wang, H., Wang, J., Li, J., Xia, X., Precautionary paying for stochastic improvements under background risks, Insurance: Mathematics and Economics, 2015, 64(9): 180-185.

[22] Wang, H., Wang, J., Yin, Y., Willingness to pay for stochastic improvements of future risk under different risk aversion, Economics Letters, 2018, 168(7): 52-55.

[23] Lee, K., Prudence and precautionary effort, Journal of Risk and Insurance, 2019, 86(1): 151-163.

[24] Crainich, D., Menegatti, M., Self-protection with random costs, Insurance: Mathematics and Economics, 2021, 98(5): 63-67.

[25] Eeckhoudt, L., L., Liu and J., Meyer, Restricted increases in risk aversion and their application, 2017, 64(1): 161-181.

[26] 田有功, 随机收入下的预防性努力投资决策研究, 应用数学学报, 2022, 录用待发表.

第十章 高阶风险厌恶在跨期的预防性努力中的应用

埃利希和贝克尔[1](Ehrlich & Becker)最早提出了对风险防范的思想,即个体可以通过购买市场保险将风险完全转移出去,或者通过实施最优的自我保险或者自我保护活动使自身的福利或者效用最大化。基于埃利希和贝克尔的开创性工作,涉及自我保护活动以及与其他的风险管理工具(市场保险、自我保险以及风险分摊等)的联系的大量研究不断涌现出来,而且应用的领域也越来越广泛,例如卫生领域的健康管理和环境领域的环境政策等。然而,尽管有大量的经济决策模型都对风险防范进行了研究,但本质上都没有实质性的变化,都只是局限于当期的或者是单期的经济决策框架,即个体实施的努力或者自我保护活动和其对损失概率的降低的影响基本上都是同期发生的。

近期,梅内加蒂[2](Menegatti)认为:在一些情形中,这种单期的决策模型的确有其独特的意义,然而也存在这样一种情形,一段很长的时间间隔可能会消逝了个体的努力对不利事件发生的影响。换句话说,个体实施的努力或者自我保护水平发生在现在,而它们的作用或者影响却发生在将来。例如,如果一个司机现在参加了一些有关汽车安全驾驶的学习,这将大大降低将来发生交通事故的概率;如果房屋的主人现在给房屋的窗户安装了防盗栏,那么房屋在将来被盗的可能性就大大降低;如果一个吸烟者现在就戒烟,这将大大降低患肺癌的概率[3];等等。在上述的情形中,它们都有一个特征,就是个体的活动与影响发生在不同的阶段。此外,对个体而言,自身的努力或实施自我保护活动也变成了一种风险管理的工具,并且这样的工具与储蓄和长期的保险存在着替代或者互补关系。

在过去的研究中,过多的文献都致力于研究背景风险(不可避免的零均值的风险)对保险和储蓄的影响,却忽视了背景风险对个体的自我保护活动的研究。庆幸的是, 达赫劳伊等 [4](Dachraoui et al.) 在单期的决策模型中研究了背景风险对自我保护活动的影响, 然而他们却得到了模糊的结果, 这是因为他们发现实施努力或者自我保护活动的边际收益和边际成本都因背景风险的存在而增加。事实上, 为了降低或者避免一些在将来可能会出现的风险, 个体需要在当期或现期实施努力或者自我保护活动, 从而个体就会面对一些不可预知 (例如背景风险) 的风险。因而, 当这样的背景风险存在时甚至恶化时, 探讨个体事前选择所实施的努力程度或自我保护活动水平就显得至关重要。

第一节 风险厌恶、风险谨慎与预防性努力

(一) 风险厌恶与自我保险

考虑一个只有两期的经济, 可看作当期 (现在) 和下一期 (将来)。假设个体现在的初始财富为 w_0, 将来的初始财富为 w, 个体将来将面对一个概率为 $p\,(0 < p < 1)$ 的损失 l。若个体现在投资自我保险活动 x, 将来发生的损失将降低到 $l(x), l' < 0, l'' > 0$。假设个体的效用函数在两期是可分离、相同且是风险厌恶的, 即 $u'(w) > 0, u''(w) < 0$, 假设将来效用的贴现率为 δ, 则个体的跨期期望效用最大化为:

$$\max_x U = u(w_0 - x) + \frac{1}{1+\delta}[pu(w - l(x)) + (1-p)u(w)],$$

一阶条件为:

$$U' = -u'(w_0 - x) - \frac{1}{1+\delta}pl'(x)u'(w - l(x)) = 0, \tag{10.1.1}$$

等式 (10.1.1) 意味着个体在现在和将来之间找到了一种平衡, 即降低现在的消费的边际成本应该等于将来免受更小损失的边际收益的现值。从一阶条件我们可以推出个体投资的最优的努力水平应满足这样的关系: $w_0 - x > w - l(x)$ 当且仅当 $-\frac{1}{1+\delta}pl'(x) < 1$, 即在努力或自我保险活动上再多投资一元钱带来的边际期望收益的现值应该不超过一元钱, 否则, 个体仍会继续在努力或自我保险活动上投资。

接下来, 考虑另一个个体 B, 其效用函数为 $v(w)$, 具有效用函数 $u(w)$ 的个体可看作个体 A。假设个体 B 比个体 A 更加风险厌恶, 从而根据普拉

特 [5] 的结果, 个体 B 的效用函数必然是个体 A 的效用函数的一凹变换, 即 $v(w) = \phi(u(w)), \phi''(w) < 0$。于是, 在跨期的决策模型中, 就获得了下面的比较静态结果 [2]。假设个体 A 和个体 B 在自我保险活动上的最优投资分别为 x_A^* 和 x_B^*。

　　命题 10.1.1　　个体 B 比个体 A 将会投资更多的自我保险活动当且仅当 $w_0 - x_A^* > w - l(x_A^*)$, 也就是说, 个体 A 在现期的消费水平超过了他在将来当损失出现时的消费水平。

　　对该命题的经济学解释是: 如果个体 A 现在的消费水平高到足以继续投资自我保险的活动, 那么更加风险厌恶的个体 B 将增加最优的自我保险活动支出。这是因为, 个体喜好平滑的消费, 厌恶波动性的消费行为, 从而现在的消费水平和将来的消费水平要充分接近。更加风险厌恶的个体 B 就比个体 A 更加渴望平滑的消费流。相反地, 如果个体 A 现在的消费水平比将来发生损失时的消费水平还低, 那么更加风险厌恶的个体 B 将减少最优的自我保险活动支出, 以便于将节省下来的财富用于提高现在的消费水平。

(二)　风险厌恶与自我保护

　　这里仍假设个体现在的初始财富为 w_0, 将来的初始财富为 w, 个体将来将面对一个概率为 $p\,(0 < p < 1)$ 的损失 l。若个体现在投资自我保护活动 y, 在将来发生损失的概率将降低到 $p(y), p'(y) < 0, p''(y) > 0$, 则个体的跨期期望效用最大化为:

$$\max_y U = u(w_0 - y) + \frac{1}{1+\delta}[p(y)u(w - l) + (1 - p(y))u(w)],$$

一阶条件为:

$$U' = -u'(w_0 - y) + \frac{1}{1+\delta}p'(y)[u(w - l) - u(w)] = 0. \tag{10.1.2}$$

　　同样地, 等式 (10.1.2) 意味着个体在现在和将来之间面临取舍, 即降低现在的消费的边际成本应该等于将来免受更小损失概率所带来的边际收益的现值。根据中值定理, 必然存在 $t \in (0, 1)$, 使得:

$$u(w - l) - u(w) = lu'(w - tl).$$

于是, 一阶条件转化为:

$$-u'(w_0 - y) - \frac{1}{1+\delta}lp'(y)u'(w - tl) = 0.$$

假设最优的自我保护水平为 y_A^*。显然，要使 $w - y_A^* > w - tl$，当且仅当 $-\dfrac{1}{1+\delta} lp'(y_A^*) < 1$，即在努力或自我保护活动上再多投资一元带来的边际期望收益的现值应该不超过一元，否则，个体仍会继续在努力或自我保险活动上投资。

类似地，考虑另一个个体 B，效用函数为 $v(w)$，具有效用函数 $u(w)$ 的个体看作 A。假设个体 B 比个体 A 更加风险厌恶，从而根据普拉特 [5] 的结果，个体 B 的效用函数必然是个体 A 的效用函数的一凹变换，即 $v(w) = \phi(u(w)), \phi''(w) < 0$。进一步地假设，$u(w-l) = v(w-l)$ 和 $u(w) = v(w)$，通过选取合适的正的仿射变换，$v(\cdot) = \phi(u(\cdot))$，使得个体 A 的最优的现在消费水平为 $w^* \in (w-l, w)$。相比于个体 A，一个更加风险厌恶的个体 B 的自我保护活动会有什么变化呢？下面的命题给出了答案 [2]。

命题 10.1.2　个体 B 比个体 A 将会投资更多的自我保护活动当且仅当个体 A 在现期的消费水平超过了 $w^* \in (w-l, w)$。

该命题意味着如果个体 A 现在的消费水平高到足以继续投资自我保护的活动，那么更加风险厌恶的个体 B 将增加最优的自我保险活动支出。这是因为，更加风险厌恶的个体 B 比个体 A 更加渴望平滑的消费流。相反地，如果个体 A 现在的最优的消费水平低于 w^*，那么更加风险厌恶的个体 B 将减少最优的自我保护活动支出，以便于将节省下来的财富用于提高现在的消费水平。

(三)　风险谨慎与自我保护

类似于对单期的自我保护活动的分析，更加风险厌恶并不是个体投资更多的自我保护活动的充分条件，也就是说，若没有其他附加的条件，个体间的投资的自我保护活动与其风险厌恶程度之间并不存在一致的比较静态分析。为了解决这种不一致，采用一个折中的方法；引入风险中性的个体，在高阶风险偏好的视角下，我们可以考虑非风险中性者与风险中性者之间的比较静态结果。为此，我们假设：若个体的效用函数 $u(w)$ 满足：$u'(w) > 0, u''(w) = 0$，则称个体为风险中性者；若个体的效用函数 $u(w)$ 满足：$u'(w) > 0, u''(w) \neq 0$，则称个体为非风险中性者；若个体的效用函数 $u(w)$ 满足：$u'(w) > 0, u''(w) < 0$，则称个体为风险厌恶者。

在前面章节的介绍中，我们知道个体的风险态度由其效用函数的不同阶导数的符号所决定, 因而个体间不同的效用函数的形式不仅决定了其风险偏好, 而且也决定了其跨期替代的差异。为了消除个体间的这种跨期替代差异, 需要对个体现在的收入 w_0 做有关假设。若将来的损失不是随机的, 而是确定的损失 $p(e)l$, 且非风险中性者选择风险中性者的最优的自我保护水平 y_0^*, 则个体间的跨期替代弹性的差异效应就被排除在模型之外, 于是有:

$$\frac{\mathrm{d}\left[u(w_0 - y) + \dfrac{1}{1+\delta}u(w - p(y)l)\right]}{\mathrm{d}y}\Big|_{y=y_0^*} = 0,$$

将风险中性者的一阶条件 $-p'(y_0^*) = \dfrac{1+\delta}{l}$ 代入上式可得:

$$u'(w_0 - y_0^*) = u'(w - p(y_0^*)l).$$

由此可见, 为了比较非风险中性者和风险中性者的最优自我保护水平, 我们需要做假设:

$$w_0 - y_0^* = w - p(y_0^*)l,$$

即 $w_0 = w - p(y_0^*)l + y_0^*$, 风险中性者选择的最优的自我保护水平 y_0^*, 使得其两期的期望财富相等, 从而个体间的跨期替代弹性的差异效应被完全消除。在此假设下, 下面的命题成立[2]。

命题 10.1.3　假设风险中性者的最优的自我保护水平为 y_0^*, 有:

(1) 如果 $p(y_0^*) = 1/2$, 则风险谨慎者 $(u'''(w) > 0)$ 选择的最优自我保护水平超过 y_0^*;

(2) 如果 $p(y_0^*) = 1/2$, 则风险不谨慎者 $(u'''(w) < 0)$ 选择的最优自我保护水平不超过 y_0^*;

(3) 如果 $p(y_0^*) = 1/2$, 则既不是风险谨慎者也不是风险不谨慎者 $(u'''(w) = 0)$ 选择的最优自我保护水平等于 y_0^*;

(4) 如果 $p(y_0^*) \leqslant 1/2$, 则风险厌恶且风险谨慎者 $(u''(w) < 0, u'''(w) > 0)$ 选择的最优自我保护水平超过 y_0^*;

(5) 如果 $p(y_0^*) \geqslant 1/2$, 则风险厌恶且风险不谨慎者 $(u''(w) < 0, u'''(w) < 0)$ 选择的最优自我保护水平不超过 y_0^*。

证明　显然, 对于风险中性者, 若其最优的自我保护水平为 y_0^*, 则一阶条件为:

$$-p'(y_0^*) = \frac{1+\delta}{l}.$$

若将风险中性者最优的自我保护水平代入非风险中性者的一阶条件可得:

$$U'(y_0^*) = -u'(w - y_0^*) + \frac{1}{1+\delta}p'(y_0^*)[u(w-l) - u(w)] = 0,$$

有 $-p'(y_0^*) = \dfrac{1+\delta}{l}, p(y_0^*) = 1/2$, 可得:

$$U'(y_0^*) = \frac{u(w) - u(w-l)}{l} - u'(w - p(y_0^*)l) = \frac{1}{l}\int_{w-l}^{w} u'(x)\mathrm{d}x - u'(w - 1/2l).$$

令 $g(x) = u'(w - 1/2l) + u''(w - 1/2l)[x - (w - 1/2l)]$, 假设 $g(x)$ 为定义在 $[w-l, w]$ 上的函数, 则有:

$$\int_{w-l}^{w} g(x)\mathrm{d}x = u'(w - 1/2l)l.$$

注意到, 实际上 $g(x)$ 可看作 $u'(x)$ 在点 $(w - 1/2l, u'(w - 1/2l))$ 处的切线函数。因此, 若个体是风险谨慎的, 即 $u'''(x) > 0$, 从而对于任意的 $x \in (w-l, w-1/2l)\bigcup(w-1/2l, w)$, 就有 $u'(x) > g(x)$, 也就是说, 凸函数的曲线总是位于其上任意一点处切线的上方。将不等式两边在区间 $(w-l, w)$ 上积分, 即 $\int_{w-l}^{w} u'(x)\mathrm{d}x > \int_{w-l}^{w} g(x)\mathrm{d}x$, 从而可得 $U'(y_0^*) > 0$, 而 $U(y)$ 为凹函数, 因此, 对于风险谨慎者, 其最优的自我保护水平总是超过风险中性者的最优自我保护水平, 即结论 (1) 得证。结论 (2) 和结论 (3) 的证明与 结论 (1) 的证明类似, 在此略去。

若 $p(y_0^*) \leqslant 1/2$, 则风险厌恶者的最优化问题在 y_0^* 处的一阶条件为:

$$U'(y_0^*) = \frac{u(w) - u(w-l)}{l} - u'(w - p(y_0^*)l) \geqslant \frac{1}{l}\int_{w-l}^{w} u'(x)\mathrm{d}x - u'(w - 1/2l),$$

可见结论 (4) 和结论 (5) 成立。

在现期的预防性努力决策分析中, 我们同样研究了风险中性者和非风险中性者的最优自我保护水平问题, 获得了相应的比较静态结果。具体而言, 假设风险中性者选择的最优自我保护水平为 y_0^*, 若 $p(y_0^*) = 1/2$, 则所有非风险中性者选择的最优自我保护水平与风险中性者相等; 所有风险谨慎者选择的最优自我保护水平不超过 y_0^*, 而所有风险不谨慎者选择的最优自我保护水平不小于 y_0^*。类似地, 在个体是风险厌恶的假设下, 若 $p(y_0^*) \geqslant 1/2$, 则相比于风险中性者, 风险谨慎者选择更低的自我保护水平; 若 $p(y_0^*) \leqslant 1/2$, 则相比于风险中性者, 风险不谨慎者选择更高的自我保护水平。

　　令人惊奇的是, 相比于风险中性者, 风险谨慎者的最优决策在单期和跨期的预防性努力模型中竟然截然相反。之所以会出现这样的结果, 深究其原因, 一是在单期的自我保护模型中, 个体投资的预防性努力活动和其效应 (替代效应) 同时发生, 当个体在承受损失风险时, 过多的预防性努力投资降低了个体的期望财富, 而风险谨慎者更加乐意持有更多的财富对冲损失风险, 从而相比于风险中性者的最优自我保护水平, 风险谨慎者倾向于投资较少的自我保护水平; 二是在跨期的自我保护模型中, 个体投资的预防性努力活动发生在现在, 而其效应 (替代效应和跨期替代效应) 却发生在将来, 尽管过多的自我保护投资减少了个体现在 (无风险) 的财富水平, 但却增加了个体将来 (有风险) 的期望财富, 而风险谨慎者偏好于将来有更多的财富以对冲将来的风险, 从而相比于风险中性者的最优自我保护水平, 风险谨慎者投资更多的自我保护水平。

第二节　背景风险对预防性努力的影响

　　在一个经济社会中, 有一位具有初始财富为 w_0 的决策者。假设该决策者在当期的消费和努力的支出 e (主要指实施或投资自我保护活动的费用) 之间配置其初始的财富; 因实施了努力, 决策者在下一期将收到一个概率为 $1 - p(e)$ 的好的结果 w, 而以概率 $p(e)$ 收到一个坏的结果 $w - l, l > 0$。显而易见, w 是一阶随机占优 $w - l$ 的。换句话说, 决策者将面临的风险可由一个二元的随机变量 $\tilde{l} = (w, w - l; 1 - p(e), p(e))$ 来表示。假设将来效用的贴现率为 δ, 于是该决策者的跨期期望效用最大化问题为:

$$\max_e U = u(w_0 - e) + \frac{1}{1 + \delta}[p(e)u(w - l) + (1 - p(e))u(w)],$$

在对效用函数 $u(\cdot)$ 以及概率函数 $p(\cdot)$ 的上述假设下, $U(e)$ 为凹函数, 从而一阶条件的唯一解即为最优解, 设为 e^*。于是该优化问题的一阶条件为:

$$U'(e^*) = -u'(w_0 - e^*) + \frac{1}{1 + \delta}p'(e^*)[u(w - l) - u(w)] = 0. \qquad (10.2.1)$$

　　在一阶条件中, $u'(w_0 - e)$ 表示个体现在投资预防性努力活动的边际成本, 而 $\frac{1}{1 + \delta}p'(e)[u(w - l) - u(w)]$ 表示预防性努力活动带来的将来的边际收益, 即现在投资预防性努力活动降低了将来损失发生的概率, 使得个体在将来获得的期望收益的现值, 于是最优的预防性努力水平使得预防性努力活动的边际成本等于边际收益。

(一) 背景风险对现在收入的冲击

在接下来, 我们考虑: 当个体现在的收入受到零均值风险 $\tilde{\varepsilon}_1$ 的冲击, 相比于现在确定性的收入, 个体的最优预防性努力水平又会如何变动呢? 此时个体的跨期期望效用最大化问题为:

$$\max_e U(e) = Eu(w_0 - e + \tilde{\varepsilon}_1) + \frac{1}{1+\delta}[p(e)u(w-l) + (1-p(e))u(w)]. \quad (10.2.2)$$

若设该优化问题的最优解为 e_1^*, 则其一阶条件为:

$$U'(e_1^*) = -Eu'(w_0 - e_1^* + \tilde{\varepsilon}_1) + \frac{1}{1+\delta}[p'(e_1^*)[u(w-l) - u(w)] = 0.$$

将现在收入没有受到风险因素影响的最优解 e^* 代入 (10.2.2) 的一阶条件可得:

$$U'(e^*) = -Eu'(w_0 - e^* + \tilde{\varepsilon}_1) + \frac{1}{1+\delta}[p'(e^*)[u(w-l) - u(w)]$$

$$= -Eu'(w_0 - e^* + \tilde{\varepsilon}_1) + u'(w_0 - e^*),$$

于是:

$$e^* > e_1^* \Longleftrightarrow U'(e^*) > 0$$

$$\Longleftrightarrow u'(w_0 - e^*) > Eu'(w_0 - e^* + \tilde{\varepsilon}_1)$$

$$\Longleftrightarrow u'''(\cdot) > 0.$$

由此可见, $e^* \geqslant e_1^*$ 当且仅当个体是风险谨慎者, 于是下面的命题成立 [6]。

命题 10.2.1 一个独立的零均值的背景风险对现在收入的扰动会使个体降低投资预防性努力活动当且仅当个体是风险谨慎者, 即 $u'''(\cdot) > 0$。

个体现在的收入受到一个独立的零均值的背景风险的冲击, 致使个体降低了预防性努力投资活动, 其根本原因在于: 相比于现在的收入没有受到背景风险的冲击的情形, 背景风险对现在收入的冲击, 使得个体投资预防性努力活动的边际成本增加当且仅当个体是风险谨慎者, 即:

$$Eu'(w_0 - e^* + \tilde{\varepsilon}_1) \geqslant u'(w_0 - e^*)$$

当且仅当 $u'''(\cdot) \geqslant 0$, 然而不管个体现在的收入是否受到背景风险的冲击, 他们的边际收益并未改变, 于是风险谨慎的个体降低投资预防性努力活动。

(二) 背景风险对将来收入状态相依的冲击

如果个体将来的收入受到一个状态相依的风险的冲击, 也就是说, 背景风险要么出现在损失发生的状态 $w - l$, 要么出现在没有损失发生的状态 w, 在此情境下, 那么个体的最优预防性努力水平又有何变化呢? 为了在统一的模型中考虑上述问题的最优决策, 这里假设分别存在背景风险 $\tilde{\varepsilon}_1$ 和 $\tilde{\varepsilon}_2$, 从而个体的跨期期望效用为:

$$\max_e U(e) = u(w_0 - e) + \frac{1}{1+\delta}[p(e)Eu(w - l + \tilde{\varepsilon}_1) + (1 - p(e))Eu(w + \tilde{\varepsilon}_2)].$$

类似于前面的分析, 该优化问题存在唯一的最优解。在该优化问题中, 若 $\tilde{\varepsilon}_2 = 0$, 则意味着背景风险 $\tilde{\varepsilon}_1$ 对损失发生的状态 (即 $w - l$) 有冲击, 此时个体投资的最优预防性努力水平设为 e_2^*; 若 $\tilde{\varepsilon}_1 = 0$, 则意味着背景风险 $\tilde{\varepsilon}_2$ 对损失没有发生的状态 (即 w) 有冲击, 此时个体投资的最优预防性努力水平设为 e_3^*。

首先, 我们考虑背景风险 $\tilde{\varepsilon}_1$ 对损失发生的状态有冲击的情形, 此时最优解由相应的一阶条件唯一确定, 从而有:

$$U'(e_2^*) = -u'(w_0 - e_2^*) + \frac{1}{1+\delta}p'(e_2^*)[Eu(w - l + \tilde{\varepsilon}_1) - u(w)] = 0, \quad (10.2.3)$$

为了与将来收入没有受到背景风险冲击情形下个体最优预防性努力水平相比较, 我们将 e^* 代入式 (10.2.3) 可得:

$$U'(e^*) = -u'(w_0 - e^*) + \frac{1}{1+\delta}p'(e^*)[Eu(w - l + \tilde{\varepsilon}_1) - u(w)]$$

$$= -\frac{1}{1+\delta}p'(e)[u(w - l) - Eu(w - l + \tilde{\varepsilon}_1)],$$

从而, $U'(e^*) \geqslant (\leqslant)0$ 当且仅当 $u''(\cdot) \leqslant (\geqslant)0$, 即在将来收入发生损失的状态上受到背景风险冲击时, 为了对冲将来收入的不利情形, 个体将增加 (降低) 投资预防性努力水平当且仅当个体是风险厌恶 (喜好) 者。

其次, 我们考虑背景风险 $\tilde{\varepsilon}_2$ 对没有损失发生的状态有冲击的情形, 此时最优解由相应的一阶条件唯一确定, 从而有:

$$U'(e_3^*) = -u'(w_0 - e_3^*) + \frac{1}{1+\delta}p'(e_3^*)[u(w - l) - Eu(w + \tilde{\varepsilon}_2)] = 0, \quad (10.2.4)$$

把将来收入没有受到背景风险冲击情形下个体最优预防性努力水平 e^* 代入式 (10.2.4) 可得:

$$U'(e^*) = -u'(w_0 - e^*) + \frac{1}{1+\delta}p'(e^*)[u(w-l) - Eu(w+\tilde{\varepsilon}_2)]$$
$$= \frac{1}{1+\delta}p'(e)[u(w) - Eu(w+\tilde{\varepsilon}_2)],$$

由此可得, $U'(e^*) \leqslant (\geqslant)0$ 当且仅当 $u''(w) \leqslant (\geqslant)0$, 即在将来收入没有发生损失的状态上受到背景风险冲击时, 为了对冲将来收入的不利情形, 个体将降低 (增加) 投资预防性努力水平当且仅当个体是风险厌恶 (喜好) 者。综上所述, 下面的命题成立 [7]。

命题 10.2.2 设个体将来的收入受到一个独立的零均值的背景风险的冲击, 若背景风险出现在发生损失的状态上, 则风险厌恶 (风险喜好) 的个体将增加 (降低) 投资预防性努力活动, 即 $e_1^* \geqslant e^*$ ($e_1^* \leqslant e^*$); 若背景风险出现在没有发生损失的状态上, 则风险厌恶 (风险喜好) 的个体将降低 (增加) 投资预防性努力活动, 即 $e_2^* \leqslant e^*$ ($e_1^* \geqslant e^*$)。

从该命题我们知道: 当背景风险对个体将来的收入状态的冲击不同时, 相比于无背景风险冲击的情形, 个体投资的最优预防性努力水平截然相反。之所以会出现相反的结论, 其根本原因在于不同情形下个体的边际成本和期望边际收益不同所致。当将来收入发生损失的状态上受到背景风险冲击时, 因个体投资的预防性努力活动并不改变其边际成本, 而

$$p'(e^*)[Eu(w-l+\tilde{\varepsilon}_1) - u(w)] \geqslant (\leqslant)p'(e^*)[u(w-l) - u(w)]$$

当且仅当 $u''(w) \leqslant (\geqslant)0$, 即风险厌恶 (喜好) 的个体增加 (降低) 预防性努力活动将增加其期望边际收益; 类似地, 当将来收入没有损失发生的状态上受到背景风险冲击时, 同样因个体投资的预防性努力活动并不改变其边际成本, 而 $p'(e^*)[Eu(w-l) - u(w+\tilde{\varepsilon}_1)] \leqslant (\geqslant)p'(e^*)[u(w-l) - u(w)]$ 当且仅当 $u''(w) \leqslant (\geqslant)0$, 即风险厌恶 (喜好) 的个体降低 (增加) 预防性努力活动将增加其期望边际收益。

(三) 背景风险对将来收入的冲击

假设在经济环境中, 除了风险 $\tilde{l}$ 以外, 在将来决策者还将面临一个与 $\tilde{l}$ 独立的零均值的背景风险 $\tilde{\varepsilon}$。从经济学的直觉上来看, 一个额外的背景风险的引

入会使决策者实施更多的努力, 下面的命题告诉了我们: 在一定的条件之下, 决策者才能表现出这样的行为 [7,8]。

命题 10.2.3 一个独立的零均值的背景风险对将来收入的扰动会使决策者增加更多的努力当且仅当决策者是风险谨慎的, 即 $u'''(w) > 0$。

证明 由于背景风险的介入, 决策者的优化问题变为:

$$\max_e \hat{U}(e) = u(w_0 - e) + \frac{1}{1+\delta}[p(e)Eu(w - l + \tilde{\varepsilon}) + (1 - p(e))Eu(w + \tilde{\varepsilon})].$$

设其最优解为 e^{**}, 将无背景风险时的最优努力水平 e^* 代入上述优化的一阶条件可得:

$$\hat{U}'(e^*) = -u'(w_0 - e^*) + \frac{1}{1+\delta}p'(e^*)[Eu(w - l + \tilde{\varepsilon}) - Eu(w + \tilde{\varepsilon})], \quad (10.2.5)$$

在 (10.1.1) 中解出 $-u'(w_0 - e^*)$, 代入 (10.2.5), 并整理可得:

$$\hat{U}'(e^*) = -\frac{1}{1+\delta}p'(e^*)[u(w - l) - u(w) - Eu(w - l + \tilde{\varepsilon}) + Eu(w + \tilde{\varepsilon})].$$

因此, 要使得决策者在背景风险存在的条件下投入更多的努力水平, 当且仅当 $\hat{U}'(e^*) > 0$, 即:

$$u(w - l) - u(w) - Eu(w - l + \tilde{\varepsilon}) + Eu(w + \tilde{\varepsilon}) > 0$$

$$\Longleftrightarrow Eu(w + \tilde{\varepsilon}) - Eu(w - l + \tilde{\varepsilon}) > u(w) - u(w - l)$$

$$\Longleftrightarrow E[u'(w + \tilde{\varepsilon})] > u'(w)$$

$$\Longleftrightarrow u'''(w) > 0.$$

由此可见, $e^{**} > e^*$ 当且仅当 $u'''(w) > 0$, 即个体将来收入受到背景风险的冲击, 风险谨慎的个体会增加预防性努力投资活动。

(四) 背景风险的恶化对预防性努力的影响

当在个体将来的收入发生损失的状态上受到一个独立的零均值的背景风险的冲击, 如果背景风险恶化了, 从 $\tilde{\varepsilon}_1$ 变为 $\tilde{\theta}_1$, 更确切地说, $\tilde{\theta}_1$ 是被 $\tilde{\varepsilon}_1$ n 阶随机占优的, 那么此时, 决策者的最优努力水平又有何变化呢 [9]?

命题 10.2.4 如果个体的效用函数 $u(w)$ 的导数满足如下的条件: $(-1)^{k+1}u^{(k)}(w) > 0, k = 1, 2, \cdots, n + 1$, 个体现在的收入受到一个独立的零均值的背景风险的冲击, 则背景风险的恶化会使决策者投资更多的努力。

证明 设该优化问题的最优解为 $\hat{e_1^*}$, 当背景风险恶化为 $\tilde{\theta}_1$ 时, 将 $\hat{e_1^*}$ 代入个体的优化问题的一阶条件为:

$$\hat{U}'(\hat{e_1^*}) = -u'(w_0 - \hat{e^*}_1 + \tilde{\theta}_1) + \frac{1}{1+\delta}p'(\hat{e_1^*})[u(w-l) - u(w)] = 0.$$

显然, 要使个体增加预防性努力活动, 只要 $\hat{U}'(e_1^*) > 0$ 即可, 从而就有:

$$Eu'(w_0 - e_1^* + \tilde{\varepsilon}_1) > Eu'(w_0 - e_1^* + \tilde{\theta}_1), \qquad (10.2.6)$$

根据 n 阶随机占优的定义: $\tilde{\varepsilon}_1$ 是 n 阶随机占优 $\tilde{\theta}_2$ 的当且仅当 (10.2.6) 成立, 对所有的 $u'(w)$ 满足条件: $(-1)^{k+1}u^{(k)}(w) > 0, k = 1, 2, \cdots, n+1$。

当在个体将来的收入没有发生损失的状态上受到一个独立的零均值的背景风险的冲击, 如果背景风险恶化了, 从 $\tilde{\varepsilon}_2$ 变为 $\tilde{\theta}_2$, 更确切地说, $\tilde{\theta}_2$ 是被 $\tilde{\varepsilon}_2$ n 阶随机占优的, 那么此时, 决策者的最优预防性努力水平又有何变化呢?

命题 10.2.5 如果个体的效用函数 $u(w)$ 的导数满足如下的条件: $(-1)^{k+1}u^{(k)}(w) > 0, k = 1, 2, \cdots, n+1$, 在个体将来的收入发生损失的状态上受到一个独立的零均值的背景风险的冲击, 则背景风险的恶化会使决策者投资更多的努力。

证明 设该优化问题的最优解为 $\hat{e_2^*}$, 当背景风险恶化为 $\tilde{\theta}_2$ 时, 将 $\hat{e_2^*}$ 代入个体的优化问题的一阶条件为:

$$\hat{U}'(\hat{e_2^*}) = -u'(w_0 - \hat{e_2^*}) + \frac{1}{1+\delta}p'(\hat{e_2^*})[u(w-l+\tilde{\theta}_2) - u(w)] = 0.$$

显然, 要使个体降低预防性努力活动, 只要 $\hat{U}'(e_2^*) > 0$ 即可, 从而就有:

$$Eu'(w-l+\tilde{\varepsilon}_2) > Eu'(w_0 - l + \tilde{\theta}_2). \qquad (10.2.7)$$

根据 n 阶随机占优的定义: $\tilde{\varepsilon}_2$ 是 n 阶随机占优 $\tilde{\theta}_2$ 的当且仅当 (10.2.7) 成立, 对所有的 $u'(w)$ 满足条件: $(-1)^{k+1}u^{(k)}(w) > 0, k = 1, 2, \cdots, n+1$。

当在个体将来的收入没有发生损失的状态上受到一个独立的零均值的背景风险的冲击, 如果背景风险恶化了, 从 $\tilde{\varepsilon}_2$ 变为 $\tilde{\theta}_2$, 更确切地说, $\tilde{\theta}_2$ 是被 $\tilde{\varepsilon}_2$ n 阶随机占优的, 那么此时, 决策者的最优预防性努力水平又有何变化呢?

命题 10.2.6 如果个体的效用函数 $u(w)$ 的导数满足如下的条件: $(-1)^{k+1}u^{(k)}(w) > 0, k = 1, 2, \cdots, n+1$, 在个体将来的收入没有发生损失

的状态上受到一个独立的零均值的背景风险的冲击, 则背景风险的恶化会使个体降低预防性努力投资活动。

证明　设该优化问题的最优解为 $\hat{e}_3^*$, 当背景风险恶化为 $\tilde{\theta}_2$ 时, 将 $\hat{e}_3^*$ 代入个体的优化问题的一阶条件为:

$$\hat{U}'(\hat{e}_3^*) = -u'(w_0 - \hat{e}_3^*) + \frac{1}{1+\delta}p'(\hat{e}_3^*)[u(w-l) - u(w+\tilde{\theta}_2)] = 0.$$

显然, 要使个体降低预防性努力活动, 只要 $\hat{U}'(e_3^*) < 0$ 即可, 从而就有:

$$Eu'(w+\tilde{\varepsilon}_2) > Eu'(w+\tilde{\theta}_2), \tag{10.2.8}$$

根据 n 阶随机占优的定义: $\tilde{\varepsilon}_2$ 是 n 阶随机占优 $\tilde{\theta}_2$ 的当且仅当 (10.2.8) 成立, 对所有的 $u'(w)$ 满足条件: $(-1)^{k+1}u^{(k)}(w) > 0, k = 1, 2, \cdots, n+1$。

若个体将来收入受到背景风险冲击, 同样考虑当背景风险恶化, 从 $\tilde{\varepsilon}$ 变为 $\tilde{\theta}$, 更确切地说, $\tilde{\theta}$ 是被 $\tilde{\varepsilon}$ n 阶随机占优的, 那么此时, 决策者的最优努力水平又有何变化呢?

命题 10.2.7　设个体将来的收入受到背景风险的冲击, 若个体的效用函数 $u(w)$ 的导数满足如下的条件: $(-1)^{k+1}u^{(k)}(w) > 0, k = 1, 2, \cdots, n+1$, 则独立的背景风险的恶化会使个体增加投资更多的预防性努力活动。

证明　假设当背景风险为 $\tilde{\varepsilon}$ 时, 决策者选择的最优努力水平为 $\hat{e}^*$。当背景风险恶化为 $\tilde{\theta}$ 时, 将 $\hat{e}^*$ 代入决策者的优化问题的一阶条件为:

$$\hat{U}(\hat{e}^*) = -u'(w_0 - \hat{e}^*) + \frac{1}{1+\delta}p'(\hat{e}^*)[Eu(w-l+\tilde{\theta}) - Eu(w+\tilde{\theta})] = 0.$$

显然, 要使决策者增加预防性努力水平, 只要 $\hat{U}(e^*) > 0$ 即可, 从而就有:

$$Eu'(w+\tilde{\varepsilon}) > Eu'(w+\tilde{\theta}), \tag{10.2.9}$$

根据 n 阶随机占优的定义: $\tilde{\varepsilon}$ 是 n 阶随机占优 $\tilde{\theta}$ 的当且仅当 (10.2.9) 成立, 对所有的 $u'(w)$ 满足条件: $(-1)^{k+1}u^{(k)}(w) > 0, k = 1, 2, \cdots, n+1$。

在这部分, 我们假设个体现在的财富水平为 x_0, 个体将来的财富水平是不确定的, 即可能是 $\tilde{x}$ 也可能是 $\tilde{y}$。个体的预防性努力投资将会增加风险预期 $\tilde{x}$ 发生的概率, 而降低了风险预期 $\tilde{y}$ 发生的概率, 其中, 风险预期 $\tilde{x}$ 是 n 阶随机占优风险预期 $\tilde{y}$ 的。于是, 含有背景风险 $\tilde{\varepsilon}$ 的决策者的跨期期望效用最大化问题为:

$$\max_e U(e) = u(x_0 - e) + \frac{1}{1+\delta}[p(e)Eu(\tilde{x}+\tilde{\varepsilon}) + (1-p(e))Eu(\tilde{y}+\tilde{\varepsilon})].$$

假设 $p(e)$ 和 u 都是递增的凹函数, 并且假设优化问题的二阶条件均满足, 从而保证了满足一阶条件的唯一的内点就是最优解. 假设 e^{***} 为最优的努力水平, 则一阶条件为:

$$U'(e^{***}) = -u'(x_0 - e^{***}) + \frac{1}{1+\delta}p'(e^{***})[Eu(\tilde{x} + \tilde{\varepsilon}) - Eu(\tilde{y} + \tilde{\varepsilon})] = 0.$$

类似地, 当背景风险从 $\tilde{\varepsilon}$ 恶化为 $\tilde{\theta}$ 时, 更确切地说, $\tilde{\varepsilon}$ 是 m 阶随机占优 $\tilde{\theta}$ 的, 决策者选择增加最优的预防性努力水平当且仅当:

$$Eu(\tilde{x} + \tilde{\theta}) + Eu(\tilde{y} + \tilde{\varepsilon}) > Eu(\tilde{x} + \tilde{\varepsilon}) + Eu(\tilde{y} + \tilde{\theta}). \tag{10.2.10}$$

不等式 (10.2.10) 成立, 这是因为:更加一般地, 给定两组随机变量 $[x_m, y_m]$ 和 $[x_{n-m}, y_{n-m}], n > m$, 其中 y_i 是被 x_i i 阶随机占优的, $i = m, n-m$, 假设所有的随机变量在统计上都是互相独立的. 于是根据前面理论部分的结论: 如果 y_i 是被 x_i i 阶随机占优的, $i = m, n-m$, 则 $[x_m + x_{n-m}, y_m + y_{n-m}]$ 是比 $[x_m + y_{n-m}, y_m + x_{n-m}]$ n 阶随机占优的. 具体地, 在这里, $\tilde{\varepsilon}$ 是 m 阶随机占优 $\tilde{\theta}$ 的, 而风险预期 $\tilde{x}$ 是 n 阶随机占优风险预期 $\tilde{y}$ 的. 从而, $[\tilde{x} + \tilde{\theta}, \tilde{y} + \tilde{\varepsilon}]$ 是比 $[\tilde{x} + \tilde{\varepsilon}, \tilde{y} + \tilde{\theta}]$ $m + n$ 阶随机占优的当且仅当 (10.2.10) 成立, 因而, 决策者会选择投入更多的努力.

第三节　储蓄和预防性努力

为了对冲将来收入的不确定性, 一方面, 个体可以通过储蓄最优地配置自己一生的收入和消费水平, 从而使其一生的期望效用最大化; 另一方面, 个体也可以通过投资预防性努力活动 (自我保险和自我保护), 以便降低将来的损失大小或者发生损失的概率, 从而使其期望效用最大化. 在这一节, 我们将把储蓄纳入跨期的预防性努力模型, 同时考虑不同风险偏好的个体如何在储蓄和预防性努力投资之间权衡取舍 [10].

(一)　储蓄和预防性努力的效应分析

为此, 在一个跨期的预防性努力模型中, 假设个体现在的初始财富为 w_0, 将来的财富为 w_1; 个体将来将面对一个概率为 p $(0 < p < 1)$ 的损失 l, 若个体现在投资自我保护活动 e, 在将来损失发生的概率将降为 $p(e), p > p(e) > 0$,

且 $p'(e) < 0, p''(e) < 0$；假设个体现在的储蓄水平为 s，用 r 表示确定的储蓄收益率，则个体的跨期期望总效用为 $U(s,e) =$

$$u(w_0 - s - e) + \frac{p(e)u(w_1 + (1+r)s - l) + (1 - p(e))u(w_1 + (1+r)s)}{1 + \delta}.$$
(10.3.1)

在该最优化问题中，个体通过同时选择最优的储蓄水平和预防性努力水平，使其跨期期望效用最大化。令 $w_B = w_1 + (1+r)s - l, w_G = w_1 + (1+r)s$，则两个一阶条件为：

$$u'(w_0 - s - e) = \frac{1+r}{1+\delta}[p(e)u'(w_B) + (1 - p(e))u'(w_G)],$$
(10.3.2)

$$u'(w_0 - s - e) = \frac{1}{1+\delta}p'(e)[u(w_B) - u(w_G)].$$
(10.3.3)

显然，在个体是风险厌恶的假设下，个体的跨期期望总效用函数分别关于储蓄水平和自我保护水平均是凹函数，即：

$$U_{ss} = u''(w_0 - s - e) + \frac{(1+r)^2}{1+\delta}[p(e)u''(w_B) + (1 - p(e))u''(w_G)] < 0, \quad (10.3.4)$$

$$U_{ee} = u''(w_0 - s - e) = \frac{1}{1+\delta}p''(e)[u(w_B) - u(w_G)] < 0.$$
(10.3.5)

其中，$U_{ss} = \frac{\partial^2 U(s,e)}{\partial^2 s}, U_{se} = \frac{\partial^2 U(s,e)}{\partial s \partial e}, U_{ee} = \frac{\partial^2 U(s,e)}{\partial^2 e}$。

或许，由一阶条件 (10.3.2) 和条件 (10.3.3) 共同确定的最优解 (或均衡点) 可能并不唯一，尽管我们无法确定究竟有多少对最优解，但这并不妨碍我们继续研究储蓄和预防性努力之间的替代关系，下面的命题揭示了它们之间的关系。

命题 10.3.1　假设最优化问题 (10.3.1) 共有 N 对最优解，即 $(s_i, e_i), i = 1, 2, \cdots, N$，若 $e_i > e_j, i, j = 1, 2, \cdots, N$ 且 $i \neq j$，则 $s_i < s_j$。

证明　将一阶条件 (10.3.2) 两边关于 e 求导数可得：

$$\frac{\mathrm{d}s}{\mathrm{d}e} = \frac{-u''(w_0 - s - e) - p'(e)[u'(w_B) - u'(w_G)]\frac{1+r}{1+\delta}}{u''(w_0 - s - e) + [p(e)u''(w_B) + (1 - p(e))u''(w_G)]\frac{(1+r)^2}{1+\delta}} < 0.$$

其中 $\frac{\mathrm{d}s}{\mathrm{d}e} < 0$，是因为：$u''(\cdot) < 0, p'(\cdot) < 0, u'(w_B) - u'(w_G) > 0$，从而，在所有最优解中，最优储蓄水平和最优预防性努力水平存在替代效应，即当一对最

优解向另一对最优解移动时, 最优储蓄水平变大 (小), 其相应的最优预防性努力水平将变小 (大)。

此外, 若储蓄的利率 r 发生变化, 那么作为内生决策变量的储蓄水平 s 和预防性努力水平 e 又如何变化呢? 为此, 对最优化问题的两个一阶条件 (10.3.2) 和条件 (10.3.3) 分别关于 r 求微分可得:

$$U_{ee}\mathrm{d}e + U_{es}\mathrm{d}s = -U_{er}\mathrm{d}r,$$

$$U_{es}\mathrm{d}e + U_{ss}\mathrm{d}s = -U_{sr}\mathrm{d}r,$$

其中:

$$U_{er} = \frac{\partial^2 U(s,e)}{\partial e \partial r} = p'(e)[u'(w_B) - u'(w_G)]\frac{s}{1+\delta} < 0,$$

$$U_{sr} = \frac{\partial^2 U(s,e)}{\partial s \partial r} = \frac{s(1+r)}{1+\delta}[p(e)u''(w_B) + (1-p(e))u''(w_G)]$$

$$+ \frac{1}{1+\delta}[p(e)u'(w_B) + (1-p(e))u'(w_G)],$$

$$U_{es} = u''(w_0 - s - e) + p'(e)[u'(w_B) - u'(w_G)]\frac{1+r}{1+\delta} < 0.$$

因 $U_{ee}U_{ss} - U_{es}^2 > 0$, 由条件 (10.3.2) 和条件 (10.3.3) 可得:

$$\frac{\mathrm{d}e}{\mathrm{d}r} = \frac{U_{es}U_{sr} - U_{er}U_{ss}}{U_{ee}U_{ss} - U_{es}^2}, \tag{10.3.6}$$

$$\frac{\mathrm{d}s}{\mathrm{d}r} = \frac{U_{es}U_{er} - U_{sr}U_{ee}}{U_{ee}U_{ss} - U_{es}^2}. \tag{10.3.7}$$

U_{sr} 的符号度量了最优储蓄水平关于利率 r 的变动效应, 由于 U_{sr} 的符号无法确定, 从而 $\frac{\mathrm{d}e}{\mathrm{d}r}$ 和 $\frac{\mathrm{d}s}{\mathrm{d}r}$ 的符号未知。为了确定进一步确定 U_{sr} 的符号, 我们不妨先考虑个体将来的收入确定的情形, 即个体将来的收入没有不确定性, 从而个体也就不会投资预防性努力活动, 此时个体的最优化问题为:

$$V(s) = u(w_0 - s) + \frac{1}{1+\delta}u[w_1 + (1+r)s],$$

其一阶条件为:

$$V_s = -u'(w_0 - s) + \frac{1+r}{1+\delta}u'[w_1 + (1+r)s],$$

将一阶条件两边关于 r 求导数, 可得:

$$V_{sr} = \frac{(1+r)s}{1+\delta} u''[w_1 + (1+r)s] + \frac{1}{1+\delta} u'[w_1 + (1+r)s].$$

在 V_{sr} 中, $\frac{1}{1+\delta} u'[w_1 + (1+r)s]$ 度量了利率变化时个体现在消费与将来消费的替代效应, 而 $\frac{(1+r)s}{1+\delta} u''[w_1 + (1+r)s]$ 刻画了利率变化时个体的收入效应。若利率变化的替代效应总占优利率变化的收入效应, 则 V_{sr} 的符号就完全取决于 $\frac{1}{1+\delta} u'[w_1 + (1+r)s]$ 的符号, 从而有 $V_{sr} > 0$。类似于 V_{sr} 的符号的判别, 在 U_{sr} 中, 若利率变化的替代效应大于利率变化的收入效应, 就有 $U_{sr} > 0$, 于是有下面的命题 [10]。

命题 10.3.2　在预防性储蓄和预防性努力的统一决策模型中, 若利率变化的替代效应总是大于利率变化的收入效应, 则利率的增加致使个体提高储蓄水平 $\left(\text{即 } \dfrac{\mathrm{d}s}{\mathrm{d}r} > 0\right)$ 而降低预防性努力水平 $\left(\text{即 } \dfrac{\mathrm{d}e}{\mathrm{d}r} < 0\right)$。

证明　在式 (10.3.6) 和式 (10.3.7) 中, 由于 $U_{ee}U_{ss} - U_{es}^2 > 0, U_{es} < 0, U_{er} < 0, U_{ss} < 0, U_{ee} < 0$, 若 $U_{sr} > 0$, 则有 $\dfrac{\mathrm{d}s}{\mathrm{d}r} > 0, \dfrac{\mathrm{d}e}{\mathrm{d}r} < 0$。

正如我们在前面所解释的, 在有些投资努力或实施自我保护活动的情景中, 这种决策和其效应一般不会发生在同期, 而是行动发生在效应或者结果形成之前。之前对这一问题的研究都假设了单期的或者当期的经济决策模型, 也就是个体在自我保护或者努力方面的决策和其效应是同期发生的。直到梅内加蒂 [2] 在一个二期 (跨期) 决策模型框架下, 证明了在适当的技术性条件下, 相比于一个作为基准的风险中性者而言, 一个谨慎的决策者会选择付出更多的努力。令人吃惊的是, 他们获得的这一结论完全不同于埃克豪特和戈利耶 [11](Eeckhoudt & Gollier) 在单期的决策模型中所获得的结果, 即越是谨慎的个体就越不愿意付出更多的劳动。这恰恰充分说明了降低风险的成本和收益之间的跨期关系是经济决策模型中的决定性因素。

为此, 在跨期决策模型中, 霍夫曼和彼得 [12](Hofmann & Peter) 重新研究了个体的风险偏好 (即效用函数的凹性) 对自我保险和自我保护活动的影响。效用函数的凹性度量了个体在其一生和在整个状态上对消费的忍耐性, 这是因为个体为了最大化一生的效用或者说在其一生平滑地消费, 需要统筹安排, 需要预期到未来收入的不确定性, 做出现期应该储蓄多少、消费多少财富的决策。因而, 在这样的情景中, 对风险的厌恶意味着对消费波动的厌恶, 或者说个体不喜欢不平稳消费而是偏好在其一生平滑地消费。霍夫曼和彼得发现具有更加凹的效用函数的个体增加了使风险降低的努力当且仅当现期的消费水平超过了特定的临界值。

在跨期的决策模型中，为了能够平滑地消费，个体就有动机通过储蓄活动或行为将现期的财富转移到下一期，那么很自然地就产生了两个问题：一是个体在选择最优的努力水平降低风险时，是把储蓄水平看作内生变量还是外生变量？二是个体是否同时将努力水平和储蓄水平看作优化的变量，从而使得其一生消费更加平稳呢？

(二) 自我保险和储蓄

考虑一个只有两期的经济，可看作当期 (现在) 和下一期 (将来)。个体现在的初始财富为 w，个体在下一期将面对一个概率为 p $(0 < p < 1)$ 的损失 l。现在个体投资自我保险活动 x，在下一期发生的损失将降低到 $l(x), l' < 0, l'' > 0$。在这里，假设个体可以通过储蓄，将现期的财富转移到将来，储蓄水平设为 s，利率为 r；如果 $s < 0$，则意味着个体用将来的财富满足现在的消费。假设个体的效用函数在两期是可分离的且是风险厌恶的，即 $u' > 0, u'' < 0$，假设将来效用的贴现率为 δ，则个体的跨期期望效用 U 为：

$$\max_x U = u(w - s - x) + \frac{1}{1 + \delta}[pu(w_B) + (1 - p)u(w_G)],$$

其中，$w_B = w - l(x) + (1 + r)s, w_G = w + (1 + r)s$，则一阶条件为：

$$U_x = -u'(w - s - x) - \frac{1}{1 + \delta}pl'(x)u'(w_B) = 0, \quad (10.3.8)$$

$$U_s = -u'(w - s - x) + \frac{1 + r}{1 + \delta}[pu'(w_B) + (1 - p)u'(w_G)] = 0, (10.3.9)$$

等式 (10.3.8) 的经济学解释是：个体在自我保护活动支出的边际成本 (相应地，降低了现在的消费水平) 应等于比较低的将来损失带来的边际收益的现值；而等式 (10.3.9) 则意味着：个体偏好于在其一生平滑地消费。为此，个体要确定最优的自我保险水平和储蓄水平，就不得不考虑这两者给其带来的相对回报的大小，这是因为：一方面，个体储蓄 1 个单位的财富，在将来会得到 $1+r$；另一方面，个体现在在自我保护活动上每投资 1 个单位的财富，在将来个体就有可能以 p 的概率获得 $-l'(x)$，这恰好反映了两种风险规避工具的边际收益。从而自我保险和储蓄存在替代关系，即：

$$\frac{\mathrm{d}x}{\mathrm{d}s} = -\frac{U_{xs}}{U_{xx}} = -\frac{u''(x-s-x) - \dfrac{1+r}{1+\delta}pl'(x)u''(w_B)}{U_{xx}} < 0.$$

正如迪昂和埃克豪特 [13](Dionne & Eeckhoudt) 在早期的当前决策模型中已经证明的结果: 如果个体具有风险厌恶系数递减的效用函数, 则自我保险和储蓄是替代的, 这两种避险工具具有替代效应。于是对于更加风险厌恶的个体而言, 相应地, 有如下的结果 [10]。

命题 10.3.3　在包含储蓄的决策模型中, 更加风险厌恶的个体会投资更多的自我保险活动。

证明　假设个体 B 相比于个体 A 更加风险厌恶, 也就是说, 存在递增的凹函数 $\phi(w)$, 使得 $v(w) = \phi(u(w))$。假设个体 A 和 B 的最优的自我保险水平分别为 x_A^* 和 x_B^*。那么, 在个体 A 的最优化自我保险水平下, 个体 B 选择的最优化储蓄水平为 $\hat{s}$, 于是 $\hat{s}$ 可由下面一阶条件唯一确定, 即:

$$-\hat{v}'(w-\hat{s}-x_A^*) + \frac{1+r}{1+\delta}[p\hat{v}'(w_B^*) + (1-p)\hat{v}'(w_G^*)] = 0,$$

其中, $w_B^* = w - l(x_A^*) + (1+r)\hat{s}, w_G^* = w + (1+r)\hat{s}$。由于个体 B 的效用函数关于 (s,x) 是凹函数, 则有 $x_A^* < x_B^*$ 当且仅当 $V_x(\hat{s}, x_A^*) > 0$, 即:

$$-\hat{v}'(w-\hat{s}-x_A^*) + \frac{1}{1+\delta}pl'(x_A^*)\hat{v}'(w_B^*)$$

$$= u'(w-\hat{s}-x_A^*)\left[\frac{\hat{v}'(w_B^*)}{u'(w_B^*)} - \frac{\hat{v}'(w-\hat{s}-x_A^*)}{u'(w-\hat{s}-x_A^*)}\right].$$

根据个体 A 和 B 各自的一阶条件, 可得:

$$\frac{\hat{v}'(w_B^*)}{u'(w_B^*)} - \frac{\hat{v}'(w-\hat{s}-x_A^*)}{u'(w-\hat{s}-x_A^*)}$$

$$= \frac{(1+r)(1-p)}{u'(w-\hat{s}-x_A^*)u'(w_B^*)}[\hat{v}'(w_B^*)u'(w_G^*) - \hat{v}'(w_G^*)u'(w_B^*)],$$

$$\hat{v}'(w_B^*)u'(w_G^*) - \hat{v}'(w_G^*)u'(w_B^*) > 0 \Longleftrightarrow \frac{\hat{v}'(w_B^*)}{u'(w_B^*)} > \frac{\hat{v}'(w_G^*)}{u'(w_G^*)}.$$

从而比较效用函数 $u(\cdot)$ 和 $v(\cdot)$ 的最优选择等同于比较 $u(\cdot)$ 和 $\phi(u(\cdot))$ 的最优选择。由于个体 B 相对于个体 A 更加风险厌恶, 从而就有 $\hat{v}'(w_B^*) > u'(w_B^*), \hat{v}'(w_G^*) < u'(w_G^*)$, 因此, $V_x(\hat{s}, x_A^*) > 0$, 可得 $x_A^* < x_B^*$, 即更加风险厌恶的个体投资更多的自我保险活动。

该命题的经济学解释为: 当储蓄水平是内生的时, 更加风险厌恶的个体为了在其一生能够平滑地消费, 个体需要实施更多的自我保险活动来缓解风险。因为在最优的自我保险和储蓄水平上, 两者的边际成本相同 (假设都是 1 元), 从而只需比较损失发生和没有损失发生时这两个状态上的边际效用即可, 于是, 当内生的储蓄已最优时, 对于更加风险厌恶的个体, 相应的效用函数在损失发生的状态上的边际效用增加, 而损失没有出现的状态上的边际效用减少。总而言之, 个体通过储蓄实现其一生能够平滑地消费, 当且仅当更加风险厌恶的个体必然实施更多的自我保险活动 [10]。

(三) 自我保护和储蓄

考虑一个只有两期的经济, 可看作当期 (现在) 和下一期 (将来)。个体现在的初始财富为 w, 个体在下一期将面对一个概率为 p $(0 < p < 1)$ 的损失 l。现在个体投资自我保护活动 y, 在下一期发生的损失的概率将降低到 $p(y), p'(y) < 0, p''(y) > 0$。同样地, 假设个体可以通过储蓄, 将现期的财富转移到将来, 储蓄水平设为 s, 利率为 r, 如果 $s < 0$, 则意味着个体用将来的财富满足现在的消费。假设个体的效用函数在两期是可分离的且是风险厌恶的, 即 $u' > 0, u'' < 0$, 假设将来效用的贴现率为 δ, 则个体的跨期期望效用最大化 U 为:

$$\max_y U = u(w - s - y) + \frac{1}{1+\delta}[p(y)u(w_B) + (1 - p(y))u(w_G)],$$

其中, $w_B = w - l + (1+r)s, w_G = w + (1+r)s$, 则一阶条件为:

$$U_y = -u'(w - s - y) + \frac{1}{1+\delta}p'(y)[u(w_B) - u(w_G)] = 0,$$

$$U_s = -u'(w - s - y) + \frac{1+r}{1+\delta}[p(y)u'(w_B) + (1 - p(y))u'(w_G)] = 0.$$

一阶条件意味着: 对最优的自我保护活动而言, 防范的边际成本等于边际收益, 即降低现在的消费的边际成本等于损失概率的边际减少乘以损失没有发生和发生时效用的差的现值。类似于自我保险和储蓄的分析, 自然地获得了下面的命题 [10]。

命题 10.3.4　在包含储蓄的决策模型中, 更加风险厌恶的个体会投资更多的自我保护活动当且仅当损失发生的概率低于某个特定的临界值。

证明　假设个体 B 相比于个体 A 更加风险厌恶, 也就是说, 存在递增的凹函数 $\phi(\cdot)$, 使得 $v(\cdot) = \phi(u(\cdot))$。假设个体 A 和 B 的最优的自我保护水平分别为 y_A^* 和 y_B^*。那么, 在个体 A 的最优化自我保护水平下, 个体 B 选择的最优化储蓄水平为 $\hat{s}$, 于是 $\hat{s}$ 可由下面一阶条件唯一确定, 即:

$$V_y(\hat{s}, y_A^*) = -\hat{v}'(w - \hat{s} - y_A^*) + \frac{1+r}{1+\delta}[p(y_A^*)\hat{v}'(w_B^*) + (1-p(y_A^*))\hat{v}'(w_G^*)] = 0,$$

其中, $w_B^* = w - l(y_A^*) + (1+r)\hat{s}, w_G^* = w + (1+r)\hat{s}$。由于个体 B 的效用函数关于 (s,y) 是凹函数, 则有 $y_A^* < y_B^*$ 当且仅当 $V_y(\hat{s}, y_A^*) > 0$, 即:

$$V_y(\hat{s}, y_A^*) = -\hat{v}'(w - \hat{s} - y_A^*) + \frac{1}{1+\delta}p'(y_A^*)[\hat{v}(w_B^*) - \hat{v}(w_G^*)]$$

$$= u'(w - \hat{s} - y_A^*)\frac{\hat{v}(w_B^*) - \hat{v}(w_G^*)}{u(w_B^*) - u(w_G^*)} - v'(w - \hat{s} - y_A^*),$$

$$V_y(\hat{s}, y_A^*) = (1+r)(\hat{v}(w_B^*) - \hat{v}(w_G^*))[\frac{p(y_A^*)u(w_B^*) + (1-p(y_A^*))u(w_G^*)}{u(w_B^*) - u(w_G^*)}$$

$$- \frac{p(y_A^*)\hat{v}(w_B^*) + (1-p(y_A^*))\hat{v}(w_G^*)}{\hat{v}(w_B^*) - \hat{v}(w_G^*)}].$$

根据个体 A 和 B 各自的一阶条件, 可得:

$$V_y(\hat{s}, y_A^*) = (1+r)\{p(y_A^*)[u'(w_B^*) - \hat{v}'(w_B^*)] + (1 - p(y_A^*)[u'(w_G^*) - \hat{v}'(w_G^*)]\}.$$

在不改变个体偏好的情形下, 通过对个体 B 的效用函数进行适当的正仿射变换, 使得 $\hat{v}'(w_B^*) = u'(w_B^*), \hat{v}'(w_G^*) = u'(w_G^*)$。由于个体 B 相对于个体 A 更加风险厌恶, 从而就有 $\hat{v}'(w_B^*) > u'(w_B^*), \hat{v}'(w_G^*) < u'(w_G^*)$, 令 $f(p) = p[u'(w_B^*) - \hat{v}'(w_B^*)] + (1-p)[u'(w_G^*) - \hat{v}'(w_G^*)]$ 关于 p 是递减的函数, 且当 $p = 1$ 时, $f(1) = u'(w_B^*) - \hat{v}'(w_B^*) < 0$; 当 $p = 0$ 时, $f(0) = u'(w_G^*) - \hat{v}'(w_G^*) > 0$, 因而一定存在 $p(y_A^*)$, 使得 $f(p(y_A^*)) > 0$。因此, $V_y(\hat{s}, y_A^*) > 0$, 可得 $y_A^* < y_B^*$, 即更加风险厌恶的个体投资更多的自我保护活动当且仅当 $p(y_A^*)$ 低于某门限值, 或者说个体 A 投资预防性努力活动——自我保护活动使得其将来发生损失的概率充分小。

第四节　确定收入下的风险厌恶强度的比较静态分析

尽管众多文献从不同的角度对预防性努力进行了研究, 但本质上却没有实质性的变化, 都只是局限于现 (单) 期的经济决策框架, 即个体实施的预防性努力与其对损失的影响基本上都是同期发生。然而, 梅内加蒂 [2] 认为: 在许多经济决策问题中, 这种现期的决策模型的确有其独特的意义, 但却存在这样的问题: 长时间的间隔可能会消逝了预防性努力对不利事件发生的影响。具体而言, 由于个体投资的预防性努力发生在现在而其效应或者影响却发生在将来, 因此追求现在和将来总效用最大化的个体, 其现在的最优决策将受到跨期效应的影响。例如, 如果房屋的主人现在给房屋的窗户安装质量上乘的防盗栏, 那么其房屋在将来被盗的可能性将显著降低; 如果一个吸烟者现在就开始戒烟, 这将大大降低其将来患肺癌的几率等。文献中把这种预防性努力和其效应发生在不同时期的决策问题, 称之为跨 (两) 期的预防性努力决策问题。目前, 跨期的预防性努力决策问题引起了研究者极大的研究兴趣。

在跨期的预防性努力决策模型中, 梅内加蒂以风险中性者的最优决策为基准, 在损失的初始概率以 1/2 为门限值的条件下, 研究了风险厌恶以及风险 (不) 谨慎的个体相对于风险中性者的最优决策的比较静态结果。然而, 对于更加一般的不同风险偏好的个体, 最优的预防性努力水平与其风险厌恶程度之间是否仍然存在相应的比较静态结果呢? 尽管自阿罗 [14] 和普拉特 [5](以下记作 A-P) 引入风险厌恶的刻画以来, 大量的文献基于 A–P 风险厌恶的思想, 获得了与个体的风险偏好相一致的比较静态结果。然而罗斯发现: 在 A-P 风险厌恶的意义下, 在一些比较静态分析中, 个体 A 相比于个体 B 更加风险厌恶并不是一个充分条件。为此, 罗斯提出了一个更强的有关风险厌恶的刻画——Ross 更加风险厌恶。遗憾的是, 即便在更强的 Ross 更加风险厌恶的刻画下 [15], 在跨期的预防性努力决策问题中, 一个 Ross 更加风险厌恶的个体未必会选择投资更多的预防性努力活动。

为了解决个体的最优决策与其风险偏好的这种不一致性, 本节以埃克豪特等 [16] 提出的一类比 Ross 更加风险厌恶更强的刻画, 即约束的 (线性约束和二次函数约束) Ross 更加风险厌恶的刻画, 在跨期的分析框架下, 研究了个体的预防性努力 (自我保险、自我保护以及自我保险兼保护) 决策问题, 获得了与个体风险偏好相一致的比较静态结果 [17]。

考虑一个只有两期的经济环境, 在这里可将这两期看作为现在和将来。假设个体在这两期的财富 (或收入) 均为确定的财富, 设现在的财富为 w_0 且 $w_0 > 0$, 将来的财富为 w 且 $w > 0$, 个体将来将面对一个概率为 p ($0 < p < 1$) 的确定损失 l。为了降低将来损失的程度及其可能性, 个体现在可以投资或实施预防性努力活动 $x, x < w_0$, 使得将来可能发生的损失降低到 $l(x), l'(x) \leqslant$

$0, l''(x) \geqslant 0$ 且 $0 \leqslant l(x) \leqslant l$; 相应地将来发生损失的概率降低为 $p(x), p'(x) \leqslant 0, p''(x) \geqslant 0$ 且 $0 \leqslant p(x) \leqslant p$. 若我们用 $W(x)$ 表示个体将来的财富均值, 则有:

$$W(x) = p(x)(w - l(x)) + (1 - p(x))w = w - p(x)l(x),$$

$$W'(x) = -p'(x)l(x) - p(x)l'(x) \geqslant 0,$$

而 $W'(x)$ 的经济学解释为个体现在再额外投资 1 单位财富的预防性努力活动, 个体将来的财富均值增加了多少. 此外, 由于 $W'(x)$ 总是非负, 意味着个体现在投资预防性努力活动, 总会增加其将来的财富均值. 因此, 追求两期期望效用最大化的个体, 总是乐意投资预防性努力活动, 即 $x > 0$, 则个体的跨期期望效用最大化问题为:

$$\max_x U(x) = u(w_0 - x) + \frac{1}{1+\delta}[p(x)u(w - l(x)) + (1 - p(x))u(w)],$$

一阶条件为:

$$U'(x) = -u'(w_0 - x) + \frac{1}{1+\delta}\{p'(x)[u(w - l(x)) - u(w)] - p(x)l'(x)u'(w - l(x))\} = 0.$$

一阶条件意味着个体的最优决策需要在现在和将来之间找到一种平衡, 即降低现在消费的边际成本 (边际效用) 应该等于将来增加的边际收益 (边际期望效用) 的现值, 而其将来增加的边际收益有两部分组成, 其中第一部分 $p'(x)[u(w - l(x)) - u(w)]$ 表示: 现在投资的每 1 单位财富的预防性努力, 因降低了将来的损失发生的概率而增加的边际期望效用; 而第二部分 $-p(x)l'(x)u'(w - l(x))$ 表示: 现在投资的每 1 单位财富的预防性努力, 同时又降低了将来的损失程度而增加的边际期望效用. 此外, 追求跨期期望效用最大化的个体, 其满足一阶条件的唯一解即为最优预防性努力水平, 这是因为:

$$U''(x) = u''(w_0 - x) + \frac{1}{1+\delta}\{p''(x)[u(w - l(x)) - u(w)]$$

$$- 2p'(x)l'(x)u'(w - l(x))$$

$$- p(x)l''(x)u'(w - l(x)) + p(x)[l'(x)]^2 u''(w - l(x))\}.$$

由于 $p'(x) \leqslant 0, l'(x) \leqslant 0; p''(x) \geqslant 0, l''(x) \geqslant 0, u''(x) \leqslant 0$, 从而有 $U''(x) \leqslant 0, x \in I$.

在接下来的部分, 我们考虑个体间的风险厌恶程度与其相应的比较静态结果. 假设个体 B 的跨期期望效用最大化问题为:

$$\max_x V(x) = v(w_0 - x) + \frac{1}{1+\delta}[p(x)v(w - l(x)) + (1 - p(x))v(w)],$$

一阶条件为:

$$V'(x) = -v'(w_0 - x) + \frac{1}{1+\delta}\{p'(x)[v(w-l(x)) - v(w)] - p(x)l'(x)v'(w-l(x))\} = 0.$$

假设个体 A 和个体 B 在预防性努力投资活动上的最优支出分别为 x_A^* 和 x_B^*。若个体 B 相比于个体 A 是 Ross 更加风险厌恶的, 从而根据定义可知, 存在函数 $\lambda > 0, \phi(x)$ 且 $\phi'(x) \leqslant 0, \phi''(x) \leqslant 0$, 使得 $v(x) = \lambda u(x) + \phi(x)$, 从而有 $v'(x) = \lambda u'(x) + \phi'(x)$, 由于 $U'(x_A^*) = 0$, 将个体 A 的最优预防性努力支出代入个体 B 的一阶条件可得:

$$\begin{aligned}
V'(x_A^*) &= -\lambda u'(w_0 - x_A^*) - \phi'(w_0 - x_A^*) \\
&\quad + \frac{1}{1+\delta}\{p'(x_A^*)[\lambda M(x_A^*) + N(x_A^*)] + R(x_A^*)\} \\
&= \lambda U'(x_A^*) - \phi'(w_0 - x_A^*) \\
&\quad + \frac{1}{1+\delta}[p'(x_A^*)N(x_A^*) - p(x_A^*)l'(x_A^*)\phi'(w - l(x_A^*))] \\
&= -\phi'(w_0 - x_A^*) + \frac{1}{1+\delta}[p'(x_A^*)N(x_A^*) - p(x_A^*)l'(x_A^*)\phi'(w - l(x_A^*))].
\end{aligned}$$

其中, $U'(x_A^*) = 0, R(x_A^*) = -p(x_A^*)l'(x_A^*)[\lambda u'(w - l(x_A^*)) + \phi'(w - l(x_A^*))]$, $M(x_A^*) = u(w - l(x_A^*)) - u(w), N(x_A^*) = \phi(w - l(x_A^*)) - \phi(w)$。由于 $p'(\cdot) \leqslant 0, l'(\cdot) \leqslant 0, \phi'(\cdot) \leqslant 0$, 故等式的符号无法确定。由此可见, 在 Ross 更加风险厌恶的刻画下, 我们无法获得与个体风险厌恶程度相一致的比较静态结果。为了解决这种不一致, 通过引入更强的风险厌恶的刻画, 我们获得了以下命题。

命题 10.4.1　假设个体 B 相比于个体 A 是线性约束的 Ross 更加风险厌恶的, 在任何预防性努力水平 x 下, 如果 $-\frac{1}{1+\delta}[p'(x)l(x) + p(x)l'(x)] \leqslant 1$, 则 $x_B^* \geqslant x_A^*$。

证明　根据定义可知, 若个体 B 相比于个体 A 是线性约束的 Ross 更加风险厌恶的, 则存在 $k > 0$ 和某种线性形式的函数 $a + bx$, 使得 $v(x) = ku(x) + a + bx$, 其中 $b \leqslant 0$。将 $\phi(x) = a + bx, \phi'(x) = b$ 以及个体 A 的最优预防性努力支出 x_A^*, 分别代入个体 B 的一阶条件可得:

$$V'(x_A^*) = -b + \frac{1}{1+\delta}\{p'(x_A^*)[a + b(w - l(x_A^*)) - a - bw] - bp(x_A^*)l'(x_A^*)\}$$

$$= -b\left\{1 + \frac{1}{1+\delta}[p'(x_A^*)l(x_A^*) + p(x_A^*)l'(x_A^*)]\right\}.$$

由于 $-b \geqslant 0$，因此，在任何预防性努力水平 x 下，只要 $1 + \frac{1}{1+\delta}[p'(x)l(x) + p(x)l'(x)] \geqslant 0$，即 $-\frac{1}{1+\delta}[p'(x)l(x) + p(x)l'(x)] \leqslant 1$，就有 $V'(x_A^*) \geqslant 0$，而 $V'(x_B^*) = 0$，于是有 $x_B^* \geqslant x_A^*$。证毕。

需要说明的是，该不等式 $-\frac{1}{1+\delta}[p'(x)l(x) + p(x)l'(x)] \leqslant 1$ 的经济学解释为：现在额外的 1 单位财富的预防性努力投资致使将来的财富均值增加额的现值不超过 1 单位财富。因此，该命题意味着：如果现在额外的 1 单位财富的预防性努力投资致使将来的财富均值增加额的现值不超过 1 单位财富，那么一个线性约束的 Ross 更加风险厌恶的个体总是投资更多的预防性努力——自我保险兼保护活动。

命题 10.4.2　假设个体 B 相比于个体 A 是二次函数约束的 Ross 更加风险厌恶的，在任何预防性努力水平 x 下，如果 $-\frac{1}{1+\delta}(p'(x)l(x) + p(x)l'(x)) \leqslant 1$ 且 $w_0 - x \geqslant w - \frac{l(x)}{2}$，则 $x_B^* \geqslant x_A^*$。

证明　根据定义可知，如果个体 B 相比于个体 A 是二次函数约束的 Ross 更加风险厌恶的，则存在 $k > 0$ 和二次多项式函数，即 $a + bx + cx^2$，使得 $v(x) = ku(x) + a + bx + cx^2$，其中 $b + 2cx \leqslant 0, c \leqslant 0$。因而将 $\phi(x) = a + bx + cx^2, \phi'(x) = b + 2cx$ 以及个体 A 的最优预防性努力支出 x_A^*，分别代入个体 B 的一阶条件可得：

$$V'(x_A^*) = -b - 2c(w_0 - x_A^*) + \frac{1}{1+\delta}[P(x_A^*)Q(x_B^*) + cp(x_A^*)l(x_A^*)l'(x_A^*)]$$

$$\geqslant -b - 2c(w_0 - x_A^*) + \frac{1}{1+\delta}P(x_A^*)\left[-b - 2c\left(w - \frac{l(x_A^*)}{2}\right)\right]$$

$$= (-b - 2c(w_0 - x_A^*))\left[1 + \frac{1}{1+\delta}\frac{-b - 2c\left(w - \frac{l(x_A^*)}{2}\right)}{-b - 2c(w_0 - x_A^*)}P(x_A^*)\right]$$

$$\geqslant (-b - 2c(w_0 - x_A^*))\left[1 + \frac{1}{1+\delta}(p'(x_A^*)l(x_A^*) + p(x_A^*)l'(x_A^*))\right].$$

其中，$P(x_A^*) = p'(x_A^*)l(x_A^*) + p(x_A^*)l'(x_A^*), Q(x_A^*) = -b - 2cw + cl(x_A^*)$。在任何预防性努力水平 x 下，注意到在上述不等式中，第一个不等式成立是因

为: $c \leqslant 0, l'(e) \leqslant 0$, 从而有 $cp(x)l(x)l'(x) \geqslant 0$; 要使第二个不等式成立, 需要
附加条件: $-b - 2c(w_0 - x) \geqslant -b - 2c\left(w - \dfrac{l(x)}{2}\right)$, 即 $w_0 - x \geqslant w - \dfrac{l(x)}{2}$.
在 $c < 0$ 和 $b + 2cx \leqslant 0$ 的条件下, $-b - 2c(w_0 - x) \geqslant 0$. 因此, 对任何预防性
努力水平 x, 只要 $1 + \dfrac{1}{1+\delta}(p'(x)l(x) + p(x)l'(x)) \geqslant 0$, 即 $-\dfrac{1}{1+\delta}(p'(x)l(x) +$
$p(x)l'(x)) \leqslant 1$, 就有 $V'(x_A^*) \geqslant 0$, 而 $V'(x_B^*) = 0$, 于是有 $x_B^* \geqslant x_A^*$. 证毕.

正如前面的分析, 若个体现在投资 x 个单位财富的预防性努力活动, 其
将来的财富均值为 $W(x) = w - p(x)l(x)$. 为了便于给不等式 $w_0 - x \geqslant w -$
$l(x)/2$ 提供一个合理的经济学解释, 我们不妨假设损失发生的初始概率 $p \leqslant$
$1/2$, 从而有 $p(x) \leqslant p \leqslant 1/2$, 于是有 $W(x) \geqslant w - l(x)/2$, 故不等式 $w_0 - x \geqslant$
$w - l(x)/2$ 则要求个体现在的消费水平至少不小于其将来的最低财富均值.
于是命题表明: 在损失发生的初始概率不超过 $1/2$ 且个体现在的消费水平
至少不小于其将来的最低财富均值的条件下, 如果现在额外的 1 单位财富
的预防性努力投资致使将来的财富均值增加额的现值不超过 1 单位财富, 那
么一个二次函数约束的 Ross 更加风险厌恶的个体总是投资更多的预防性努
力——自我保险兼保护活动.

当个体现在投资的预防性努力活动只是降低了潜在损失的程度而损失发
生的概率并未发生变化时, 称个体实施了自我保护活动. 具体地, 在任何预防
性努力水平 x 下, $l(x) = l, 0 < l < w$. 于是, 基于约束的 Ross 更加风险厌
恶的刻画, 对于个体投资的预防性努力——自我保护活动, 我们获得了如下的
命题.

命题 10.4.3 假设个体 B 相比于个体 A 是线性约束的 Ross 更加风
险厌恶的, 在任何预防性努力 (自我保护) 水平 x 下, 如果 $-\dfrac{1}{1+\delta}lp'(x) \leqslant 1$,
则 $x_B^* \geqslant x_A^*$.

证明 类似于前面命题的证明, 将 $\phi(x) = a + bx, \phi'(x) = b, l'(x) = 0$ 以
及个体 A 的最优预防性努力支出 x_A^*, 分别代入个体 B 的一阶条件可得:

$$V'(x_A^*) = -b\left[1 + \frac{1}{1+\delta}lp'(x_A^*)\right].$$

由于 $-b \geqslant 0$, 因此, 在任何预防性努力水平 x 下, 只要 $1 + \dfrac{1}{1+\delta}lp'(x) \geqslant$
0, 即 $-\dfrac{1}{1+\delta}lp'(x) \leqslant 1$, 就有 $V'(x_A^*) \geqslant 0$, 而 $V'(x_B^*) \geqslant 0$, 于是有 $x_B^* \geqslant x_A^*$.

证毕。

当个体实施了自我保护活动时, 若个体现在投资的 1 单位财富的自我保护活动, 致使其将来的财富均值增加额为 $lp'(x)$, 故条件 $-\dfrac{1}{1+\delta}lp'(x) \leqslant 1$ 意味着现在额外的 1 单位财富的自我保护投资致使将来的财富均值增加额的现值不超过 1 单位财富。

命题 10.4.4　假设个体 B 相比于个体 A 是二次函数约束的 Ross 更加风险厌恶的, 在任何预防性努力 (自我保护) 水平 x 下, 如果 $-\dfrac{1}{1+\delta}p'(x)l \leqslant 1$ 且 $w_0 - x \geqslant w - \dfrac{l}{2}$, 则 $x_B^* \geqslant x_A^*$。

证明　将 $\phi(x) = a + bx + cx^2, \phi'(x) = b + 2cx, l'(x) = 0$ 以及个体 A 的最优预防性努力支出 x_A^*, 分别代入个体 B 的一阶条件可得:

$$V'(x_A^*) = (-b - 2c(w_0 - x_A^*)) \left[1 + \frac{1}{1+\delta} \frac{-b - 2c\left(w - \dfrac{l}{2}\right)}{-b - 2c(w_0 - x_A^*)} lp'(x_A^*) \right]$$

$$\geqslant (-b - 2c(w_0 - x_A^*)) \left[1 + \frac{1}{1+\delta} lp'(x_A^*) \right].$$

在任何预防性努力水平 x 下, 注意到在上述不等式中, 要使不等式成立, 需要附加条件: $-b - 2c(w_0 - x) \geqslant -b - 2c\left(w - \dfrac{l}{2}\right)$, 即 $w_0 - x \geqslant w - \dfrac{l}{2}$。在 $c < 0$ 和 $b + 2cx \leqslant 0$ 的条件下, $-b - 2c(w_0 - x) \geqslant 0$。因此, 对任何预防性努力水平 x, 只要 $1 + \dfrac{1}{1+\delta}lp'(x) \geqslant 0$, 即 $-\dfrac{1}{1+\delta}lp'(x) \leqslant 1$, 就有 $V'(x_A^*) \geqslant 0$, 而 $V'(x_B^*) = 0$, 于是有 $x_B^* \geqslant x_A^*$。证毕。

当个体现在投资的预防性努力活动只是降低了潜在损失的程度而损失发生的概率并未发生变化时, 称个体实施了自我保险活动。具体地, 在任何预防性努力水平 x 下, $p(x) = p, 0 < p < 1$。于是, 基于约束的 Ross 更加风险厌恶的刻画, 对于个体投资的预防性努力——自我保险活动, 我们获得了如下的命题。

命题 10.4.5　假设个体 B 相比于个体 A 是线性约束的 Ross 更加风险厌恶的, 在任何预防性努力 (自我保险) 水平 x 下, 如果 $-\dfrac{1}{1+\delta}pl'(x) \leqslant 1$, 则 $x_B^* \geqslant x_A^*$。

证明　将 $\phi(x) = a + bx, \phi'(x) = b, p'(x) = 0$ 以及个体 A 的最优预防性

努力支出 x_A^*, 分别代入个体 B 的一阶条件可得:

$$V'(x_A^*) = -b\left[1 + \frac{1}{1+\delta}pl'(x_A^*)\right].$$

由于 $-b \geqslant 0$, 因此, 在任何预防性努力水平 x 下, 只要 $1 + \frac{1}{1+\delta}[p'(x)l(x) + p(x)l'(x)] \geqslant 0$, 即 $-\frac{1}{1+\delta}[p'(x)l(x) + p(x)l'(x)] \leqslant 1$, 就有 $V'(x_A^*) \geqslant 0$, 而 $V'(x_B^*) = 0$, 于是有 $x_B^* \geqslant x_A^*$。证毕。

当个体实施了自我保险活动时, 若个体现在投资的 1 单位财富的自我保险活动, 致使其将来的财富均值增加额为 $pl'(x)$, 故条件 $-\frac{1}{1+\delta}pl'(x) \leqslant 1$ 意味着现在额外的 1 单位财富的自我保险投资致使将来的财富均值增加额的现值不超过 1 单位财富。

命题 10.4.6 假设个体 B 相比于个体 A 是二次函数约束的 Ross 更加风险厌恶的, 在任何预防性努力 (自我保险) 水平 x 下, 如果 $-\frac{1}{1+\delta}pl'(x) \leqslant 1$ 且 $w_0 - x \geqslant w - \frac{l(x)}{2}$, 则 $x_B^* \geqslant x_A^*$。

证明 类似地, 将 $\phi(x) = a + bx + cx^2, \phi'(x) = b + 2cx$, 以及个体 A 的最优预防性努力支出 x_A^*, 分别代入个体 B 的一阶条件可得:

$$
\begin{aligned}
V'(x_A^*) &= -b - 2c(w_0 - x_A^*) \\
&\quad + \frac{1}{1+\delta}[pl'(x_A^*)(-b - 2cw + cl(x_A^*)) + cpl(x_A^*)l'(x_A^*)] \\
&\geqslant -b - 2c(w_0 - x_A^*) + \frac{1}{1+\delta}pl'(x_A^*)\left(-b - 2c\left(w - \frac{l(x_A^*)}{2}\right)\right) \\
&\geqslant (-b - 2c(w_0 - x_A^*))\left[1 + \frac{1}{1+\delta}pl'(x_A^*)\right].
\end{aligned}
$$

在任何预防性努力水平 x 下, 注意到在上述不等式中, 第一个不等式成立是因为: $c \leqslant 0, l'(e) \leqslant 0$, 从而有 $cpl(x)l'(x) \geqslant 0$; 要使第二个不等式成立, 需要附加条件: $-b - 2c(w_0 - x) \geqslant -b - 2c\left(w - \frac{l(x)}{2}\right)$, 即 $w_0 - x \geqslant w - \frac{l(x)}{2}$。在 $c < 0$ 和 $b + 2cx \leqslant 0$ 的条件下, $-b - 2c(w_0 - x) \geqslant 0$。因此, 对任何预防性努力水平 x, 只要 $1 + \frac{1}{1+\delta}pl'(x) \geqslant 0$, 即 $-\frac{1}{1+\delta}pl'(x) \leqslant 1$, 就有 $V'(x_A^*) \geqslant 0$, 而 $V'(x_B^*) = 0$, 于是有 $x_B^* \geqslant x_A^*$。证毕。

第五节　随机收入下的风险厌恶强度的比较静态分析

假设个体将面临一个只有两期的经济决策环境, 在这里将这两期视作现在和将来。假设个体现在的财富为确定变量 w_0 且 $w_0 > 0$, 而其将来的财富或收入为随机变量。具体地, 个体将以概率 p 获得随机收入 $\tilde{x}$(一个相对坏的结果), 而以概率 $1 - p$ 获得随机收入 $\tilde{y}$(一个相对好的结果), 其中 $\tilde{y}$ 一阶随机占优 $\tilde{x}$。为了争取将来能够以较大的可能性获得较好的收入, 个体现在可以投资或实施预防性努力活动 $e, 0 \leqslant e < 1$, 使得个体以概率 $p(e)$ 获得随机收入 $\tilde{x}$, 而以概率 $1 - p(e)$ 获得随机收入 $\tilde{y}$, 其中 $p(e)$ 满足: $p'(e) \leqslant 0$ 且 $0 \leqslant p(e) \leqslant p, 0 \leqslant e < 1$。用 $c(e)$ 表示严格递增且凸的成本函数, 因此假设: $c(0) = 0, c'(e) > 0$。

若我们用 $W(e)$ 表示个体将来的财富均值, 则有 $W(e) = p(e)E\tilde{x} + (1 - p(e))E\tilde{y}$, $W'(e) = p'(e)(E\tilde{x} - E\tilde{y}) \geqslant 0$, 而 $W'(e)$ 的经济学解释为: 个体现在额外投资 1 单位的预防性努力活动, 个体将来的财富均值增加了多少。此外, 由 $W'(e)$ 总是非负, 意味着个体现在投资预防性努力活动, 总会增加其将来的财富均值。因此, 追求两期期望效用最大化的个体, 总是乐意投资预防性努力活动, 即 $e > 0$。

设个体的效用函数在两期可分离且完全相同, 且 $u'(x) > 0, u''(x) < 0, x \in I$; 将来效用的贴现率为 δ 且 $\delta > 0$(可参考指数贴现形式), 则个体 A 的跨期的期望效用最大化问题为:

$$\max_e \overline{U}(e) = u(w_0 - c(e)) + \frac{1}{1+\delta}[p(e)Eu(\tilde{x}) + (1 - p(x))Eu(\tilde{y})],$$

一阶条件为:

$$\overline{U}'(e) = -u'(w_0 - c(e))c'(e) + \frac{1}{1+\delta}[p'(e)(Eu(\tilde{x}) - Eu(\tilde{y}))] = 0. \quad (10.5.1)$$

一阶条件 (10.5.1) 意味着个体的最优的预防性努力决策需要在现在和将来之间找到一种平衡, 即降低现在消费的边际成本应该等于将来增加的边际收益的现值, 其中 $u'(w_0 - c(e))c'(e)$ 表示: 现在额外投资的 1 个单位的预防性努力所降低的边际效用, 即边际成本; 而 $\frac{1}{1+\delta}[p'(e)(Eu(\tilde{x}) - Eu(\tilde{y}))]$ 表示: 现在额外投资的 1 单位的预防性努力将来所增加的边际期望效用的现值, 即边际收益。

在接下来的部分, 我们考虑个体间的风险厌恶程度与其相应的比较静态结果。假设个体 B 的跨期期望效用最大化问题为:

$$\max_e \overline{V}(e) = v(w_0 - c(e)) + \frac{1}{1+\delta}[p(e)Ev(\tilde{x}) + (1 - p(e))Ev(\tilde{y})],$$

一阶条件为:

$$\overline{V}'(e) = -v'(w_0 - c(e))c'(e) + \frac{1}{1+\delta}[p'(e)(Ev(\tilde{x}) - Ev(\tilde{y}))] = 0.$$

假设个体 A 和个体 B 在预防性努力投资活动上的最优支出分别为 e_A^* 和 e_B^*。若个体 A 相比于个体 B 是 Ross 更加风险厌恶的, 从而根据定义可知, 存在函数 $\lambda > 0, \phi(x)$ 且 $\phi'(x) \leqslant 0, \phi''(x) \leqslant 0$, 使得 $u(x) = \lambda v(x) + \phi(x)$, 从而有 $u'(x) = \lambda v'(x) + \phi'(x)$, 由于 $\overline{V}'(e_B^*) = 0$, 将个体 B 的最优预防性努力水平代入个体 A 的一阶条件 (10.5.1) 可得:

$$\overline{U}'(e_B^*) = -u'(w_0 - c(e_B^*))c'(e_B^*) + \frac{1}{1+\delta}[p'(e_B^*)(Eu(\tilde{x}) - Eu(\tilde{y}))]$$

$$= \lambda\overline{V}'(e_B^*) - \phi'(w_0 - c(e_B^*))c'(e_B^*) + \frac{1}{1+\delta}[p'(e_B^*)(E\phi(\tilde{x}) - E\phi(\tilde{y}))]$$

$$= -\phi'(w_0 - c(e_B^*))c'(e_B^*) + \frac{1}{1+\delta}[p'(e_B^*)(E\phi(\tilde{x}) - E\phi(\tilde{y}))]. \quad (10.5.2)$$

由于 $p'(x) \leqslant 0, \phi'(x) \leqslant 0, c'(x) \geqslant 0$, 而随机变量 $\tilde{y}$ 一阶随机占优随机变量 $\tilde{x}$, 从而有 $E\phi(\tilde{x}) \geqslant E\phi(\tilde{y})$, 故等式 (10.5.2) 的符号无法确定。由此可见, 在 Ross 更加风险厌恶的刻画下, 我们无法获得与个体风险厌恶程度相一致的比较静态结果。为了解决这种不一致, 通过引入更强的风险厌恶的刻画, 我们获得了以下的一些命题。

个体 A 比个体 B 是 Ross 更加风险厌恶的当且仅当存在 $k > 0$ 和 $\phi(x)$, 并且 $\phi'(x) < 0, \phi''(x) < 0$, 使得 $u(x) = kv(x) + \phi(x)$, 对所有的 $x \geqslant 0$。于是, 基于线性约束的 Ross 更加风险厌恶的概念, 对于个体在预防性努力活动上的投资支出, 我们获得了如下的命题 [18]。

命题 10.5.1 设随机变量 $\tilde{y}$ 一阶随机占优随机变量 $\tilde{x}$。假设个体 A 相比于个体 B 是线性约束的 Ross 更加风险厌恶的, 在任何预防性努力水平 e 下, 如果 $-\frac{1}{1+\delta}[p'(e)(E\tilde{y} - E\tilde{x})] \leqslant c'(e)$, 则 $e_A^* \geqslant e_B^*$。

证明 若个体 A 相比于个体 B 是线性约束的 Ross 更加风险厌恶的, 则存在 $k > 0$ 和某种线性形式的函数 $a + bx$, 使得 $u(x) = kv(x) + a + bx$, 其

中 $b \leqslant 0$。将 $\phi(x) = a + bx, \phi'(x) = b$ 以及个体 B 的最优预防性努力水平 e_B^* 代入个体 A 的一阶条件 (10.5.2) 可得:

$$\overline{U}'(x_B^*) = -bc'(e_B^*) + \frac{1}{1+\delta}[p'(e_B^*)(a + bE\tilde{x} - a - bE\tilde{y})]$$

$$= -b[c'(e_B^*) + \frac{1}{1+\delta}p'(e_B^*)(E\tilde{y} - E\tilde{x})].$$

由于 $-b \geqslant 0$, 因此在任何预防性努力水平 e 下, 只要 $c'(e) + \frac{1}{1+\delta}[p'(e)(E\tilde{y} - E\tilde{x})] \geqslant 0$, 即 $-\frac{1}{1+\delta}[p'(e)(E\tilde{y} - E\tilde{x})] \leqslant c'(e)$, 就有 $\overline{U}'(e_B^*) \geqslant 0$, 而 $\overline{U}'(e_A^*) = 0$, 于是有 $e_A^* \geqslant e_B^*$。证毕。

不等式 $-\frac{1}{1+\delta}[p'(e)(E\tilde{y} - E\tilde{x})] \leqslant c'(e)$ 的经济学解释为: 现在额外的 1 单位预防性努力投资致使将来的财富均值增加额的现值不超过额外的 1 单位预防性努力的边际成本。因此, 该命题意味着: 如果现在额外的 1 单位的预防性努力投资致使将来的财富均值增加额的现值不超过额外的 1 单位预防性努力的边际成本, 那么一个线性约束的 Ross 更加风险厌恶的个体总是投资更多的预防性努力。

当个体随机的财富水平 $\tilde{x}$ 和 $\tilde{y}$ 退化为确定的财富时, 即 $\tilde{x} = w - l, \tilde{y} = w$, 此时依然有 w 一阶随机占优 $w - l$, 命题的条件 $-\frac{1}{1+\delta}[p'(e)(E\tilde{y} - E\tilde{x})] \leqslant c'(e)$ 简化为 $-\frac{1}{1+\delta}lp'(e) \leqslant c'(e)$, 此时预防性努力为自我保护。故该命题意味着: 如果现在额外的 1 单位的自我保护投资致使将来的财富均值增加额的现值不超过额外的 1 单位自我保护的边际成本, 那么一个线性约束的 Ross 更加风险厌恶的个体总是投资更多的自我保护活动。

为了解决个体的投资决策与其风险偏好不一致问题, 我们基于二次函数约束的 Ross 更加风险厌恶的刻画, 重新研究了个体的预防性努力决策模型, 获得了如下的命题 [18]。

命题 10.5.2 设随机变量 $\tilde{y}$ 一阶随机占优随机变量 $\tilde{x}$。假设个体 A 相比于个体 B 是二次函数约束的 Ross 更加风险厌恶的, 在任何预防性努力水平 e 下, 如果 $p(0) \leqslant 1/2, D\tilde{x} \geqslant D\tilde{y}, -\frac{1}{1+\delta}p'(e)(E\tilde{y} - E\tilde{x}) \leqslant c'(e)$ 且 $w_0 - c(e) \geqslant \frac{E\tilde{x} + E\tilde{y}}{2}$, 则 $e_A^* \geqslant e_B^*$。

证明 如果个体 A 相比于个体 B 是二次函数约束的 Ross 更加风险厌恶

的, 则存在 $k > 0$ 和二次多项式函数 $a + bx + cx^2$, 使得 $u(x) = kv(x) + a + bx + cx^2$, 其中 $b + 2cx \leqslant 0, c \leqslant 0$。因而将 $\phi(x) = a + bx + cx^2, \phi'(x) = b + 2cx$ 以及个体 B 的最优预防性努力水平 x_B^* 代入个体 A 的一阶条件 (10.5.2) 可得:

$$\overline{U}'(e_B^*) = -\phi'(w_0 - c(e_B^*))c'(e_B^*) + \frac{1}{1+\delta}p'(e_B^*)(E\phi(\tilde{x}) - E\phi(\tilde{y}))$$

$$= -\phi'(w_0 - c(e_B^*))c'(e_B^*) + \frac{1}{1+\delta}p'(e_B^*)[b(E\tilde{x} - E\tilde{y}) + c(E\tilde{x}^2 - E\tilde{y}^2)]$$

$$= -\phi'(w_0 - c(e_B^*))c'(e_B^*) + \frac{1}{1+\delta}p'(e_B^*)[(E\tilde{x} - E\tilde{y})(b + c(E\tilde{x} + E\tilde{y}))$$

$$+ c(D\tilde{x} - D\tilde{y})]$$

$$\geqslant [-b - 2c(w_0 - c(e_B^*))]c'(e_B^*)$$

$$+ \frac{1}{1+\delta}p'(e_B^*)(E\tilde{x} - E\tilde{y})(b + c(E\tilde{x} + E\tilde{y}))$$

$$= [-b - 2c(w_0 - c(e_B^*))][c'(e_B^*)$$

$$+ \frac{1}{1+\delta}\frac{-b - 2c\dfrac{E\tilde{x} + E\tilde{y}}{2}}{-b - 2c(w_0 - c(e_B^*))}p'(e_B^*)(E\tilde{y} - E\tilde{x})]$$

$$\geqslant [-b - 2c(w_0 - c(e_B^*))]\left[c'(e_B^*) + \frac{1}{1+\delta}p'(e_B^*)(E\tilde{y} - E\tilde{x})\right]. \quad (10.5.3)$$

在任何预防性努力水平 e 下, 注意到在上述不等式 (10.5.3) 中, 第一个不等式成立是因为: 在 $c \leqslant 0, p'(e) \leqslant 0, D\tilde{x} \geqslant D\tilde{y}$ 的假设下, 有 $cp'(e)(D\tilde{x} - D\tilde{y}) \geqslant 0$; 要使第二个不等式成立, 需要附加条件: $-b - 2c(w_0 - c(e)) \geqslant -b - 2c\left(\dfrac{E\tilde{x} + E\tilde{y}}{2}\right)$, 即 $w_0 - c(e) \geqslant \dfrac{E\tilde{x} + E\tilde{y}}{2}$。在 $c < 0$ 和 $b + 2cx \leqslant 0$ 的条件下, $-b - 2c(w_0 - c(e)) \geqslant 0$。因此, 对任何预防性努力水平 e, 只要 $c'(e) + \dfrac{1}{1+\delta}p'(e)(E\tilde{y} - E\tilde{x}) \geqslant 0$, 即 $-\dfrac{1}{1+\delta}p'(e)(E\tilde{y} - E\tilde{x}) \leqslant c'(e)$, 就有 $\overline{U}'(e_B^*) \geqslant 0$, 而 $\overline{U}'(e_A^*) = 0$, 于是有 $e_A^* \geqslant e_B^*$。证毕。

若个体现在投资 e 个单位的预防性努力活动, 其将来的财富均值为 $W(e) = p(e)E\tilde{y} + (1 - p(e))E\tilde{x}$。为了便于给不等式 $w_0 - c(e) \geqslant \dfrac{E\tilde{x} + E\tilde{y}}{2}$ 提供一个合理的经济学解释, 我们不妨假设初始概率 $p = p(0) \leqslant 1/2$, 从而有 $p(e) \leqslant$

$p(0) \leqslant 1/2$, 于是有 $W(e) \geqslant \dfrac{E\tilde{x} + E\tilde{y}}{2}$, 故不等式 $w_0 - c(e) \geqslant \dfrac{E\tilde{x} + E\tilde{y}}{2}$ 则要求个体现在的消费水平不小于其将来的最小财富均值。该命题表明：在初始概率不超过 $1/2$, $D\tilde{x} \geqslant D\tilde{y}$, 且个体现在的消费水平至少不小于其将来的最低财富均值的条件下，如果现在额外的 1 单位预防性努力投资致使将来的财富均值增加额的现值不超过额外 1 单位预防性努力的边际成本，那么一个二次函数约束的 Ross 更加风险厌恶的个体总是投资更多的预防性努力 [18]。

当个体的随机收入 $\tilde{x}$ 和 $\tilde{y}$ 退化为确定的收入时，即 $\tilde{x} = w-l, \tilde{y} = w$, 此时依然有 w 一阶随机占优 $w - l$, 该命题的条件 $-\dfrac{1}{1+\delta}[p'(e)(E\tilde{y} - E\tilde{x})] \leqslant c'(e)$ 退化为 $-\dfrac{1}{1+\delta} l p'(e) \leqslant c'(e)$, 此时预防性努力为自我保护。故该命题意味着：$p \leqslant 1/2$ 且 $w_0 - c(e) \geqslant w - 1/2l$, 若现在额外投资的 1 单位自我保护致使其将来的财富均值增加额的现值不超过额外 1 单位自我保护的边际成本，则一个二次函数约束的 Ross 更加风险厌恶的个体总是投资更多的自我保护活动。

若随机收入 $\tilde{y}$ 二阶随机占优随机收入 $\tilde{x}$, 则有 $E\tilde{y} \geqslant E\tilde{x}$ 且 $D\tilde{x} \geqslant D\tilde{y}$, 从而命题中对随机收入方差的条件自然成立，在命题中可略去。因此，若随机收入 $\tilde{y}$ 二阶随机占优随机收入 $\tilde{x}$, 在相同的充分条件下，命题仍然成立。

在命题的证明过程中，这里只用到了随机收入的期望和方差。因此，本处刻画随机收入的随机占优的条件可进一步弱化为：假设个体随机的财富或收入为 $\tilde{x}$ 和 $\tilde{y}$, 其中 $E\tilde{y} \geqslant E\tilde{x}$ 且 $D\tilde{x} \geqslant D\tilde{y}$。在相应的充分条件下，这里的命题仍然成立。

第六节　本章小结

在风险管理的研究领域，对风险的事先预防是一种非常有效的管理风险的工具。尽管众多文献从不同的角度对预防性努力进行了研究，但本质上却没有实质性的突破，都只是局限于现 (单) 期的经济决策框架，即个体实施的预防性努力与其对损失的影响基本上都是同期发生。然而，在许多经济决策问题中，这种现期的决策模型的确有其独特的意义，但却存在这样的问题：长时间的间隔可能会消逝了预防性努力对不利事件发生的影响。具体而言，由于个体投资的预防性努力发生在现在而其效应或者影响却发生在将来，因此追求现在和将来总效用最大化的个体，其现在的最优决策将受到跨期效应的影响。

在跨期的预防性努力决策模型中, 以风险中性者的最优决策为基准, 在损失的初始概率以 1/2 为门限值的条件下, 本章研究了风险厌恶以及风险 (不) 谨慎的个体相对于风险中性者的最优决策的比较静态结果。如果现在额外的 1 单位财富的预防性努力投资致使将来的财富均值增加额的现值不超过 1 单位财富, 那么一个线性约束的 Ross 更加风险厌恶的个体总是投资更多的预防性努力 (自我保险兼保护活动, 自我保险, 自我保护)。在损失发生的初始概率不超过 1/2 且个体现在的消费水平至少不小于其将来的最低财富均值的条件下, 如果现在额外的 1 单位财富的预防性努力投资致使将来的财富均值增加额的现值不超过 1 单位财富, 那么一个二次函数约束的 Ross 更加风险厌恶的个体总是投资更多的预防性努力。

参 考 文 献

[1] Ehrlich, I., G., Becker, Market, Insurance, self-insurance, and self-protection, Journal of Political Economy, 1972, 80(4): 623-648.

[2] Menegatti, M., Optimal prevention and prudence in a two-period model, Mathematical Social Sciences, 2009, 58(3): 393-397.

[3] 田国强, 田有功, 不确定性下的高阶风险厌恶理论、实验及其应用, 学术月刊, 2017, 49(8): 68-79.

[4] Dachraoui, K., G., Dionne, L., Eeckhoudt, P., Godfroid, Comparative mixed risk aversion: definition and application to self-protection and willingness to pay, Journal of Risk and Uncertainty, 2004, 29(3): 261-276.

[5] Pratt, J., Risk aversion in the small and in the large, Econometrica, 1964, 32(12): 122-136.

[6] Eeckhoudt, L., R., Huang, L., Tzeng, Precautionary effort: A new look, Journal of Risk and Insurance, 2012, 79(2): 585-590.

[7] Wang J., J., Li, Precautionary effort: Another trait for prudence, Journal of Risk and Insurance, 2015, 82(4): 977-983.

[8] Liu L., A., Rettenmaier, T., Saving,Conditional payments and self-protection, Journal of Risk and Uncertainty, 2009, 38(2): 159-172.

[9] Lee, K., Background risk and self-protection, Economics Letters, 2012, 114(3): 262-264.

[10] Peter, R., Optimal self-protection in two periods: On the role of endogenous saving, Journal of Economic Behavior and Organization, 2017, 137: 19-36.

[11] Eeckhoudt, L., C., Gollier, The impact of prudence on optimal prevention, Economic Theory, 2005, 26(4): 989-994.

[12] Hofmann, A., R., Peter, Self-insurance, self-protection, and saving: on consumption smoothing and risk management, Journal of Risk and Insurance, 2016, 83(3): 719-734.

[13] Dionne, G., L., Eeckhoudt, Self-Insurance, self-protection and increased risk aversion, Economic Letters, 1985, 17(1-2): 39-42.

[14] Arrow, K., 1965, Yrjǒ jahnsson lecture notes, Helsinki: yrjǒ jahnsson foundation, reprinted in: Arrow, K., 1971, Essays in the theory of risk bearing, Markum publishing company.

[15] Ross, S., Some stronger measures of risk aversion in the small and in the large with applications, Econometrica, 1981, 49(3): 621-638.

[16] Eeckhoudt, L., L., Liu, J., Meyer, Restricted increases in risk aversion and their application, 2017, 64(1): 161-181.

[17] 田有功, 柳江, 跨期的预防性努力投资决策研究–基于约束的 Ross 更加风险厌恶的刻画, 应用数学学报, 2021, 44(2): 689-697.

[18] 田有功, 随机收入下的预防性努力投资决策研究, 应用数学学报, 2022, 录用待发表.

第十一章 高阶交叉风险厌恶理论简介

在经济决策问题的早期研究中, 绝大多数模型仅仅将财富作为唯一且最重要的属性 (外生变量)。然而, 研究者逐渐认识到, 人们做出的决策总是多个属性共同作用的结果, 例如时间, 健康, 利率, 福利, 等等。通常, 人们的决策总是多重因素共同作用的结果, 在这些因素中间, 有的是确定的, 有的是有风险的。例如, 不管是私人还是公共的健康保险, 虽然个体通过购买医疗保险保证了患重大疾病时的治疗费用, 但保费支出却降低了个体的财富水平。在经典的跨期消费模型中, 个体的消费偏好往往依赖于其一生的消费路径, 在相继的时间间隔上, 个体总是面临着在消费水平和收入风险之间权衡取舍 [1]。自艾斯纳和斯特罗茨 [2](Eisner & Strotz) 首次将二元效用函数的混合偏导数纳入航空保险需求的分析中以来, 大量的文献都屡次证明了二元效用函数的混合偏导数的符号在风险决策分析中具有至关重要的作用。尤其, 在一些风险决策问题中, 二元效用函数的某些混合偏导数的符号构成了一些比较静态结果的充分条件或者必要条件。

在劳动经济学的研究领域里, 伊顿和罗森 [3](Eaton & Rosen) 和特雷斯勒和梅内塞斯 [4](Tressler & Menezes) 讨论了不确定性工资和税收对劳动供给的影响, 并且说明了所获得的比较静态结果完全依赖于二元效用函数的三阶混合偏导数的符号。同样类似的结论在卫生经济学中依然成立, 在对医疗服务需求问题的分析中, 达赫劳伊和瓦格斯塔夫 [5](Dardanoni & Wagstaff) 凭借关于消费和健康状态的二元效用函数, 证明了医疗服务的需求完全依赖于效用函数的二阶和三阶的混合偏导数的符号。布莱克罗特等 [6](Bleichrodt et al.) 分析了疾病对医疗决策的影响, 并且证明了效用函数的四阶混合偏导数的符号在最优的决策分析中起了很重要的作用。

虽然爱泼斯坦和坦尼 [7](Epstein & Tanny) 正式引入了刻画二元风险偏好的术语——关联厌恶 (correlation aversion), 但其思想最早可追溯到理查

德 [8] (Richard) 的研究, 并且在某种意义上来说, 理查德最先将一元风险厌恶的概念推广到二元风险厌恶的情形。基于普拉特 [9] 和阿罗 [10] 对一元风险偏好的分析框架 (相应的效用函数为一元函数), 施蒂格利茨 [11](Stiglitz) 最先研究了二元风险厌恶的情形 (捕获个体风险偏好的效用函数是二元效用函数)。与上述提到的研究不同的是, 由理查德引入的关联厌恶的概念, 在某种意义上来讲, 真正将一元风险厌恶的概念推广到二元风险厌恶的情形。特别是, 埃克豪特等 [12](Eeckhoudt et al.) 提出了交叉 (混合) 谨慎和交叉 (混合) 节制等高阶交叉风险厌恶的概念, 并对二元效用函数的混合偏导数的符号提供了直观的经济学解释, 使得高阶交叉风险厌恶理论在近期获得了快速发展。本章主要基于非期望效用的方法, 即个体对特殊彩票对的偏好关系, 简明扼要地介绍高阶交叉 (混合) 风险厌恶的概念以及在经济学上的直观解释, 有关理论的具体应用读者可查阅本章涉及的相关文献 [13]。

第一节 高阶交叉风险厌恶

在对多元的高阶交叉的风险态度的理论研究中, 因受到埃克豪特和施莱辛格 [14](Schlesinger) 分析框架的启发, 埃克豪特等 [12,15] 同样基于个体对二元彩票对的偏好行为, 定义并刻画了二元的高阶交叉风险态度: 关联厌恶、交叉谨慎 (cross-prudence) 以及交叉节制 (cross-temperance) 等高阶交叉风险厌恶, 并为其提供了具体的经济学解释。在二维期望效用分析框架里, 乔昆 [16] 推广了埃克豪特提出的有关相对 "好" 和 "坏" 彩票组合的偏好行为。而德尼和雷伊 [17](Denuit & Rey) 将混合风险偏好行为推广到 n 阶风险增加的情形。

在二元期望效用框架下, 个体的风险偏好偏好关系可用二元效用函数的混合偏导数来刻画。假设 $u(x,y)$ 表示个体的二元效用函数, 用 $u_1(x,y)$ 和 $u_2(x,y)$ 分别表示 $u(x,y)$ 关于 x 和 y 的偏导数; 同样地, $u_{11}(x,y)$ 和 $u_{12}(x,y)$ 分别表示 $u_1(x,y)$ 关于 x 和 y 的偏导数, 即二阶混合偏导数, 依次类推, 我们可以定义更加高阶的混合偏导数。符号 "$\succeq$" 表示个体的风险偏好关系, 记号 "$X \succeq Y$" 意味着: 相对于 Y, 个体更偏好于 X。用记号 $[x;y]$ 来表示机会均等的彩票, 即以 $1/2$ 的概率获得结果 x, 以 $1/2$ 的概率获得结果 y, 其中 x,y 分别称为彩票的结果 (或状态)。

(一) 关联厌恶

设 $(x,y) \in R_+^2$ 表示非负向量, 为了便于理解, 我们可以将 x 解释为财富, y 解释为健康; 假设个体分别关于财富和健康是风险厌恶的, 且都偏好于较高的财富水平和健康水平。设 k 和 c 是任意的正的常数, 相对于彩票 $L_1 = [(x,y);(x-k,y-c)]$, 若个体更偏好于彩票 $L_2 = [(x-k,y);(x,y-c)]$, 则称个体为关联厌恶的。换句话说, 对于给定的 (x,y), 相对于 x,y 都没有损失或者 x,y 都发生损失的机会均等的赌博, 关联厌恶的个体更加偏好于仅仅 x 发生损失或者仅仅 y 发生损失的机会均等的赌博。关联厌恶的个体对彩票对的偏好关系如图 11.1.1 所示。

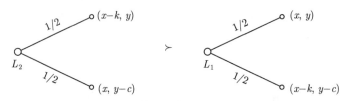

图 11.1.1 关联厌恶的个体对彩票对的偏好关系

对于关联厌恶的个体, 较好的健康状况足以缓解财富的损失或者较多的财富足以弥补健康状况的恶化。因此, 对于关联厌恶的个体, 财富和健康表现出了一种替代关系。具体而言, 给定机会均等的彩票 $[(x,y);(x,y-c)]$, 若要求个体必须在该彩票中舍弃数量为 k 的财富, 个体不得不在彩票的两个状态 (即 (x,y) 和 $(x,y-c)$) 之间抉择, 则关联厌恶的个体更倾向于在健康状况较好的状态 (即 (x,y)) 上舍弃。相反地, 相对于彩票 L_2, 若个体更加偏好于彩票 L_1, 则称个体为关联喜好者。对于关联喜好者而言, 没有了较好的健康状况, 再多的财富也没有意义, 因此财富和健康表现出了一种互补关系 [13]。

(二) 交叉谨慎

假设个体的财富状态 x 受到一个零均值的风险 $\tilde{\varepsilon}_1$ 的冲击, 对任意的 $(x,y) \in R_+^2, y-c > 0$ 且 $x+\tilde{\varepsilon}_1$ 的支撑非负, 相对于彩票 $L_3 = [(x,y);(x+\tilde{\varepsilon}_1,y-c)]$, 若个体更加偏好于彩票 $L_4 = [(x+\tilde{\varepsilon}_1,y);(x,y-c)]$, 则称个体为关于健康是交叉谨慎的, 即对于关于健康是交叉谨慎的个体, 较好的健康状况对冲了零均值的风险 $\tilde{\varepsilon}_1$ 对财富的冲击。换句话说, 给定机会均等的彩票 $[(x,y);(x,y-c)]$, 若个体必须在该彩票的财富状态上接受一个零均值的风险 $\tilde{\varepsilon}_1$ 的冲击, 个体不得不在彩票的两个状态 (即 (x,y) 和 $(x,y-c)$) 之间抉择, 则关于健康是交叉谨慎的个体更倾向于在健康状况较好的状态 (即 (x,y)) 上接受该零均值的风险. 相反地, 相对于彩票 L_4, 若个体更加偏好于彩票 L_3, 则称个体为关于健康是交叉不谨慎的. 关于健康交叉谨慎的个体对彩票对的偏好关系如图 11.1.2 所示.

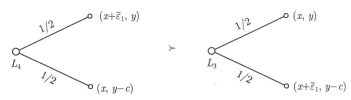

图 11.1.2　关于健康交叉谨慎的个体对彩票对的偏好关系

类似地, 假设个体的健康状态 y 受到一个零均值的风险 $\tilde{\varepsilon}_2$ 的冲击, 对任意的 $(x,y) \in R_+^2, x - k > 0$ 且 $y + \tilde{\varepsilon}_2$ 的支撑非负, 相对于彩票 $L_5 = [(x,y);(x-k,y+\tilde{\varepsilon}_2)]$, 若个体更加偏好于彩票 $L_6 = [(x-k,y);(x,y+\tilde{\varepsilon}_2)]$, 则称个体为关于财富是交叉谨慎的, 即对于关于财富是交叉谨慎的个体, 较好的财富状况对冲了零均值的风险 $\tilde{\varepsilon}_2$ 对健康的冲击. 换句话说, 给定机会均等的彩票 $[(x,y);(x-k,y)]$, 若个体必须在该彩票的健康状态上接受一个零均值的风险 $\tilde{\varepsilon}_2$ 的冲击, 个体不得不在彩票的两个状态 (即 (x,y) 和 $(x-k,y)$) 之间抉择, 则关于财富是交叉谨慎的个体更倾向于在财富状况较好的状态 (即 (x,y)) 上接受该零均值的风险. 相反地, 相对于彩票 L_6, 若个体更加偏好于彩票 L_5, 则称个体为关于财富是交叉不谨慎的. 关于财富交叉谨慎的个体对彩票对的偏好关系如图 11.1.3 所示.

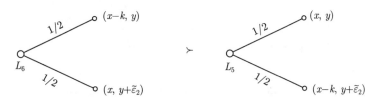

图 11.1.3　关于财富交叉谨慎的个体对彩票对的偏好关系

(三)　交叉节制

假设个体的财富状态 x 受到一个零均值的风险 $\tilde{\varepsilon}_1$ 的冲击; 个体的健康状态 y 受到一个零均值的风险 $\tilde{\varepsilon}_2$ 的冲击, 且 $\tilde{\varepsilon}_1$ 和 $\tilde{\varepsilon}_2$ 相互独立. 对任意

的 $(x,y) \in R_+^2$, $x+\tilde{\varepsilon}_1$ 和 $y+\tilde{\varepsilon}_2$ 的支撑均非负, 相对于彩票 $L_7 = [(x,y);(x+\tilde{\varepsilon}_1, y+\tilde{\varepsilon}_2)]$, 若个体更加偏好于彩票 $L_8 = [(x+\tilde{\varepsilon}_1, y);(x, y+\tilde{\varepsilon}_2)]$, 则称个体为交叉节制的. 换句话说, 给定机会均等的彩票 $[(x+\tilde{\varepsilon}_1, y);(x,y)]$, 若个体必须在该彩票的健康状态上接受一个零均值的风险 $\tilde{\varepsilon}_2$ 的冲击, 个体不得不在彩票的两个状态 (即 $(x+\tilde{\varepsilon}_1, y)$ 和 (x,y)) 之间抉择, 则交叉节制的个体更倾向于在财富状况较好的状态 (即 (x,y)) 上接受该零均值的风险. 相反地, 相对于彩票 L_8, 若个体更加偏好于彩票 L_7, 则称个体为交叉不节制的. 交叉节制的个体对彩票对的偏好关系如图 11.1.4 所示.

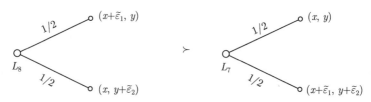

图 11.1.4　交叉节制的个体对彩票对的偏好关系

(四)　(N, M) 阶交叉风险厌恶

为了获得高阶交叉风险厌恶的二元彩票刻画, 我们需要首先回顾一下, 基于彩票对的偏好关系对个体高阶风险厌恶的彩票刻画方法. 为此, 令 $B_1 = B_2 = [0], A_1 = \{-k\}, A_2 = [\tilde{\varepsilon}_1]$. 通过对这几个彩票不断迭代, 我们获得了成对的彩票对: $N \geqslant 3, k > 0$, 有:

$$A_N = [B_{N-2}, \tilde{\varepsilon}_{Int(N/2)} + A_{N-2}], \ B_N = [A_{N-2}, \tilde{\varepsilon}_{Int(N/2)} + B_{N-2}],$$

其中, $Int(N/2)$ 是取整函数, 即 $Int(N/2)$ 表示不超过 $N/2$ 的最大整数; $E\tilde{\varepsilon}_i = 0$ 且所有的 $\tilde{\varepsilon}_i$ 相互独立; 彩票的每一个结果都是等可能的. 给定上述彩票对 A_N, B_N, 如果个体认为彩票 B_N 优于彩票 A_N, 则称个体是 N 阶风险分摊的或 N 阶风险厌恶的.

风险分摊意味着个体偏好于在其不同状态上分解风险或损失. 类似于各阶风险分摊对风险态度的刻画, 在二元分析框架下, 基于风险分摊的思想, 我们同样可以引入有关交叉风险厌恶的彩票对刻画. 具体而言, 相对于彩票 $L_{2N} = [(x+B_N, y+B_M);(x+A_N, y+A_M)]$, 若个体更偏好于彩票 $L_{2N-1} = [(x+B_N, y+A_M);(x+A_N, y+B_M)]$, 则称个体是 (N, M) 阶风险分摊的或 (N, M) 阶交叉风险厌恶的. 同样地, 基于个体对上述彩票对的偏好关系刻画的个体的交叉风险态度, 等价于个体二元效用函数的相应的混合偏导数的符号。(N, M) 阶交叉风险厌恶的个体对彩票对的偏好关系如图 11.1.5 所示。

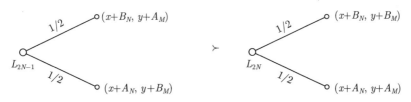

图 11.1.5　(N, M) 阶交叉风险厌恶的个体对彩票对的偏好关系

第二节　彩票偏好与二元期望效用等价刻画

在这部分, 我们旨在揭示基于个体对特定彩票对的偏好关系, 以此刻画的交叉风险态度, 与个体的二元效用函数的各阶混合偏导数符号之间的联系。设个体的二元效用函数为 $u(x, y)$, $\partial u(x, y)/\partial x$ 和 $\partial u(x, y)/\partial y$ 分别表示 $u(x, y)$ 关于 x 和 y 的偏导数, $\partial^2 u(x, y)/\partial x \partial y$ 表示 $u(x, y)$ 关于 x 和 y 的混合偏导数, 记为:

$$u_1(x, y) = \partial u(x, y)/\partial x, u_2(x, y) = \partial u(x, y)/\partial y, u_{12}(x, y) = \partial^2 u(x, y)/\partial x \partial y,$$

$$u_{112}(x, y) = \partial^3 u(x, y)/\partial x^2 \partial y, u_{122}(x, y) = \partial^3 u(x, y)/\partial x \partial y^2,$$

$$u_{1122}(x, y) = \partial^4 u(x, y)/\partial x^2 \partial y^2.$$

(一)　关联厌恶、交叉谨慎与交叉节制

如果我们固定健康水平 y, 通过应用埃克豪特和施莱辛格的分析框架, $u_{111} > 0$ 和 $u_{1111} < 0$ 分别被解释为关于财富是交叉谨慎的和交叉节制的; 同样地, $u_{222} > 0$ 和 $u_{2222} < 0$ 分别被解释为关于健康是交叉谨慎的和交叉节制的。更一般地, 对任意的 x, y, 个体是关联厌恶的当且仅当 $u_{12} \leqslant 0$; 个体关于健康是交叉谨慎的当且仅当 $u_{112} \geqslant 0$; 个体关于财富是交叉谨慎的当且仅当 $u_{122} \geqslant 0$; 个体是交叉节制的当且仅当 $u_{1122} \leqslant 0$。

命题 11.2.1　对任意的 x, y,

(1) 个体是关联厌恶的当且仅当 $u_{12}(x, y) \leqslant 0$;

(2) 个体关于 y 是交叉谨慎的当且仅当 $u_{112}(x, y) \geqslant 0$;

(3) 个体关于 x 是交叉谨慎的当且仅当 $u_{122}(x,y) \geqslant 0$;

(4) 个体是交叉节制的当且仅当 $u_{1122}(x,y) \leqslant 0$。

证明　(1) 对任意的 $k > 0, c > 0$, 有:

$$u_{12}(x,y) \leqslant 0 \Longleftrightarrow u(x,y-c) - u(x-k,y-c) \geqslant u(x,y) - u(x-k,y)$$

$$\Longleftrightarrow 1/2u(x,y-c) + 1/2u(x-k,y)$$

$$\geqslant 1/2u(x,y) + 1/2u(x-k,y-c)$$

$$\Longleftrightarrow L_2 \succeq L_1,$$

其中, $L_1 = [(x,y); (x-k,y-c)], L_2 = [(x-k,y); (x,y-c)]$。

(2) 设 $\tilde{\varepsilon}_1$ 为零均值风险, 若令:

$$v(x,y) = u(x,y) - Eu(x + \tilde{\varepsilon}_1, y),$$

则 $v(x,y)$ 量化了个体在状态 x 上承受了风险 $\tilde{\varepsilon}_1$ 的效用损失。在个体是风险厌恶的假设下, 可得 $v(x,y) > 0$, 这是因为有 $u_{11}(x,y) < 0$。对 $v(x,y)$ 关于 y 求偏导数可得:

$$v_2(x,y) = u_2(x,y) - Eu_2(x + \tilde{\varepsilon}_1, y).$$

由詹森不等式可知, 对任意的 x, y, $v_2(x,y) \leqslant 0$ 当且仅当 $u_2(x,y)$ 关于 x 是凸函数。于是有:

$$u_{112}(x,y) \geqslant 0 \Longleftrightarrow v_2(x,y) \leqslant 0$$

$$\Longleftrightarrow u(x,y) - Eu(x + \tilde{\varepsilon}_1, y) \leqslant u(x,y-c) - Eu(x + \tilde{\varepsilon}_1, y-c)$$

$$\Longleftrightarrow 1/2u(x,y) + 1/2Eu(x + \tilde{\varepsilon}_1, y-c)$$

$$\leqslant 1/2u(x,y-c) + 1/2Eu(x + \tilde{\varepsilon}_1, y)$$

$$\Longleftrightarrow L_4 \succeq L_3,$$

其中, $L_3 = [(x,y); (x + \tilde{\varepsilon}_1, y-c)], L_4 = [(x + \tilde{\varepsilon}_1, y); (x,y-c)]$。

(3) 类似于 (2) 的证明, 设 $\tilde{\varepsilon}_2$ 为零均值风险。令:

$$w(x,y) = u(x,y) - Eu(x, y + \tilde{\varepsilon}_2),$$

从而:

$$w_1(x,y) = u_1(x,y) - Eu_1(x, y + \tilde{\varepsilon}_2),$$

由此可得:

$$u_{122}(x,y) \geqslant 0 \Longleftrightarrow w_1(x,y) \leqslant 0$$

$$\Longleftrightarrow u(x,y) - Eu(x, y + \tilde{\varepsilon}_2) \leqslant u(x-k, y) - Eu(x-k, y + \tilde{\varepsilon}_2)$$

$$\Longleftrightarrow 1/2u(x,y) + 1/2Eu(x-k, y + \tilde{\varepsilon}_2)$$

$$\leqslant 1/2u(x-k, y) + 1/2Eu(x, y + \tilde{\varepsilon}_2)$$

$$\Longleftrightarrow L_6 \succeq L_5,$$

其中, $L_5 = [(x,y); (x-k, y + \tilde{\varepsilon}_2)], L_6 = [(x-k, y); (x, y + \tilde{\varepsilon}_2)]$。

(4) 继续对 (2) 中的 $v_2(x,y)$ 两边关于 y 求偏导数可得:

$$v_{22}(x,y) = u_{22}(x,y) - Eu_{22}(x + \tilde{\varepsilon}_1, y),$$

由詹森不等式可知, 对任意的 (x,y), $v(x,y)$ 关于 y 是凸函数, 即 $v_{22}(x,y) \geqslant 0$ 当且仅当 $u_{22}(x,y)$ 关于 x 是凹函数当且仅当 $u_{1122}(x,y) \leqslant 0$。假设零均值风险 $\tilde{\varepsilon}_1$ 和 $\tilde{\varepsilon}_2$ 相互独立, 则对任意的 (x,y) 有:

$$v(x,y) - Ev(x, y + \tilde{\varepsilon}_2) \leqslant 0$$

当且仅当 $v(x,y)$ 关于 y 是凸函数, 从而有:

$$u_{1122}(x,y) \leqslant 0 \Longleftrightarrow v(x,y) - Ev(x, y + \tilde{\varepsilon}_2) \leqslant 0$$

$$\Longleftrightarrow v(x,y) = u(x,y) - Eu(x + \tilde{\varepsilon}_1, y)$$

$$\leqslant Eu(x, y + \tilde{\varepsilon}_2) - Eu(x + \tilde{\varepsilon}_1, y + \tilde{\varepsilon}_2)$$

$$\Longleftrightarrow 1/2u(x,y) + 1/2Eu(x + \tilde{\varepsilon}_1, y + \tilde{\varepsilon}_2)$$

$$\leqslant 1/2Eu(x, y + \tilde{\varepsilon}_2) + 1/2Eu(x + \tilde{\varepsilon}_1, y)$$

$$\Longleftrightarrow L_8 \succeq L_7,$$

其中, $L_7 = [(x,y); (x + \tilde{\varepsilon}_1, y + \tilde{\varepsilon}_2)], L_8 = [(x + \tilde{\varepsilon}_1, y); (x, y + \tilde{\varepsilon}_2)]$。

(二) 高阶交叉风险分摊

对任意的 (x,y), 假设二元效用函数 $u(x,y)$ 分别关于变量 x 和 y 均是递增的凹函数。给定一对整数 (N,M), 对任意的 $k_1 = 0,1,\cdots,N; k_2 = 0,1,\cdots,M, k_1+k_2 \geqslant 1$, 假设 $u(x,y)$ 的所有阶偏导数和混合偏导数存在且连续, 记作:

$$u^{(k_1,k_2)}(x,y) = \frac{\partial^{k_1+k_2}u(x,y)}{\partial x^{k_1}\partial y^{k_2}}$$

为 $u(x,y)$ 的 (k_1,k_2) 阶偏导数。

为了揭示个体的二元偏好关系, 首当其冲的任务是建立相应的比较准则, 而准则的建立又离不开满足特定条件的二元函数类构建。为此, 德尼等 [17,18] 引入了 $(N,M)-$ 递增凹函数类, 记作 $\mathscr{U}_{(N,M)-icv}$。

定义 11.2.1 $u \in \mathscr{U}_{(N,M)-icv}$ 当且仅当 $(-1)^{k_1+k_2+1}u^{(k_1,k_2)}(x,y) \geqslant 0$, 对任意的 $k_1 = 0,1,\cdots,N; k_2 = 0,1,\cdots,M, k_1+k_2 \geqslant 1$ 均成立。

由该定义可以看出, 对任意的 $(x,y) \in R$, 有:

$$\mathscr{U}_{(N,M)-icv} = \{u(x,y)|(-1)^{k_1+k_2+1}u^{(k_1,k_2)}(x,y)$$

$$\geqslant 0, k_1 = 0,1,\cdots,N; k_2 = 0,1,\cdots,M, k_1+k_2 \geqslant 1\}.$$

基于该函数类, 德尼等 [18,19] 构建了个体的二元偏好关系的比较准则, 即 (N,M) 阶递增凸随机序占优准则。

定义 11.2.2 设 (X,T) 和 (Y,S) 为一对二元随机向量, 如果对任意的 $u \in \mathscr{U}_{(N,M)-icv}$, 均有:

$$Eu(Y,S) \leqslant Eu(X,T),$$

则称 (X,T) 在 (N,M) 阶递增凸随机序意义下占优 (Y,S), 记作 $(Y,S) \preceq_{(N,M)-icv} (X,T)$。

显然, 根据随机占优的定义可知, 若 (X,T) 在 (N,M) 阶递增凸随机序意义下占优 (Y,S), 则 X 在 N 阶随机占优的意义下占优 Y, 且 T 在 M 阶随机占优的意义下占优 S。若 X,Y,S 和 T 相互独立, 反之也成立。在此比较准则下, 二元彩票的风险偏好关系被纳入研究。

下面的定理表明: 如果"好的"状态 (X,T) 高阶随机占优于"坏的"状态 (Y,S), 在 (N,M) 阶递增凸序准则下, 相对于"好的"状态和"好的"状

态 (X 和 T) 与 "坏的" 状态和 "坏的" 状态 (Y 和 S) 相结合的彩票, 个体更偏好于 "好的" 状态与 "坏的" 状态 (X 与 S 和 Y 与 T) 相结合的彩票。

定理 11.2.1　若 (X,T) 在 (N,M) 阶递增凸随机序意义下占优 (Y,S), 则彩票 $[(X,S);(Y,T)]$ 在 (N,M) 阶递增凸随机序意义下占优彩票 $[(X,T); (Y,S)]$。

证明　由于 X 在 N 阶随机占优的意义下占优 Y, T 在 M 阶随机占优的意义下占优 S。对任意的 $u \in \mathscr{U}_{N,M-icv}$, 彩票 $[(X,S);(Y,T)]$ 在 (N,M) 阶递增凸随机序意义下占优彩票 $[(X,T);(Y,S)]$ 当且仅当:

$$1/2Eu(X,S) + 1/2Eu(Y,T) \geqslant 1/2Eu(X,T) + 1/2Eu(Y,S)$$

$$\Longleftrightarrow Eu(X,S) - Eu(X,T) \geqslant Eu(Y,S) - Eu(Y,T)$$

$$\Longleftrightarrow E\Phi(X) \geqslant E\Phi(Y),$$

其中, $\Phi(x) = Eu(x,S) - Eu(x,T)$ 且 $\Phi \in \mathscr{U}_{(N,0)-icv}$。因此, 在已知条件下, 为了证明彩票 $[(X,S);(Y,T)]$ 在 (N,M) 阶递增凸随机序意义下占优彩票 $[(X,T);(Y,S)]$, 只需证明 $\Phi \in \mathscr{U}_{(N,0)-icv}$ 即可。

假设 n 为介于 1 和 N 之间的正整数, 即 $1 \leqslant n \leqslant N$, 从而:

$$(-1)^{n-1}\Phi^{(n)}(x) = E[(-1)^n u^{(n,0)}(x,T)] - E[(-1)^n u^{(n,0)}(x,S)],$$

由于 $(-1)^n u^{(n,0)} \in \mathscr{U}_{(0,M)-icv}$, 而 T 在 M 阶随机占优的意义下占优 S, 故:

$$(-1)^{n-1}\Phi^{(n)}(x) \geqslant 0, \quad (-1)^{n+m-1}u^{(n,m)}(x,y) = (-1)^{m-1}(-1)^n u^{(n,m)}(x,y) \geqslant 0,$$

对任意的 $m = 1, 2, \cdots, M$, 从而 $\Phi \in \mathscr{U}_{(N,0)-icv}$, 这是因为 X 在 N 阶随机占优的意义下占优 Y, 故 $E\Phi(X) \geqslant E\Phi(Y)$。

为此, 令 $B_1 = B_2 = [0], A_1 = \{-k\}, A_2 = [\tilde{\varepsilon}_1]$。通过对这几个彩票不断迭代, 我们获得了成对的彩票对: $N \geqslant 3, k > 0$, 有: $A_N = [B_{N-2}, \tilde{\varepsilon}_{Int(N/2)} + A_{N-2}]$, $B_N = [A_{N-2}, \tilde{\varepsilon}_{Int(N/2)} + B_{N-2}]$, 其中, $Int(N/2)$ 是取整函数, 即 $Int(N/2)$ 表示不超过 $N/2$ 的最大整数; $E\tilde{\varepsilon}_i = 0$ 且所有的 $\tilde{\varepsilon}_i$ 相互独立; 彩票的每一个结果都是等可能的。给定上述彩票对 A_N, B_N, 如果个体认为彩票 B_N 优于彩票 A_N, 则称个体是 N 阶风险分摊的或 N 阶风险厌恶的。

风险分摊意味着个体偏好于在其不同状态上分解风险或损失。类似于各阶风险分摊对风险态度的刻画, 在二元分析框架下, 基于风险分摊的思想, 我们同样可以引入有关交叉风险厌恶的彩票刻画。具体而言, 相对于彩票 $[(x +$

$B_N, y + B_M); (x + A_N, y + A_M)]$，若个体更偏好于彩票 $[(x + B_N, y + A_M); (x + A_N, y + B_M)]$，则称个体是 (N, M) 阶风险分摊的。同样地，基于个体对上述彩票对的偏好关系刻画的个体的混合风险态度，等价于个体相应的二元效用函数的混合偏导数刻画的符号。

定理 11.2.2 在二元期望效用框架下，个体是 (N, M) 阶风险分摊的，当且仅当 $(-1)^{N+M-1} u^{(N,M)}(x, y) \geqslant 0$，对任意的 (x, y) 均成立。

证明 为了建立这两种刻画之间的联系，设 $X = x + B_N, Y = x + A_N, S = y + A_M, T = y + B_M$，若个体分别是 N 阶风险分摊和 M 阶风险分摊者，则有 $Y \preceq_{N-icv} X$ 且 $S \preceq_{N-icv} T$，则由定理可知：

$$[(X, T); (Y, S)] \preceq_{(N,M)-icv} [(X, S); (Y, T)] \Longleftrightarrow$$

$$[(x + B_N, y + B_M); (x + A_N, y + A_M)]$$

$$\preceq_{(N,M)-icv} [(x + B_N, y + A_M); (x + A_N, y + B_M)]$$

$$1/2 Eu(x + B_N, y + B_M) + 1/2 Eu(x + A_N, y + A_M)$$

$$\leqslant 1/2 Eu(x + B_N, y + A_M) + 1/2 Eu(x + A_N, y + B_M)$$

$$\Longleftrightarrow E\psi(x + B_N) \leqslant E\psi(x + A_N),$$

其中，$\psi(x) = Eu(x, y + B_M) - Eu(x, y + A_M)$。最后一个不等式成立，是因为假设了个体分别是 N 阶风险分摊和 M 阶风险分摊者，从而有：

$$(-1)^N E[u^{(N,0)}(x, y + B_M)] - (-1)^N E[u^{(N,0)}(x, y + A_M)] \geqslant 0$$

$$\Longleftrightarrow E[(-1)^N u^{(N,0)}(x, y + B_M)] \geqslant E[(-1)^N u^{(N,0)}(x, y + A_M)]$$

$$\Longleftrightarrow (-1)^{N+M-1} u^{(N,M)}(x, y) \geqslant 0.$$

特别地，当 $N = 1, M = 1$，个体是 $(1, 1)$ 阶交叉风险厌恶或风险分摊当且仅当 $u_{12}(x, y) = u^{(1,1)}(x, y) \leqslant 0$，又称个体是关联厌恶的。等价地，相对于彩票 $[(x, y); (x - k, y - k)]$，关联厌恶的个体更偏好于彩票 $[(x, y - k); (x - k, y)]$。

当 $N = 1, M = 2$，个体是 $(1, 2)$ 阶交叉风险厌恶或风险分摊当且仅当 $u_{122}(x, y) = u^{(1,2)}(x, y) \geqslant 0$，又称个体关于 y 是交叉谨慎的。等价地，相对于彩票 $[(x, y); (x - k, y + \tilde{\varepsilon}_2)]$，关于 y 是交叉谨慎的个体更偏好于彩票 $[(x, y + \tilde{\varepsilon}_2); (x - k, y)]$。

当 $N = 2, M = 1$，个体是 $(2, 1)$ 阶交叉风险厌恶或风险分摊当且仅当 $u_{112}(x, y) = u^{(2,1)}(x, y) \geqslant 0$，又称个体关于 x 是交叉谨慎的。等价地，

相对于彩票 $[(x,y);(x+\tilde{\varepsilon}_1,y-k)]$，关于 y 是交叉谨慎的个体更偏好于彩票 $[(x+\tilde{\varepsilon}_1,y);(x,y-k)]$。

当 $N=2, M=2$，个体是 $(2,2)$ 阶交叉风险分摊当且仅当 $u_{1122}(x,y)=u^{(2,2)}(x,y)\leqslant 0$，又称个体关于 x 是交叉节制的。等价地，相对于彩票 $[(x,y);(x+\tilde{\varepsilon}_1,y+\tilde{\varepsilon}_2)]$，交叉节制的个体更偏好于彩票 $[(x+\tilde{\varepsilon}_1,y);(x,y+\tilde{\varepsilon}_2)]$。

第三节　本章小结

在前面的章节里，通过借助一元效用函数各阶导数的符号，我们刻画了个体的风险偏好行为。然而，在现实生活中，人们做出的决策总是很多因素共同作用的结果。在此情形下，为了刻画个体的风险偏好行为，我们需要对二元甚至多元效用函数的混合偏导数的符号加以解释。现有的研究均已屡次表明：二元效用函数的混合偏导数的符号在风险决策分析中具有至关重要的作用。尤其，在一些风险决策问题中，二元效用函数的高阶混合偏导数的符号构成了一些比较静态结果的充分条件或者必要条件。

在对高阶交叉的风险偏好的理论研究中，因受到埃克豪特和施莱辛格 [14] 和埃克豪特等 [15] 的非期望分析框架的启发，基于个体对二元彩票对的偏好行为，本章定义并刻画了个体的高阶混合风险态度：关联厌恶、交叉谨慎、交叉节制以及高阶混合风险分摊行为，并且为关联厌恶、交叉谨慎、交叉节制以及高阶混合偏好行为提供了具体的经济学解释。在非期望效用框架下，个体的这种高阶混合风险偏好行为同样可以通过借助特定的二元彩票对的偏好行为来刻画，而且更加直观地描述了高阶混合风险偏好行为，并建立了基于二元彩票对的风险偏好行为与相应的二元效用函数的高阶交叉偏导数的符号之间的等价关系。

参 考 文 献

[1] 程文, 高阶混合风险厌恶行为及其金融决策应用研究, 华中科技大学, 博士学位论文, 2015.

[2] Eisner, R., R., Strotz, Flight insurance and the theory of choice, Journal of Political Economy, 1961, 69(4): 355-368.

[3] Eaton, J., H., Rosen, Labor supply, uncertainty, and efficient taxation, Journal of Public Economics, 1980, 14(3): 365-374.

[4] Tressler, J., C., Menezes, Labor supply and wage rate uncertainty, Journal of Economic Theory, 1980, 23: 425-436.

[5] Dardanoni, V., A., Wagstaff, Uncertainty and the demand for medical care, Journal of Health Economics, 1990, 9(1): 23-38.

[6] Bleichrodt, H., D. Crainich, L. Eeckhoudt, The effect of comorbidities on treatment decisions, Journal of Health Economics, 2003, 22(5): 805-820.

[7] Epstein, L., S., Tanny, Increasing generalized correlation: A definition and some economic consequences, Canadian Journal of Economics, 1980, 13(1): 16-34.

[8] Richard, S., Multivariate risk aversion, utility independence and separable utility functions, Management Science, 1975, 42(1): 12-21.

[9] Pratt, J., Risk aversion in the small and in the large, Econometrica, 1964, 32(12): 122-136.

[10] Arrow, K., 1965, Yrjö jahnsson lecture notes, Helsinki: yrjö jahnsson foundation, reprinted in: Arrow, K., 1971, Essays in the theory of risk bearing, Markum publishing company.

[11] Stiglitz, J.,Distribution of income and wealth among individuals, Econometrica: Journal of the Econometric Society: 1969, 382-397.

[12] Eeckhoudt, L., B., Rey, H., Schlesinger, A good sign for multivariate risk taking, Management science, 2007, 53(1): 117-124.

[13] 田国强, 田有功, 不确定性下的高阶风险厌恶理论、实验及其应用, 学术月刊, 2017, 49(8): 68-79.

[14] Eeckhoudt, L., H., Schlesinger, Putting risk in its proper place, American Economic Review, 2006, 96(1): 280-289.

[15] Eeckhoudt, L., H., Schlesinger, I., Tsetlin, Apportioning of risks via stochastic dominance, Journal of Economic Theory, 2009, 144(3): 994-1003.

[16] Jokung, O., Risk apportionment via bivariate stochastic dominance, Journal of Mathematical Economics, 2011, 47(4): 448-452.

[17] Denuit, M., Rey, B., Benchmark values for higher order coefficients of relative risk aversion, Theorey and Decision, 2014, 76: 81-94.

[18] Denuit, M., C., Lefévre, M., Mesfioui, Stochastic orderings of convex-type for discrete bivariate risks, Scandinavian Actuarial Journal, 1999, 1999(1): 32-51.

[19] Denuit, M., C., Lefévre, M., Mesfioui, A class of bivariate stochastic orderings, with applications in actuarial sciences, Insurance: Mathematics and Economics, 1999, 24(1-2): 31-50.